전산회계 1급

엄선기출 20회 기출문제해설집

SD에듀
㈜시대고시기획

Always **with you**

사람의 인연은 길에서 우연하게 만나거나 함께 살아가는 것만을 의미하지는 않습니다.
책을 펴내는 출판사와 그 책을 읽는 독자의 만남도 소중한 인연입니다.
SD에듀는 항상 독자의 마음을 헤아리기 위해 노력하고 있습니다.
늘 독자와 함께하겠습니다.

머리말

전산회계 1급 자격시험이 벌써 2022년도 기준으로 105회차까지 되었습니다. 그만큼 전산회계 1급 자격시험은 오랜 시간 수험생들의 취업과 회계실무자들의 업무능력 배양에 도움이 되고 있는 자격시험이라는 것을 보여주고 있는 것 같습니다.

현대사회를 살아가면서 회계와 세무 지식은 갈수록 중요해지고 있습니다. 한편으로는 반드시 알아야 하는 기초지식으로도 보입니다. 그렇기에 오랜 세월을 거쳐 검증되었고 인정받고 있는 전산회계 1급 자격증을 취득하는 것은 여러 의미가 있다고 할 수 있습니다.

본 교재는 전산회계 1급 자격시험을 최종적으로 대비하기 위해 기출문제를 최신, 엄선, 고난이도로 구분하여 총 20회를 수록한 기출문제 해설집입니다.

① 최신기출 6회는 시험의 트렌드를 이해하는 데에 도움이 될 것입니다.

② 엄선기출 9회는 다양한 기출문제를 풀어보는 기회가 될 것이며, 자신의 실력을 스스로 검증하는데 도움이 될 것입니다.

③ 고난이도기출 5회는 타 기출문제보다 좀 더 난이도가 높은 문제를 풀어보는 기회가 될 것이며, 이는 점점 어려워지고 있는 자격시험을 대비하는데 큰 도움이 될 것입니다.

본 교재를 출간하는데 힘써주신 SD에듀 출판관계자분들께 감사를 드립니다. 본 교재로 시험을 준비하는 수험생 여러분에게 감사와 격려를 드리며, 합격의 기쁨도 누리시길 바랍니다. 감사합니다.

with G. 박명희 저자

전산회계 1급 자격시험 안내

검정기준

전문대학 중급수준의 회계원리와 원가회계, 세무회계(부가가치세 중 매입매출전표와 관련된 부분)에 관한 기본적 지식을 갖추고, 기업체의 회계실무자로서 전산세무회계프로그램을 활용한 세무회계 기본업무를 처리할 수 있는지에 대한 능력을 평가함

시험정보

시험구분	국가공인 민간자격증
응시자격	제한 없음(단, 부정행위자는 해당 시험에 2년간 응시할 수 없음)
시험시간	60분(이론시험 및 실무시험 동시시행)
접수방법	한국세무사회 국가공인자격시험 사이트(license.kacpta.or.kr)에서 접수
주의사항	• 시험 당일 유효신분증 미소지자는 시험에 응시할 수 없음 • 원서접수는 해당 접수기간 마지막 날 18시까지만 가능
응시료	30,000원

※ 자세한 사항은 한국세무사회 국가공인자격시험 사이트(license.kacpta.or.kr)에서 확인하여 주십시오.

검정방법 및 합격기준

종목 및 등급	시험구성	평가방법	합격기준
전산회계 1급	이론시험 30%	객관식 4지선다형 문제	100점 만점에 70점 이상
	실무시험 70%	KcLep 프로그램 이용	

2023년 시험일정

회 차	원서접수	시험일	합격자 발표
제106회	01.05 ~ 01.11	02.12	03.02
제107회	03.09 ~ 03.15	04.09	04.27
제108회	05.03 ~ 05.09	06.03	06.22
제109회	07.06 ~ 07.12	08.05	08.24
제110회	08.31 ~ 09.06	10.08	10.26
제111회	11.02 ~ 11.08	12.02	12.21

※ 일정은 주관처의 사정에 따라 변경될 수 있으니 한국세무사회 국가공인자격시험 사이트(license.kacpta.or.kr)에서 확인하여 주십시오.

평가범위

구 분		평가범위
이 론 (30%)	회계원리 (15%)	1. 회계의 기본원리
		2. 당좌자산
		3. 재고자산
		4. 유형자산
		5. 무형자산
		6. 유가증권
		7. 부 채
		8. 자 본
		9. 수익과 비용
	원가회계 (10%)	1. 원가의 개념
		2. 요소별 원가계산
		3. 부문별 원가계산
		4. 개별원가계산
		5. 종합원가계산
	세무회계(5%)	1. 부가가치세법
실 무 (70%)	기초정보의 등록 수정 (15%)	1. 거래처등록
		2. 계정과목의 운용
		3. 초기이월
	거래자료의 입력 (30%)	1. 일반전표의 입력
		2. 입력자료의 수정 · 삭제 등
		3. 결산정리사항 입력
		4. 감가상각비 계산
	부가가치세 (15%)	1. 매입 · 매출전표의 입력
		2. 부가가치세 신고서의 조회
		3. 매입 · 매출처별 세금계산서 합계표의 조회
	입력자료 및 제장부 조회 (10%)	1. 입력자료의 조회
		2. 장부의 조회
		3. 재무제표에 대한 이해도

개 요

서울, 부산, 대구, 광주, 대전, 인천, 울산, 강릉, 원주, 춘천, 안양, 안산, 수원, 평택, 성남, 고양, 의정부, 청주, 충주, 천안, 당진, 제천, 경주, 구미, 포항, 안동, 창원, 진주, 김해, 전주, 순천, 목포, 익산, 제주 등

프로그램 및 DB 설치방법

케이렙(KcLep) 프로그램 설치방법

01 케이렙(KcLep) 프로그램 다운로드

한국세무사회 국가공인자격시험 홈페이지(license.kacpta.or.kr)에 접속합니다.
홈페이지 하단 케이렙(수험용) 다운로드 메뉴를 클릭하여 다운로드합니다.

   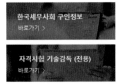 

02 케이렙(KcLep) 프로그램 설치

❶ 다운로드한 파일을 더블클릭하여 설치합니다.

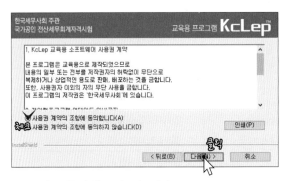

❷ 설치 시 '동의합니다'를 체크해줍니다.

❸ 설치가 완료되면 바탕화면에 프로그램 아이콘이 자동으로 생성됩니다.

실무 백데이터 설치 및 실행

01 실무 백데이터 다운로드

SD에듀 홈페이지를 접속하여 다운로드 받으시기 바랍니다.

SD에듀 홈페이지(www.edusd.co.kr) 접속 ➜ 프로그램 ➜ 기출이답이다 전산회계 1급

02 실무 백데이터 실행

❶ 다운로드한 압축파일을 풀어준 후 자동설치 파일을 실행(더블클릭)하면 데이터가 자동 설치됩니다.

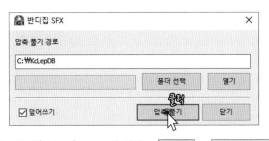

❷ 케이렙(KcLep) 프로그램 실행 → 회사등록 → F4 회사코드재생성 실행하면 아래와 같이 복구됩니다.

❸ 프로그램 기본화면에 있는 회사코드 [＿＿＿＿＿] 🖭 를 클릭하여 회차별 회사를 선택하면 됩니다.

이 책의 차례

[기출이답이다] 전산회계 1급

1

최신기출

시험장에서 USB 실행하여 설치하는 과정

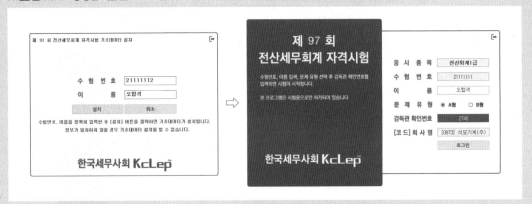

<답안작성방법>

이론 : 객관식 15문제는 왼쪽 하단 이론문제답안작성 클릭하여 이론시험답안란에 마우스로 답안 체크한다.

실무 : 장부조회 3문항은 왼쪽 하단 이론문제답안작성 클릭하여 문항별 정답을 직접 입력한다. 이외 기초정보관리, 전표입력, 결산
수행문제는 해당 메뉴에 입력한다.

2023년 00월 00일 시행
제000회 전산세무회계자격시험

3교시 | A형

종목 및 등급 : **전산회계 1급**
(15:00 ~ 16:00)

- 제한시간 : 60분
- 페이지수 : 8p

▶ 시험시작 전 페이지를 넘기지 말 것 ◀

① USB 수령	• 감독관으로부터 시험에 필요한 응시종목별 기초백데이타 설치용 USB를 지급받는다. • USB 꼬리표가 본인 응시종목인지 확인하고, 뒷면에 수험정보를 정확히 기재한다.

↓

② USB 설치	(1) USB를 컴퓨터에 정확히 꽂은 후, 인식된 해당 USB드라이브로 이동한다. (2) USB드라이브에서 기초백데이타설치프로그램인 'Tax.exe' 파일을 실행시킨다. [주의] USB는 처음 설치이후, **시험 중 수험자 임의로 절대 재설치(초기화)하지 말 것.**

↓

③ 수험정보입력	• [수험번호(8자리)] – [성명]을 정확히 입력한 후 [설치]버튼을 클릭한다. * 처음 입력한 수험정보는 이후 절대 수정이 불가하니 정확히 입력할 것.

↓

④ 시험지 수령	• 시험지가 본인의 응시종목(급수)인지 여부와 문제유형(A또는B)을 확인한다. • 문제유형(A또는B)을 프로그램에 입력한다. • 시험지의 총 페이지수를 확인한다. • 급수와 페이지수를 확인하지 않은 것에 대한 책임은 수험자에게 있음.

↓

⑤ 시험시작	• 감독관이 불러주는 '**감독관확인번호**'를 정확히 입력하고, 시험에 응시한다.

↓

(시험을 마치면) ⑥ USB 저장	(1) **이론문제의 답**은 메인화면에서 이론문제 답안작성 을 클릭하여 입력한다. (2) **실무문제의 답**은 문항별 요구사항을 수험자가 파악하여 각 메뉴에 입력한다. (3) 이론과 실무문제의 **답을 모두입력한 후** 답안저장(USB로 저장) 을 클릭하여 저장한다. (4) **저장완료** 메시지를 확인한다.

↓

⑦ USB제출	• 답안이 수록된 USB메모리를 빼서, 〈감독관〉에게 제출 후 조용히 퇴실한다.

▶ 본 자격시험은 전산프로그램을 이용한 자격시험입니다. 컴퓨터의 사양에 따라 전산진행속도가 느려질 수도 있으므로 전산프로그램의 진행속도를 고려하여 입력해주시기 바랍니다.

▶ 수험번호나 성명 등을 잘못 입력했거나, 답안을 USB에 저장하지 않음으로써 발생하는 일체의 불이익과 책임은 수험자 본인에게 있습니다.

▶ 타인의 답안을 자신의 답안으로 부정 복사한 경우 해당 관련자는 모두 불합격 처리됩니다.

▶ 타인·본인의 답안을 복사하거나 외부로 반출시키는 행위는 모두 부정행위 처리됩니다.

▶ PC, 프로그램 등 조작미숙으로 시험이 불가능하다고 판단될 경우 불합격처리 될 수 있습니다.

▶ 시험진행 중에는 자격검정(KcLep)프로그램을 제외한 다른 프로그램을 사용할 수 없습니다.
  (인터넷, 메모장, 윈도우 계산기 등 사용불가)

이론문제 답안작성 을 한번도 클릭하지 않으면 답안저장(USB로 저장) 을 클릭해도 답안이 저장되지 않습니다.

 한 국 세 무 사 회

제105회 기출문제

시험일자 : 2022.12.3.
합격률 : 51.07%

회사선택 : (주)천안테크 (회사코드 2105)　　　　　정답 및 해설 p.195

이 론 시 험

다음 문제를 보고 알맞은 것을 골라 이론문제 답안작성 메뉴에 입력하시오. (객관식 문항당 2점)

┤ 기본전제 ├

문제에서 한국채택국제회계기준을 적용하도록 하는 전제조건이 없는 경우 일반기업회계기준을 적용한다.

01 다음 중 회계상 거래가 아닌 것은?

① 사업을 위하여 10,000,000원을 추가로 출자하다.
② 지급기일이 도래한 약속어음 10,000,000원을 보통예금에서 이체하여 변제하다.
③ 성수기 재고 확보를 위하여 상품 30,000,000원을 추가 주문하기로 하다.
④ 화재가 발생하여 창고에 있던 재고자산 20,000,000원이 멸실되다.

02 다음은 무엇에 대한 설명인가?

> 기업은 그 목적과 의무를 이행하기에 충분할 정도로 장기간 존속한다고 가정하는 것을 말한다.
> 즉, 기업은 경영활동을 청산하거나 중대하게 축소시킬 의도가 없을 뿐 아니라 청산이 요구되는
> 상황도 없다고 가정된다.

① 계속기업의 가정
② 기업실체의 가정
③ 기간별보고의 가정
④ 재무정보의 질적특성

03 다음 중 일반기업회계기준에 따른 재고자산으로 분류되는 항목은?

① 회계법인의 업무용으로 구입한 컴퓨터
② 임대업을 운영하는 기업의 임대용으로 보유 중인 주택
③ 경영컨설팅을 전문으로 하는 회사에서 시세차익을 목적으로 보유하는 유가증권
④ 조선업을 운영하는 기업의 판매용으로 제조 중인 선박

04 다음 중 유형자산의 취득원가에 관한 설명으로 가장 잘못된 것은?

① 유형자산은 최초에는 취득원가로 측정한다.
② 유형자산의 취득에 관한 운송비와 설치비용은 취득원가에 가산한다.
③ 사용 중인 건물을 새로운 건물로 신축하기 위하여 철거하는 경우에 기존건물의 장부가액은 새로운 건물의 취득원가에 가산한다.
④ 국·공채를 불가피하게 매입하는 경우에는 동 국·공채의 매입가액과 현재가치와의 차액을 유형자산의 취득원가에 가산한다.

05 다음 중 무형자산의 상각에 대한 설명으로 바르지 않은 것은?

① 자산이 사용 가능한 때부터 상각을 시작한다.
② 일반적으로 상각기간은 최대 40년까지 가능하다.
③ 합리적인 상각방법을 정할 수 없을 때에는 정액법으로 상각한다.
④ 재무상태표상 표시방법으로 취득원가에서 무형자산상각누계액을 직접 차감하여 표시하는 직접법과 취득원가에서 무형자산상각누계액을 차감하는 형식으로 표시하는 간접법 모두 허용된다.

06 다음 중 주요장부로 구분할 수 있는 것은?

① 현금출납장
② 분개장
③ 정산표
④ 합계잔액시산표

07 다음의 자본항목 중 기타포괄손익누계액에 해당하는 것은?

① 매도가능증권평가손익
② 감자차손
③ 자기주식
④ 주식할인발행차금

08 다음 자료를 이용하여 매출총이익을 계산하면 얼마인가?

> • 순매출액 : 475,000원   • 매입할인 : 5,000원
> • 매입환출 : 5,000원   • 기초상품재고액 : 100,000원
> • 총매입액 : 200,000원   • 기말상품재고액 : 110,000원

① 300,000원
② 295,000원
③ 290,000원
④ 280,000원

09 다음 자료를 참고로 가공원가를 계산하면 얼마인가?

> • 직접재료원가 : 1,000,000원
> • 직접노무원가 : 1,600,000원
> • 변동제조간접원가 : 600,000원(변동제조간접원가는 총제조간접원가의 30%이다)

① 1,600,000원
② 2,600,000원
③ 3,600,000원
④ 4,300,000원

10 다음 그래프의 원가행태에 해당하는 원가는 무엇인가?

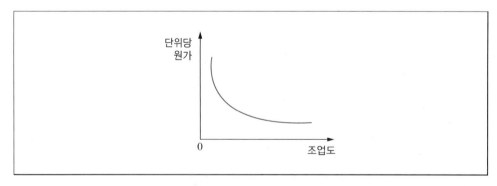

① 직접재료비
② 공장 사무실의 전화요금
③ 기계장치 가동에 필요한 연료비
④ 공장건물의 임차료

11 다음 자료를 이용하여 평균법에 의한 가공원가 완성품 환산량을 계산하면 얼마인가?(단, 재료비는 공정 초기에 전량 투입되며, 가공비는 공정 전반에 걸쳐 균등하게 발생한다)

- 기초 재공품 수량 : 1,000개(완성도 20%)
- 당기 착수량 : 10,000개
- 당기 완성품 수량 : 8,000개
- 기말 재공품 수량 : 3,000개(완성도 60%)

① 8,000개   ② 9,000개

③ 9,800개   ④ 10,000개

12 다음 중 개별원가계산과 종합원가계산에 대한 설명으로 잘못된 것은?

① 종합원가계산은 동일 규격의 제품이 반복하여 생산되는 경우 사용된다.
② 종합원가계산은 각 작업별로 원가보고서를 작성한다.
③ 개별원가계산은 주문에 의해 각 제품을 별도로 제작, 판매하는 제조업에 사용된다.
④ 개별원가계산은 주문받은 개별 제품별로 작성된 작업원가표에 집계하여 원가를 계산한다.

13 다음 중 부가가치세법상 납세의무자에 대한 설명으로 옳지 않은 것은?

① 영리목적을 추구하는 사업자만이 납세의무를 진다.
② 사업설비를 갖추고 계속·반복적으로 재화나 용역을 공급하는 자가 해당한다.
③ 인적·물적 독립성을 지닌 사업자가 해당한다.
④ 면세대상이 아닌 과세대상 재화·용역을 공급하는 자가 해당한다.

14 다음 중 부가가치세법상 면세제도와 관련한 내용으로 옳은 것은?

① 건물이 없는 토지의 임대, 약사가 공급하는 일반의약품은 면세에 해당한다.
② 면세제도는 사업자의 세부담을 완화하기 위한 완전면세제도이다.
③ 면세를 포기하고자 하는 경우 포기일부터 1개월 이내에 사업자등록을 정정하여야 한다.
④ 면세포기를 신고한 사업자는 신고한 날부터 3년간은 면세를 적용받지 못한다.

15 다음은 부가가치세법상 무엇에 대한 설명인가?

> 둘 이상의 사업장이 있는 사업자는 부가가치세를 주된 사업장에서 총괄하여 납부할 수 있다. 이는 사업자의 납세편의를 도모하고 사업장별로 납부세액과 환급세액이 발생하는 경우 자금부담을 완화 시켜주기 위한 제도이다.

① 납세지
② 사업자단위과세제도
③ 전단계세액공제법
④ 주사업장총괄납부

실 무 시 험

(주)천안테크는 자동차부품을 제조하여 판매하는 중소기업이며, 당기(제8기)의 회계기간은 2023.1.1. ~ 2023.12.31.이다. 전산세무회계 수험용 프로그램을 이용하여 다음 물음에 답하시오.

┤ 기본전제 ├

- 문제에서 한국채택국제회계기준을 적용하도록 하는 전제조건이 없는 경우, 일반기업회계기준을 적용하여 회계처리한다.
- 문제의 풀이와 답안작성은 제시된 문제의 순서대로 진행한다.

문제 1 다음은 [기초정보관리] 및 [전기분재무제표]에 대한 자료이다. 각각의 요구사항에 대하여 답하시오. (10점)

[1] 전기분재무상태표에서 토지의 가액이 11,000,000원 과소입력되어 있으며 건물의 가액은 11,000,000원 과대입력되어 있음을 확인하였다. 전기분재무상태표를 수정하시오. (3점)

[2] 다음 자료를 이용하여 [계정과목및적요등록] 메뉴에서 계정과목을 등록하시오. (3점)

> - 코드 : 824
> - 계정과목 : 운반비
> - 현금적요 : 4. 택배운송비 지급

[3] 거래처별초기이월 채권과 채무잔액은 다음과 같다. 자료에 맞게 추가입력이나 정정 및 삭제하시오. (4점)

계정과목	거래처	금 액	재무상태표 금액
외상매출금	(주)보령전자	10,200,000원	59,000,000원
	대전전자(주)	12,000,000원	
	평택전자(주)	36,800,000원	
지급어음	대덕전자부품(주)	10,000,000원	37,000,000원
	명성전자(주)	27,000,000원	

문제 2 다음의 거래 자료를 [일반전표입력] 메뉴를 이용하여 입력하시오(일반전표입력의 모든 거래는 부가가치세를 고려하지 말 것). (18점)

─── 입력 시 유의사항 ───
- 일반적인 적요의 입력은 생략하지만, 타계정 대체거래는 적요번호를 선택하여 입력한다.
- 채권·채무와 관련된 거래는 별도의 요구가 없는 한 반드시 기등록되어 있는 거래처코드를 선택하는 방법으로 거래처명을 입력한다.
- 제조경비는 500번대 계정코드를, 판매비와관리비는 800번대 계정코드를 사용한다.
- 회계처리 시 계정과목은 별도제시가 없는 한 등록되어 있는 계정과목 중 가장 적절한 과목으로 한다.

[1] 8월 16일 영업부 사무실의 파손된 유리창을 교체하고, 대금 2,800,000원은 당좌수표를 발행하여 지급하다(수익적지출로 처리하시오). (3점)

[2] 9월 30일 (주)창창기계산업에 9월 20일 제품을 판매하고 발생한 외상매출금 10,000,000원을 약정기일보다 10일 빠르게 회수하여 외상매출금의 3%를 할인해 주었다. 대금은 보통예금 계좌에 입금되었다. (3점)

[3] 10월 27일 주당 액면가액이 10,000원인 보통주 2,000주를 주당 13,000원에 발행하고, 신주납입대금은 신주 발행에 소요된 비용 400,000원을 차감한 잔액이 보통예금 계좌에 입금되었다(단, 하나의 전표로 처리하며 신주 발행 전 주식할인발행차금 잔액은 없는 것으로 한다). (3점)

[4] 10월 28일 수입한 원재료에 부과되는 관세 1,500,000원과 통관수수료 500,000원을 보통예금 계좌에서 이체하였다. (3점)

[5] 10월 29일 영업부에서 제품홍보물 제작비용 510,000원을 탱탱광고사에 국민카드(법인)로 결제하였다. (3점)

[6] 11월 30일 (주)동행기업의 파산으로 인해 단기대여금 3,000,000원이 회수불능되어 대손처리를 하였다(단, 단기대여금에 대한 대손충당금 현재 잔액은 660,000원이다). (3점)

문제 3 다음의 거래 자료를 [매입매출전표입력] 메뉴를 이용하여 입력하시오. (18점)

┤ 입력 시 유의사항 ├

- 일반적인 적요의 입력은 생략하지만, 타계정 대체거래는 적요번호를 선택하여 입력한다.
- 채권·채무와 관련된 거래는 별도의 요구가 없는 한 반드시 기등록되어 있는 거래처코드를 선택하는 방법으로 거래처명을 입력한다.
- 제조경비는 500번대 계정코드를, 판매비와관리비는 800번대 계정코드를 사용한다.
- 회계처리 시 계정과목은 별도제시가 없는 한 등록되어 있는 계정과목 중 가장 적절한 과목으로 한다.
- 입력화면 하단의 분개까지 처리하고, 세금계산서 및 계산서는 전자 여부를 입력하여 반영한다.

[1] 7월 20일 원재료를 구입하면서 발생한 운반비 33,000원(부가가치세 포함)을 일반과세자인 상록택배에 보통예금 계좌에서 지급하고, 지출증빙용 현금영수증을 수취하였다. (3점)

[2] 9월 30일 (주)청주자동차에 제품을 판매하고 다음의 전자세금계산서를 발급하였다. (3점)

전자세금계산서					승인번호		20230930-15454645-58811886	
공급자	사업자등록번호	307-81-12347	종사업장번호		공급받는자	사업자등록번호	126-87-10121	종사업장번호	
	상호(법인명)	(주)천안테크	성명(대표자)	김도담		상호(법인명)	(주)청주자동차	성명(대표자)	하민우
	사업장주소	충청남도 천안시 동남구 가마골1길 5				사업장주소	충청북도 청주시 충대로1번길 21-26		
	업태	제조도매	종목	자동차부품		업태	제조	종목	자동차

작성일자	공급가액	세액	수정사유	비고		
2023.9.30.	25,000,000원	2,500,000원	해당 없음			

월	일	품목	규격	수량	단가	공급가액	세액	비고
9	30	자동차부품		10	2,500,000원	25,000,000원	2,500,000원	

합계금액	현금	수표	어음	외상미수금	이 금액을 **청구** 함
27,500,000원			25,000,000원	2,500,000원	

[3] 11월 7일 싱가포르에 소재한 글로벌인더스트리와 $42,000에 직수출하기로 계약한 제품의 선적을 완료하였다. 수출대금은 5개월 후에 받기로 하였으며, 선적일의 기준환율은 1,200원/$이다(단, 수출신고번호 입력은 생략한다). (3점)

[4] 12월 7일 제품 110,000원(부가가치세 포함)을 비사업자인 강태오에게 판매하고 현금을 수취하였으나 현금영수증을 발급하지 않았다. (3점)

[5] 12월 20일 생산부 직원들에게 간식으로 제공하기 위한 샌드위치를 커피프린스(일반과세자)에서 신용카드로 구매하였다. (3점)

단말기번호	14359661 08750002 040017	전표번호	
카드종류	신한카드		008202
회원번호	9435-2802-7580-0500		
유효기간	거래일시	취소시당초거래일	
2025/09	2023/12/20 14:32		
거래유형	신용승인	품 명	샌드위치
결제방법	일시불	금 액	600,000
매장명		부가세	60,000
판매자		봉사료	
은행확인	신한카드		
대표자		합 계	660,000
알림/NOTICE	제 출	승인번호	00360380
가맹점주소	서울 용산구 부흥로2가 15-2		
가맹점번호	104108086		
사업자등록번호	106-62-61190		
가맹점명	커피프린스		
문의전화/HELP TEL. TEL : 1544-4700 (회원용)		서명/SIGNATURE (주)천안테크	

[6] 12월 30일 영업부는 거래처의 20주년 창립기념일을 맞아 축하선물로 보내기 위한 집기비품을 두리상사로부터 2,200,000원(부가가치세 포함)에 구입하고 전자세금계산서를 발급받았으며, 대금은 보통예금 계좌에서 이체하여 지급하였다. (3점)

문제 4 [일반전표입력] 및 [매입매출전표입력] 메뉴에 입력된 내용 중 다음과 같은 오류가 발견되었다. 입력된 내용을 확인하여 수정 또는 삭제, 추가 입력하여 오류를 정정하시오. (6점)

[1] 12월 1일 임시 물류창고로 사용하기 위해 임대업자 나자비씨와 물류창고 임대차계약서를 작성하고 보증금 20,000,000원 전액을 보통예금 계좌에서 이체하였다. 이에 대해 임대보증금으로 회계처리하였다. (3점)

[2] 12월 9일 전의카센터에 생산부의 운반용 트럭의 수리비용 990,000원(부가가치세 포함)을 보통예금 계좌에서 지급하고 전자세금계산서를 발급받았으나, 일반전표로 회계처리하였다. (3점)

문제 5 결산정리사항은 다음과 같다. 해당 메뉴에 입력하시오. (9점)

[1] 부가가치세 제2기 확정신고기간에 대한 부가세예수금은 62,346,500원, 부가세대급금이 52,749,000원일 때 부가가치세를 정리하는 회계처리를 하시오(단, 납부세액(또는 환급세액)은 미지급세금(또는 미수금)으로 회계처리하고, 불러온 자료는 무시한다). (3점)

[2] 단기차입금에는 거래처 아메리칸테크(주)에 대한 외화차입금 30,000,000원(미화 $30,000)이 계상되어 있다(회계기간 종료일 현재 기준환율 : 미화 $1당 1,100원). (3점)

[3] 당사가 단기시세차익을 목적으로 취득한 (주)삼호산업 주식의 취득가액 및 기말 현재 공정가액은 다음과 같으며, 공정가액으로 평가하기로 한다. (3점)

주식명	2023년 4월 25일 취득가액	2023년 12월 31일 공정가액
(주)삼호산업	64,000,000원	49,000,000원

문제 6 다음 사항을 조회하여 답안을 이론문제 답안작성 메뉴에 입력하시오. (9점)

[1] 부가가치세 제1기 확정신고기간(4월 ~ 6월) 중 매입한 사업용 고정자산의 매입세액은 얼마인가? (3점)

[2] 2분기(4월 ~ 6월) 중 발생한 수수료비용(판매비및관리비)은 얼마인가? (3점)

[3] 6월 30일 현재 외상매출금 잔액이 가장 많은 거래처명과 금액은 얼마인가? (3점)

제104회 기출문제

시험일자 : 2022.10.2.
합격률 : 46.15%

회사선택 : (주)광주기계 (회사코드 2104)　　　　　정답 및 해설 p.199

이 론 시 험

다음 문제를 보고 알맞은 것을 골라 이론문제 답안작성 메뉴에 입력하시오. (객관식 문항당 2점)

┤ 기본전제 ├

문제에서 한국채택국제회계기준을 적용하도록 하는 전제조건이 없는 경우 일반기업회계기준을 적용한다.

01 다음 중 기말재고자산 단가 결정 방법이 아닌 것은?

① 선입선출법　　　　　　　　② 총평균법
③ 연수합계법　　　　　　　　④ 이동평균법

02 다음 자료를 참고로 현금및현금성자산의 금액을 계산하면 얼마인가?

• 현금 : 1,000,000원	• 정기예금 : 3,000,000원
• 우편환증서 : 50,000원	• 당좌예금 : 400,000원
• 보통예금 : 500,000원	• 단기매매증권 : 1,000,000원

① 900,000원　　　　　　　　② 1,950,000원
③ 2,900,000원　　　　　　　④ 4,950,000원

03 다음 중 유형자산 취득 후의 지출과 관련하여 성격이 다른 것은?

① 건물의 엘리베이터 설치
② 건물의 외벽 도색작업
③ 파손된 타일의 원상회복을 위한 수선
④ 보일러 부속품의 교체

04 다음 중 무형자산과 관련된 설명으로 잘못된 것은?

① 내부 창출된 무형자산이 인식기준에 부합하는지 평가하기 위해 연구단계와 개발단계로 구분한다.
② 산업재산권, 저작권, 개발비 등이 대표적이며 사업결합에서 발생한 영업권은 포함하지 않는다.
③ 물리적 형체는 없지만 식별가능하고, 기업이 통제하고 있으며, 미래 경제적 효익이 있는 비화폐성 자산이다.
④ 내부 프로젝트를 연구단계와 개발단계로 구분할 수 없는 경우 모두 연구단계에서 발생한 것으로 본다.

05 다음 중 유가증권의 취득원가 및 평가에 대한 설명으로 옳지 않은 것은?

① 단기매매증권은 공정가치로 평가하며 평가손익을 당기손익으로 인식한다.
② 매도가능증권은 시장성이 있는 경우 공정가치로 평가하며 평가손익을 당기손익으로 인식한다.
③ 단기매매증권의 취득부대비용은 발생 즉시 비용으로 처리한다.
④ 만기보유증권의 취득부대비용은 취득원가에 가산한다.

06 다음 중 자기주식거래와 관련하여 자본항목의 성격이 올바르게 짝지어진 것은?

① 자기주식처분이익 : 자본조정
② 자기주식처분손실 : 기타포괄손익누계액
③ 감자차익 : 자본조정
④ 감자차손 : 자본조정

07 다음 자료는 12월 31일 결산자료이다. 상품 매출원가를 계산하고 이에 대한 회계처리로 옳은 것은?

- 기초상품재고액 : 10,000,000원
- 당기상품매입액 : 5,000,000원
- 기말상품재고액 : 4,000,000원
- 매입에누리 및 매입환출 : 700,000원

① (차) 상 품　　　　　　 11,000,000원　　(대) 상품매출원가　　 11,000,000원
② (차) 상품매출원가　 10,300,000원　　(대) 상 품　　　　　　 10,300,000원
③ (차) 상 품　　　　　　 11,300,000원　　(대) 상품매출원가　　 11,300,000원
④ (차) 상품매출원가　 10,000,000원　　(대) 상 품　　　　　　 10,000,000원

08 다음 중 거래의 8요소와 그 예시로 가장 적절하지 않은 것은?

① (차) 비용 발생 (대) 자산 감소 : 신용카드 연회비 1만원이 신용카드로 결제되다.
② (차) 자산 증가 (대) 수익 발생 : 보통예금의 결산이자 100만원이 입금되다.
③ (차) 자산 증가 (대) 부채 증가 : 원재료 2,000만원을 외상으로 구입하다.
④ (차) 부채 감소 (대) 부채 증가 : 외상매입금 1,000만원을 신용카드로 결제하다.

09 다음 중 제조원가명세서에서 확인할 수 없는 것은?

① 기말원재료재고액
② 기초재공품재고액
③ 당기제품제조원가
④ 기말제품재고액

10 다음 중 원가의 분류 방법과 종류가 잘못 짝지어진 것은?

① 원가의 행태에 따른 분류 : 변동원가와 고정원가
② 통제가능성에 따른 분류 : 역사적원가와 예정원가
③ 추적가능성에 따른 분류 : 직접원가와 간접원가
④ 의사결정과의 관련성에 따른 분류 : 관련원가와 매몰원가

11 다음의 자료를 이용하여 기초원가와 가공원가를 계산한 것으로 옳은 것은?

구 분	직접비	간접비
재료비	100,000원	50,000원
노무비	200,000원	100,000원
제조경비	0원	50,000원

	기초원가	가공원가
①	300,000원	200,000원
②	200,000원	250,000원
③	300,000원	400,000원
④	450,000원	50,000원

12 제조간접비 예정배부율은 기계작업시간당 80원이고, 실제기계작업시간이 50,000시간일 때 제조간접비 배부차이가 130,000원 과대배부인 경우 제조간접비 실제발생액은 얼마인가?

① 2,500,000원　　　　　　　　　　② 3,870,000원

③ 4,000,000원　　　　　　　　　　④ 4,130,000원

13 다음 중 부가가치세법상 재화의 공급에 해당하는 것은?

① 부동산의 담보제공

② 사업장별로 사업에 관한 모든 권리와 의무 중 일부를 승계하는 사업양도

③ 사업용 자산을 지방세법에 따라 물납하는 것

④ 도시 및 주거환경정비법에 따른 수용 및 국세징수법에 따른 공매

14 다음 중 부가가치세법상 과세표준에 포함하는 것은?

① 공급에 대한 대가의 지급이 지체되었음을 이유로 받는 연체이자

② 매출에누리, 매출환입 및 매출할인

③ 수입하는 재화에 대한 관세의 과세가격과 관세 및 개별소비세

④ 공급받는 자에게 도달하기 전에 파손・훼손 또는 멸실된 재화의 가액

15 부가가치세법상 부동산임대용역을 공급하는 경우, 전세금 또는 임대보증금에 대한 간주임대료의 공급시기로 옳은 것은?

① 대가의 각 부분을 받기로 한 때

② 용역의 공급이 완료된 때

③ 대가를 받은 때

④ 예정신고기간 또는 과세기간 종료일

실 무 시 험

(주)광주기계는 기계부품을 제조하여 판매하는 중소기업으로 당기(제9기)의 회계기간은 2023.1.1. ~ 2023.12.31.이다. 전산세무회계 수험용 프로그램을 이용하여 다음 물음에 답하시오.

┤ 기본전제 ├

• 문제에서 한국채택국제회계기준을 적용하도록 하는 전제조건이 없는 경우, 일반기업회계기준을 적용하여 회계 처리한다.
• 문제의 풀이와 답안작성은 제시된 문제의 순서대로 진행한다.

문제 1 다음은 [기초정보관리] 및 [전기분재무제표]에 대한 자료이다. 각각의 요구사항에 대하여 답하시오. (10점)

[1] 다음의 신규거래처를 [거래처등록] 메뉴를 이용하여 추가로 등록하시오. (3점)

• 거래처코드 : 1001	• 거래처명 : (주)보석상사
• 유형 : 동시	• 사업자등록번호 : 108-81-13579
• 대표자 : 송달인	• 업태 : 제조
• 사업장주소 : 경기도 여주시 세종로 14(홍문동)	• 종목 : 금속가공
※ 주소입력 시 우편번호 입력은 생략해도 무방함	

[2] [계정과목및적요등록] 메뉴에서 복리후생비(판매비및일반관리비) 계정의 대체적요 3번에 '임직원피복비 미지급'을 등록하시오. (3점)

[3] 전기분재무제표를 검토한 결과 다음과 같은 오류를 확인하였다. 이와 관련된 전기분재무제표를 적절히 수정하시오. (4점)

외주가공비(제조원가에 속함) 5,500,000원이 누락된 것으로 확인된다.

문제 2 다음의 거래 자료를 [일반전표입력] 메뉴를 이용하여 입력하시오(일반전표입력의 모든 거래는 부가가치세를 고려하지 말 것). (18점)

┤ 입력 시 유의사항 ├

- 일반적인 적요의 입력은 생략하지만, 타계정 대체거래는 적요번호를 선택하여 입력한다.
- 채권·채무와 관련된 거래는 별도의 요구가 없는 한 반드시 기등록되어 있는 거래처코드를 선택하는 방법으로 거래처명을 입력한다.
- 제조경비는 500번대 계정코드를, 판매비와관리비는 800번대 계정코드를 사용한다.
- 회계처리 시 계정과목은 별도제시가 없는 한 등록되어 있는 계정과목 중 가장 적절한 과목으로 한다.

[1] 7월 10일   (주)서창상사의 외상매출금 10,000,000원을 (주)서창상사가 보유하고 있던 약속어음 ((주)신흥기전 발행) 10,000,000원으로 배서양도받다. (3점)

[2] 8월 8일   지난 달 근로소득 지급액에 대한 원천징수세액인 예수금 220,000원 중 200,000원은 보통예금으로 납부하고, 나머지는 현금으로 납부하다(단, 하나의 전표로 처리하되, 거래처명은 기재하지 말 것). (3점)

[3] 9월 30일   창고에 보관 중인 제품 7,200,000원이 화재로 인하여 소실되다. 당사는 화재보험에 가입되어 있지 않다. (3점)

[4] 10월 20일 (주)상록에 판매한 제품을 화물차로 발송하면서 운임비 250,000원을 현금으로 지급하고 운송장을 발급받다. (3점)

[5] 11월 8일   보유하고 있던 자기주식 중 300주(주당 액면가액 1,000원, 주당 취득가액 1,500원)를 주당 1,300원에 처분하고, 처분대금은 모두 현금으로 수취하다(처분 전 자기주식처분이익 계정 잔액은 없는 것으로 하며, 하나의 전표로 처리할 것). (3점)

[6] 12월 26일 연말 불우이웃돕기 성금으로 현금 3,000,000원을 지급하다. (3점)

문제 3 다음의 거래 자료를 [매입매출전표입력] 메뉴를 이용하여 입력하시오. (18점)

┤ 입력 시 유의사항 ├

- 일반적인 적요의 입력은 생략하지만, 타계정 대체거래는 적요번호를 선택하여 입력한다.
- 채권·채무와 관련된 거래는 별도의 요구가 없는 한 반드시 기등록되어 있는 거래처코드를 선택하는 방법으로 거래처명을 입력한다.
- 제조경비는 500번대 계정코드를, 판매비와관리비는 800번대 계정코드를 사용한다.
- 회계처리 시 계정과목은 별도제시가 없는 한 등록되어 있는 계정과목 중 가장 적절한 과목으로 한다.
- 입력화면 하단의 분개까지 처리하고, 세금계산서 및 계산서는 전자 여부를 입력하여 반영한다.

[1] 8월 25일   영업부의 거래처인 맘모스 물산의 사업장 확장 이전을 축하하기 위하여 축하 화환을 현금으로 구입하고 아래의 전자계산서를 발급받다. (3점)

전자계산서						승인번호		20230825-15454645-58811886		
공급자	사업자등록번호	105-92-25728	종사업장번호			공급받는자	사업자등록번호	211-87-10230	종사업장번호	
	상호(법인명)	남동꽃도매시장	성 명(대표자)	한다발			상호(법인명)	(주)광주기계	성 명(대표자)	안효섭
	사업장주소	인천광역시 남동구 인하로 501					사업장주소	서울시 송파구 도곡로 434		
	업 태	도소매	종 목	화훼류			업 태	제 조	종 목	기계부품
작성일자		공급가액		수정사유		비 고				
2023.8.25.		200,000원		해당 없음						
월	일	품 목	규 격	수 량	단 가		공급가액		비 고	
8	25	화 환		1			200,000원			
합계금액		현 금		수 표		어 음		외상미수금	이 금액을 **영수** 함	
200,000원		200,000원								

[2] 9월 5일   공장부지로 사용할 토지의 취득으로 발생한 중개수수료 5,500,000원(부가가치세 포함)을 (주)한화공인중개법인에 보통예금으로 지급하고 전자세금계산서를 발급받다. (3점)

[3] 11월 15일 최종소비자인 이영수 씨에게 제품을 현금으로 판매하고 다음과 같은 현금영수증을 발급하다(단, 거래처를 입력할 것). (3점)

> **(주)광주기계**
>
> 사업자번호 211-87-10230   안효섭
> 서울시 송파구 도곡로 434   TEL : 02-520-1234
>
> **현금영수증(소득공제용)**
> 구매 2023/11/15/10:46   거래번호 : 0026-0107
> | 상품명 | 수 량 | 금 액 |
> |---|---|---|
> | 2043655000009 | 1 | 968,000원 |
>
> | | | |
> |---|---|---|
> | 과 세 물 품 가 액 | | 880,000원 |
> | 부 가 가 치 세 액 | | 88,000원 |
> | 합   계 | | 968,000원 |
> | 받 은 금 액 | | 968,000원 |

[4] 11월 19일 (주)연기실업에 당사가 사용하던 차량운반구(취득원가 50,000,000원, 처분일 현재 감가상각누계액 35,000,000원)를 12,500,000원(부가가치세 별도)에 처분하다. 대금은 보통예금 계좌로 입금되었으며, 전자세금계산서를 발급하다. (3점)

[5] 12월 6일　임대인 하우스랜드로부터 생산부의 11월분 임차료 2,500,000원(부가가치세 별도)에 대한 전자세금계산서를 발급받다. (3점)

전자세금계산서					승인번호		20231206-242428782128		
공급자	사업자등록번호	130-41-27190	종사업장번호		공급받는자	사업자등록번호	211-87-10230	종사업장번호	
	상호(법인명)	하우스랜드	성명(대표자)	김하우		상호(법인명)	(주)광주기계	성명(대표자)	안효섭
	사업장주소	경기도 부천시 오정구 오정동 129				사업장주소	서울시 송파구 도곡로 434		
	업태	부동산	종목	임대		업태	제조	종목	기계부품
	이메일					이메일			
작성일자	공급가액		세액		수정사유		비고		
2023.12.6.	2,500,000원		250,000원		해당 없음				
월	일	품목	규격	수량	단가		공급가액	세액	비고
12	6	11월 임대료					2,500,000원	250,000원	
합계금액		현금		수표		어음		외상미수금	이 금액을 **청구** 함
2,750,000원								2,750,000원	

[6] 12월 11일　구매확인서에 의해 (주)아카디상사에 제품 11,000,000원을 납품하고 영세율전자세금계산서를 발급하다. 대금 중 7,000,000원은 외상으로 하고, 나머지는 약속어음으로 수령하였다(단, 서류번호 입력은 무시한다). (3점)

문제 4　[일반전표입력] 및 [매입매출전표입력] 메뉴에 입력된 내용 중 다음과 같은 오류가 발견되었다. 입력된 내용을 확인하여 수정 또는 삭제, 추가 입력하여 오류를 정정하시오. (6점)

[1] 8월 31일　(주)현대전자로부터 차입한 운영자금에 대한 이자비용 500,000원 중 원천징수세액 137,500원을 제외하고 보통예금 계좌에서 이체한 금액인 362,500원에 대해서만 회계처리하였음이 확인되었다. 올바른 회계처리를 하시오(원천징수세액은 부채로 처리하고, 하나의 전표로 입력할 것). (3점)

[2] 10월 2일　영국의 TOMS사에 직수출하고 제품매출액 $3,000를 $1당 1,200원으로 환산하여 계상하였으나, 검토 결과 선적일 당시 기준환율은 $1당 1,250원으로 확인되었다. (3점)

문제 5 결산정리사항은 다음과 같다. 해당 메뉴에 입력하시오. (9점)

[1] 영업부의 소모품 구입 시 전액 소모품으로 자산화하고, 결산 시 사용분을 비용으로 계상해오고 있다. 결산 시 영업부로부터 미사용분인 소모품은 1,000,000원으로 통보받았다(단, 전산을 조회하여 처리하고, 금액은 음수로 입력하지 말 것). (3점)

[2] 12월 11일 실제 현금보유액이 장부상 현금보다 570,000원이 많아서 현금과부족으로 처리하였던 바, 결산일에 340,000원은 선수금((주)건영상사)으로 밝혀졌으나, 230,000원은 그 원인을 알 수 없다. (3점)

[3] 기업회계기준에 의하여 퇴직급여충당부채(퇴직급여추계액의 100%)를 설정하고 있다. 퇴직급여충당부채와 관련한 자료는 다음과 같다(단, 퇴직금 지급 시 퇴직급여충당부채와 상계하기로 한다). (3점)

구 분	기초금액	당기설정액	기중 사용금액 (퇴직금 지급액)	퇴직급여추계액
판매관리부	25,000,000원	13,000,000원	8,000,000원	30,000,000원
제조생산부	30,000,000원	15,000,000원	10,000,000원	35,000,000원

문제 6 다음 사항을 조회하여 답안을 이론문제 답안작성 메뉴에 입력하시오. (9점)

[1] 4월의 롯데카드 사용금액은 얼마인가?(단, 미지급금으로 계상하였으며, 카드대금 결제일은 다음 달 10일이다) (3점)

[2] 5월 한 달 동안 판매비와관리비 총 지출금액은 얼마인가? (3점)

[3] 제1기 부가가치세 확정신고기간(4월 ~ 6월)의 전자세금계산서 발급분 중 주민등록번호발급분의 공급가액은 얼마인가? (3점)

제103회 기출문제

시험일자 : 2022.8.6.
합격률 : 38.91%

회사선택 : ㈜일진자동차 (회사코드 2103)　　　　　정답 및 해설 p.203

이 론 시 험

다음 문제를 보고 알맞은 것을 골라 이론문제 답안작성 메뉴에 입력하시오. (객관식 문항당 2점)

┤ 기본전제 ├

문제에서 한국채택국제회계기준을 적용하도록 하는 전제조건이 없는 경우 일반기업회계기준을 적용한다.

01 다음 중 일반기업회계기준에서 말하는 재무제표에 해당하는 것을 모두 고르면 몇 개인가?

- 재무상태표
- 손익계산서
- 합계잔액시산표
- 수입금액조정명세서
- 자본변동표
- 주 석
- 현금흐름표
- 제조원가명세서
- 주주명부

① 5개 　　　　　　　　　　② 4개
③ 3개 　　　　　　　　　　④ 2개

02 다음 자료는 12월 31일 현재 재무상태표의 각 계정의 잔액이다. 외상매입금은 얼마인가?

- 보통예금 : 300,000원
- 미지급금 : 150,000원
- 외상매출금 : 700,000원
- 자본금 : 300,000원
- 외상매입금 : ?
- 이익잉여금 : 100,000원

① 450,000원 　　　　　　　② 550,000원
③ 750,000원 　　　　　　　④ 850,000원

03 도소매업을 영위하는 (주)미래가 기말 결산 시 영업활동에 사용 중인 차량에 대한 아래의 회계처리를 누락한 경우 재무상태표와 손익계산서에 미치는 영향을 설명한 것으로 옳은 것은?

(차) 감가상각비	1,000,000원	(대) 감가상각누계액	1,000,000원

① 재무상태표상 유동자산이 1,000,000원 과대표시된다.
② 재무상태표상 비유동자산이 1,000,000원 과소표시된다.
③ 손익계산서상 영업이익이 1,000,000원 과대표시된다.
④ 손익계산서상 영업외수익이 1,000,000원 과대표시된다.

04 다음 중 기말 결산 시 원장의 잔액을 차기로 이월하는 방법을 통하여 장부를 마감하는 계정과목이 아닌 것은?

① 선수금
② 기부금
③ 개발비
④ 저장품

05 다음 중 재무정보의 질적특성에 대한 설명으로 잘못된 것은?

① 재무정보의 질적특성이란 재무정보가 유용하기 위해 갖추어야 할 주요 속성을 말한다.
② 재무정보의 질적특성은 재무정보의 유용성의 판단기준이 된다.
③ 재무정보가 갖추어야 할 가장 중요한 질적특성은 목적적합성과 신뢰성이다.
④ 비교가능성은 목적적합성과 신뢰성보다 중요한 질적특성이다.

06 다음 거래에 대한 회계처리 시 나타나는 거래요소의 결합관계를 아래의 보기에서 모두 고른 것은?

단기대여금 50,000원과 그에 대한 이자 1,000원을 현금으로 회수하다.

〈 보 기 〉
가. 자산의 증가
나. 자산의 감소
다. 부채의 증가
라. 부채의 감소
마. 수익의 발생
바. 비용의 발생

① 가, 나, 바
② 나, 다, 마
③ 나, 라, 바
④ 가, 나, 마

07 다음 중 자본에 대한 설명으로 가장 옳지 않은 것은?

① 자본은 기업의 자산에서 모든 부채를 차감한 후의 잔여지분을 의미한다.
② 잉여금은 자본거래에 따라 이익잉여금, 손익거래에 따라 자본잉여금으로 구분한다.
③ 주식의 발행금액 중 주권의 액면을 초과하여 발행한 금액을 주식발행초과금이라 한다.
④ 주식으로 배당하는 경우 발행주식의 액면금액을 배당액으로 하여 자본금의 증가와 이익잉여금의 감소로 회계처리한다.

08 다음 중 일반기업회계기준에 의한 수익인식기준으로 가장 옳지 않은 것은?

① 상품권 판매 : 물품 등을 제공 또는 판매하여 상품권을 회수한 때 수익을 인식한다.
② 위탁판매 : 위탁자는 수탁자가 해당 재화를 제3자에게 판매한 시점에 수익을 인식한다.
③ 광고매체수수료 : 광고 또는 상업방송이 대중에게 전달될 때 수익을 인식한다.
④ 주문형 소프트웨어의 개발 수수료 : 소프트웨어 전달 시에 수익을 인식한다.

09 원가 및 비용의 분류 중 제조원가에 해당하는 것은?

① 원재료 운반용 차량의 처분손실
② 영업용 차량의 처분손실
③ 생산부 건물 경비원의 인건비
④ 영업부 사무실의 소모품비

10 다음 중 보조부문원가의 배분방법이 아닌 것은?

① 직접배분법   ② 비례배분법
③ 상호배분법   ④ 단계배분법

11 다음 자료를 이용하여 당기제품제조원가를 구하시오.

• 기초제품재고액 : 90,000원   • 당기총제조비용 : 1,220,000원
• 기말제품재고액 : 70,000원   • 매출원가 : 1,300,000원

① 1,280,000원   ② 1,400,000원
③ 2,680,000원   ④ 2,860,000원

12 다음 중 공손에 대한 설명으로 옳지 않은 것은?

① 공손품은 정상품에 비하여 품질이나 규격이 미달하는 불합격품을 말한다.
② 공손품은 원재료의 불량, 작업자의 부주의 등의 원인에 의해 발생한다.
③ 정상공손이란 효율적인 생산과정에서도 발생하는 공손을 말한다.
④ 정상 및 비정상 공손품의 원가는 발생한 기간의 손실로서 영업외비용으로 처리한다.

13 다음 중 부가가치세에 대한 설명으로 잘못된 것은?

① 부가가치세 납부세액은 매출세액에서 매입세액을 뺀 금액으로 한다.
② 법인사업자는 부가가치세법상 전자세금계산서 의무발급 대상자이다.
③ 금전 외의 대가를 받은 경우 공급가액은 자기가 공급받은 재화 또는 용역의 시가로 한다.
④ 부가가치세는 납세의무자와 담세자가 다를 것을 예정하고 있는 세목에 해당한다.

14 다음 중 부가가치세법에 따른 재화 또는 용역의 공급시기에 대한 설명으로 옳지 않은 것은?

① 현금판매, 외상판매의 경우 재화가 인도되거나 이용 가능하게 되는 때이다.
② 장기할부판매의 경우 대가의 각 부분을 받기로 한 때이다.
③ 반환조건부판매의 경우 조건이 성취되거나 기한이 지나 판매가 확정되는 때이다.
④ 폐업 시 잔존재화의 경우 재화가 실제 사용하거나 판매되는 때이다.

15 다음 중 부가가치세법상 납세지에 대한 설명으로 옳지 않은 것은?

① 사업자의 납세지는 각 사업장의 소재지로 한다.
② 제조업의 납세지는 최종제품을 완성하는 장소를 원칙으로 한다.
③ 광업의 납세지는 광구 내에 있는 광업사무소의 소재지를 원칙으로 한다.
④ 무인자동판매기를 통하여 재화를 공급하는 사업의 납세지는 무인자동판매기를 설치한 장소로 한다.

실 무 시 험

(주)일진자동차는 자동차특장을 제조하여 판매하는 중소기업으로, 당기(제8기)의 회계기간은 2023.1.1. ~ 2023.12.31.이다. 전산세무회계 수험용 프로그램을 이용하여 다음 물음에 답하시오.

┤ 기본전제 ├
- 문제에서 한국채택국제회계기준을 적용하도록 하는 전제조건이 없는 경우, 일반기업회계기준을 적용하여 회계 처리한다.
- 문제의 풀이와 답안작성은 제시된 문제의 순서대로 진행한다.

문제 1 다음은 [기초정보관리] 및 [전기분재무제표]에 대한 자료이다. 각각의 요구사항에 대하여 답하시오. (10점)

[1] 다음은 (주)일진자동차의 사업자등록증이다. [회사등록] 메뉴에 입력된 내용을 검토하여 누락분은 추가입력하고 잘못된 부분은 정정하시오(주소입력 시 우편번호는 입력하지 않아도 무방함). (3점)

사 업 자 등 록 증
(법인사업자)
등록번호 : 134-86-81692

법인명(단체명) : (주)일진자동차
대　표　자 : 김일진
개 업 연 월 일 : 2016년 5월 6일　　법인등록번호 : 110111-1390212
사 업 장 소 재 지 : 경기도 화성시 송산면 마도북로 40
본 점 소 재 지 : 경기도 화성시 송산면 마도북로 40
사 업 의 종 류 : 업태 제조업　　종목 자동차특장

발 급 사 유 : 신규

사업자단위과세 적용사업자 여부　 : 여( ) 부(✓)
전자세금계산서 전용 전자우편주소 :

2016년 5월 4일
화 성 세 무 서 장

---

[2] 다음 자료를 이용하여 아래의 계정과목에 대한 적요를 추가로 등록하시오. (3점)

> • 계정과목 : 831.수수료비용
> • 현금적요 : (적요 NO.8) 오픈마켓 결제대행 수수료

[3] 전기분재무제표 중 아래의 계정과목에서 다음과 같은 오류를 발견하였다. 수정 후 잔액이 되도록 적절하게 관련 재무제표를 모두 수정하시오. (4점)

부 서	계정과목	수정 전 잔액	수정 후 잔액
영업부	수도광열비	3,300,000원	2,750,000원
생산부	가스수도료	7,900,000원	8,450,000원

문제 2 다음의 거래 자료를 [일반전표입력] 메뉴를 이용하여 입력하시오(일반전표입력의 모든 거래는 부가가치세를 고려하지 말 것). (18점)

---| 입력 시 유의사항 |---

• 일반적인 적요의 입력은 생략하지만, 타계정 대체거래는 적요번호를 선택하여 입력한다.
• 채권·채무와 관련된 거래는 별도의 요구가 없는 한 반드시 기등록되어 있는 거래처코드를 선택하는 방법으로 거래처명을 입력한다.
• 제조경비는 500번대 계정코드를, 판매비와관리비는 800번대 계정코드를 사용한다.
• 회계처리 시 계정과목은 별도제시가 없는 한 등록되어 있는 계정과목 중 가장 적절한 과목으로 한다.

[1] 7월 30일   제품을 판매하고 (주)초코로부터 받은 약속어음 5,000,000원을 만기가 도래하기 전에 보람은행에 할인하고, 할인료 30,000원을 차감한 후 보통예금 계좌로 입금되었다(단, 매각거래로 처리한다). (3점)

[2] 8월 10일   7월분 국민연금보험료를 현금으로 납부하였다. 납부한 총금액은 540,000원이며, 이 중 50%는 직원부담분이고, 나머지 50%는 회사부담분(제조부문 직원분 : 180,000원, 관리부문 직원분 : 90,000원)이다. 단, 회사부담분은 세금과공과로 처리한다. (3점)

[3] 9월 26일 우리은행에 예치한 정기예금 50,000,000원의 만기일이 도래하여 정기예금 이자에 대한 원천징수세액을 차감한 후 보통예금 계좌로 입금되었다(단, 원천징수세액은 자산으로 처리한다). (3점)

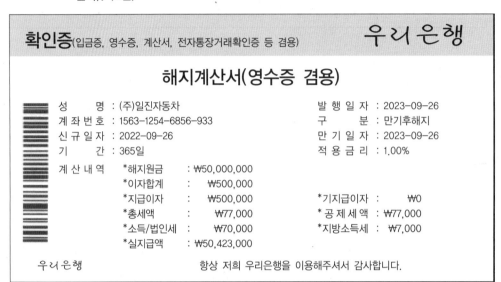

[4] 10월 26일 주당 발행가액 6,000원에 유상증자를 실시하여 신주 10,000주(주당 액면가액 5,000원)를 발행하였으며, 주금납입액은 보통예금 계좌에 입금되었다. 단, 증자 전 주식할인발행차금 계정의 잔액은 1,000,000원이다. (3점)

[5] 10월 29일 아주중고로부터 매입한 원재료에 대한 매입운임 50,000원을 현금으로 지급하였다. (3점)

[6] 11월 8일 제조부문이 사용하고 있는 건물의 증축공사에서 발생한 인건비 15,000,000원을 보통예금 계좌에서 이체하여 지급하였다(단, 해당 비용은 자본적지출에 해당하며, 해당 인건비에 대해 원천징수를 하지 않는다고 가정한다). (3점)

문제 3 다음의 거래 자료를 [매입매출전표입력] 메뉴를 이용하여 입력하시오. (18점)

┤ 입 력 시 유 의 사 항 ├

• 일반적인 적요의 입력은 생략하지만, 타계정 대체거래는 적요번호를 선택하여 입력한다.
• 채권·채무와 관련된 거래는 별도의 요구가 없는 한 반드시 기등록되어 있는 거래처코드를 선택하는 방법으로 거래처명을 입력한다.
• 제조경비는 500번대 계정코드를, 판매비와관리비는 800번대 계정코드를 사용한다.
• 회계처리 시 계정과목은 별도제시가 없는 한 등록되어 있는 계정과목 중 가장 적절한 과목으로 한다.
• 입력화면 하단의 분개까지 처리하고, 세금계산서 및 계산서는 전자 여부를 입력하여 반영한다.

[1] 9월 30일 제조부문이 사용하는 기계장치의 원상회복을 위한 수선을 하고 수선비 330,000원을 전액 하나카드로 결제하고 다음의 매출전표를 수취하였다(미지급금으로 회계처리할 것).

(3점)

매 출 전 표

카드종류		거래종류	결제방법
하나카드		신용구매	일시불
회원번호(Card No)		취소시 원거래일자	
4140-0202-3245-9959			
유효기간		거래일시	품 명
2024.12.31.		2023.9.30.	기계수선
전표제출		금 액/AMOUNT	300,000원
		부가세/VAT	30,000원
전표매입사		봉사료/TIPS	
		합 계/TOTAL	330,000원
거래번호		승인번호/(Approval No.) 98421147	
가맹점	(주)다고쳐		
대표자	김세무	TEL	031-628-8624
가맹점번호	3685062	사업자번호	204-19-76690
주 소	경기 성남시 수정구 고등동 525-5		
		서명(Signature) (주)일진자동차	

[2] 10월 11일 아재자동차로부터 원재료 운반용 화물자동차를 매입하고 전자세금계산서를 발급받았으며, 대금 중 3,300,000원은 보관 중인 (주)삼진의 약속어음을 배서하여 지급하고, 잔액은 외상으로 하였다. (3점)

	전자세금계산서					승인번호	20231011-1000000-00009329			
공급자	사업자등록번호	519-15-00319	종사업장번호		공급받는자	사업자등록번호	134-86-81692	종사업장번호		
	상 호(법인명)	아재자동차	성 명(대표자)	김아재		상 호(법인명)	(주)일진자동차	성 명(대표자)	김일진	
	사업장주소					사업장주소	경기도 화성시 송산면 마도북로 40			
	업 태	제조, 도소매	종 목	자동차, 부품		업 태	제 조	종 목	자동차특장	
	이메일					이메일				
작성일자	공급가액		세 액		수정사유		비 고			
2023.10.11.	6,000,000원		600,000원		해당 없음					
월	일	품 목	규 격	수 량	단 가	공급가액		세 액		비 고
10	11	화물자동차				6,000,000원		600,000원		
합계금액		현 금		수 표		어 음		외상미수금	이 금액을 영수 함 청구	
6,600,000원						3,300,000원		3,300,000원		

[3] 10월 15일 미국에 소재한 ANGEL사로부터 수입한 원재료에 대하여 수입전자세금계산서(공급가액 5,000,000원, 부가가치세 500,000원)를 인천세관으로부터 발급받고, 이에 관한 부가가치세를 보통예금 계좌에서 이체하였다. (3점)

[4] 11월 4일 (주)삼양안전으로부터 제조부문에서 사용할 안전용품을 구입하고 아래의 전자세금계산서를 발급받았다. 단, 안전용품은 소모품(자산) 계정을 사용하여 회계처리한다. (3점)

전자세금계산서						승인번호		20231104-1000000-00009331		
공급자	사업자등록번호	109-81-33618		종사업장번호		공급받는자	사업자등록번호	134-86-81692	종사업장번호	
	상호(법인명)	(주)삼양안전		성명(대표자)	이수진		상호(법인명)	(주)일진자동차	성명(대표자)	김일진
	사업장주소	경기도 의정부시 부자로 11					사업장주소	경기도 화성시 송산면 마도북로 40		
	업태	도소매		종목	목재		업태	제조	종목	자동차특장
	이메일						이메일			
작성일자	공급가액		세액		수정사유		비고			
2023.11.4.	1,600,000원		160,000원		해당 없음					
월	일	품목	규격	수량	단가		공급가액	세액	비고	
11	4	안전용품					1,600,000원	160,000원		
합계금액		현금		수표		어음		외상미수금	이 금액을 영수 함 청구	
1,760,000원		300,000원						1,460,000원		

[5] 11월 14일 제조부문에서 사용하던 기계장치(취득원가 50,000,000원, 감가상각누계액 43,000,000원)를 인천상사에 5,000,000원(부가가치세 별도)에 매각하면서 전자세금계산서를 발급하였으며, 대금 중 부가가치세는 현금으로 받고, 나머지는 전액 인천상사가 발행한 약속어음으로 수령하였다. (3점)

[6] 11월 22일 매출처인 (주)성남의 야유회에 증정할 물품으로 미래마트에서 음료수 550,000원(부가가치세 포함)을 구입하고 전자세금계산서를 발급받고, 대금은 보통예금 계좌에서 이체하여 지급하였다. (3점)

문제 4 [일반전표입력] 및 [매입매출전표입력] 메뉴에 입력된 내용 중 다음과 같은 오류가 발견되었다. 입력된 내용을 확인하여 수정 또는 삭제, 추가 입력하여 오류를 정정하시오. (6점)

[1] 7월 3일 (주)한성전자의 부도로 미수금 잔액 10,000,000원이 회수불능되어 전액 대손처리하였으나, 확인 결과 (주)한성전자의 미수금이 아니라 (주)성한전기의 미수금이며, 부도시점에 미수금에 대한 대손충당금 잔액 1,000,000원이 있었던 것으로 확인된다. (3점)

[2] 11월 29일 일시 보유목적으로 시장성 있는 태평상사의 주식 100주를 주당 10,000원에 취득하면서 취득과정에서 발생한 수수료 10,000원도 취득원가로 회계처리하였다. (3점)

문제 5 결산정리사항은 다음과 같다. 해당 메뉴에 입력하시오. (9점)

[1] 국민은행의 정기예금에 대한 기간경과분 이자수익을 인식하다(단, 월할로 계산할 것). (3점)

> • 예금금액 : 60,000,000원 • 연이자율 : 2%
> • 예금기간 : 2년(2023.10.1. ～ 2025.9.30.) • 이자지급일 : 연 1회(매년 9월 30일)

[2] 10월 5일 영업부문에서 사용할 소모품 500,000원을 구입하고 자산으로 회계처리하였다. 결산일 현재 소모품 사용액은 350,000원이다. (3점)

[3] 결산일 현재 외상매출금 잔액의 1%에 대하여 대손이 예상된다. 보충법에 의하여 대손충당금 설정 회계처리를 하시오(단, 대손충당금 설정에 필요한 정보는 관련 데이터를 조회하여 사용할 것). (3점)

문제 6 다음 사항을 조회하여 답안을 [이론문제 답안작성] 메뉴에 입력하시오. (9점)

[1] 제1기 부가가치세 확정신고기간(4월 ～ 6월) 중 매입세액을 공제받지 않은 공급가액은 얼마인가? (3점)

[2] 제1기 부가가치세 예정신고기간(1월 ～ 3월)과 확정신고기간(4월 ～ 6월)의 매출세금계산서 발급매수의 차이는 얼마인가?(단, 답이 음수인 경우에도 양수로 입력한다) (3점)

[3] 4월(4월 1일 ～ 4월 30일) 중 외상매출금 회수액은 얼마인가? (3점)

이 론 시 험

다음 문제를 보고 알맞은 것을 골라 이론문제 답안작성 메뉴에 입력하시오. (객관식 문항당 2점)

━━━┤ 기본전제 ├━━━

문제에서 한국채택국제회계기준을 적용하도록 하는 전제조건이 없는 경우 일반기업회계기준을 적용한다.

01 다음 중 거래의 8요소와 그 예시로 가장 적절하지 않은 것은?

① 자산 증가/자본 증가 : 회사의 설립을 위한 자본금 1,000만원을 보통예금에 입금하다.
② 자산 증가/자산 감소 : 마스크생산에 사용되는 원단 구입대금 3,000만원을 현금으로 지급하다.
③ 자산 증가/부채 증가 : 직원의 주택구입자금 1억원을 보통예금에서 이체하여 대여하다.
④ 부채 감소/부채 증가 : 약속어음을 발행하여 외상매입금을 지급하다.

02 다음 자료를 이용하여 선입선출법에 따라 계산한 (주)서울의 기말재고자산 금액은 얼마인가?

일 자	적 요	수 량	단 가
5월 6일	매 입	200개	200원
9월 21일	매 출	150개	500원
12월 12일	매 입	100개	300원

① 30,000원　　　　　　　　　② 35,000원
③ 40,000원　　　　　　　　　④ 45,000원

03 다음 중 영업외비용으로 처리되는 계정과목은?

① 개발비　　　　　　　　　② 경상연구개발비
③ 무형자산손상차손　　　　　④ 소모품비

04   다음 중 유형자산과 무형자산에 대한 설명으로 맞는 것은?

① 유형자산은 모두 감가상각을 해야 한다.
② 무형자산은 화폐성자산이다.
③ 무형자산은 미래 경제적 효익이 없다.
④ 무형자산은 물리적 실체가 없다.

05   다음 거래를 모두 반영하였을 경우 나타날 결과에 대한 설명으로 옳지 않은 것은?

> • 2월 1일 : 시장성 있는 (주)한국의 주식(액면금액 4,000원) 100주를 단기간 보유할 목적으로
>   주당 4,200원에 취득하였다. 취득과정에서 별도의 수수료 20,000원이 발생하였다.
> • 7월 1일 : (주)한국의 주식 100주를 주당 4,300원에 처분하였다.

① 단기매매증권처분이익이 10,000원이 발생한다.
② 단기매매증권을 취득할 때 발생한 수수료는 자산처리하지 않고, 비용처리한다.
③ 당기순이익이 10,000원 증가한다.
④ 당기순이익이 10,000원 감소한다.

06   다음 중 부채를 인식하는 요건에 대한 설명으로 옳지 않은 것은?

① 과거 사건이나 거래의 결과로 현재 의무가 존재한다.
② 당해 의무를 이행하기 위하여 자원이 유출될 가능성이 매우 높다.
③ 당해 의무의 이행에 사용되는 금액을 신뢰성 있게 추정할 수 있다.
④ 우발부채는 부채로 인식하지 않아 의무를 이행하기 위하여 자원이 유출될 가능성이 높은 경우에
   도 주석으로 기재하지 않는다.

07   재무상태표의 기본요소 중 하나인 자본에 대한 설명으로 잘못된 것은?

① 자본이란 기업실체의 자산에 대한 소유주의 잔여청구권이다.
② 배당금 수령이나 청산 시에 주주간의 권리가 상이한 경우 주주지분을 구분표시할 수 있다.
③ 재무상태표상 자본의 총액은 자산 및 부채를 인식, 측정함에 따라 결정된다.
④ 재무상태표상 자본의 총액은 주식의 시가총액과 일치하는 것이 일반적이다.

08 다음 자료를 이용하여 아래의 (가)를 계산하면 얼마인가?

> • 영업부 종업원의 급여 : 50,000원 • 이자비용 : 20,000원
> • 기부금 : 40,000원 • 상거래채권의 대손상각비 : 20,000원
> • 상거래채권 외의 대손상각비 : 50,000원

> 매출총이익 - (　　가　　) = 영업이익

① 70,000원 　　　　　　　　　　② 90,000원
③ 130,000원 　　　　　　　　　　④ 140,000원

09 다음 중 제조기업의 원가계산 산식으로 가장 옳은 것은?

① 당기제품제조원가 = 직접재료비 + 직접노무비 + 제조간접비
② 직접재료비 = 기초원재료재고액 + 당기원재료순매입액 - 기말원재료재고액
③ 당기총제조원가 = 기초재공품재고액 + 당기총제조원가 - 기말재공품재고액
④ 매출원가 = 기초제품재고액 - 당기제품제조원가 + 기말제품재고액

10 다음 중 개별원가계산과 종합원가계산의 비교 내용으로 잘못된 것은?

① 종합원가계산은 소품종 대량생산의 경우에 주로 사용된다.
② 종합원가계산은 원가를 제조공정별로 집계한다.
③ 개별원가계산은 원가보고서를 개별작업별로 작성한다.
④ 개별원가계산이 사용되는 산업은 정유업, 화학업, 제지업 등이 대표적이다.

11 다음 자료에 의하여 평균법에 따라 재료비와 가공비 각각의 완성품환산량을 구하시오.

> • 기초재공품 : 100개(완성도 25%) • 기말재공품 : 200개(완성도 50%)
> • 당기착수 : 400개 • 당기완성 : 300개
> • 재료는 공정 초기에 투입되며, 가공비는 공정 전반에 걸쳐 균등하게 발생한다.

	재료비	가공비
①	475개	300개
②	475개	400개
③	500개	400개
④	500개	300개

12 다음 중 보조부문의 원가를 배부하는 방법에 대한 설명으로 옳지 않은 것은?

① 상호배분법은 보조부문 상호 간의 용역제공 관계를 완전히 고려하여 배부하므로 사전에 배부금액을 결정하는 방법이다.
② 단계배분법은 보조부문 상호 간의 용역제공 관계에 대해 우선순위를 정하고 배부하는 방법이다.
③ 직접배분법은 보조부문 상호 간의 용역제공 관계를 무시하고 배부하는 방법이다.
④ 원가계산의 정확성은 상호배분법 > 단계배분법 > 직접배분법 순이다.

13 다음 중 부가가치세법상 세금계산서 및 영수증 발급의무면제 대상이 아닌 것은?(단, 주사업장총괄납부 및 사업자단위과세 사업자가 아니다)

① 용역의 국외공급
② 무인자동판매기를 이용한 재화의 공급
③ 다른 사업장에 판매목적으로 반출되어 공급으로 의제되는 재화
④ 부동산임대용역 중 간주임대료에 해당하는 부분

14 다음 중 부가가치세법상 세금계산서의 필요적 기재사항에 해당하는 것은?

① 공급연월일
② 공급받는 자의 상호, 성명, 주소
③ 공급품목
④ 공급받는 자의 사업자등록번호

15 다음 중 부가가치세법상 면세되는 용역이 아닌 것은?

① 은행법에 따른 은행 업무 및 금융용역
② 주무관청의 허가 또는 인가 등을 받은 교육용역
③ 철도건설법에 따른 고속철도에 의한 여객운송용역
④ 주택임대용역

실 무 시 험

(주)금왕전자는 전자제품을 제조하여 판매하는 중소기업으로, 당기(제9기)의 회계기간은 2023.1.1. ~ 2023.12.31.이다. 전산세무회계 수험용 프로그램을 이용하여 다음 물음에 답하시오.

┤ 기본전제 ├

- 문제에서 한국채택국제회계기준을 적용하도록 하는 전제조건이 없는 경우, 일반기업회계기준을 적용하여 회계처리한다.
- 문제의 풀이와 답안작성은 제시된 문제의 순서대로 진행한다.

문제 1 다음은 [기초정보관리] 및 [전기분재무제표]에 대한 자료이다. 각각의 요구사항에 대하여 답하시오. (10점)

[1] 다음의 자료를 이용하여 [거래처등록] 메뉴에서 신규거래처를 등록하시오(단, 주어진 자료 외의 다른 항목은 입력할 필요 없음). (3점)

- 거래처코드 : 7171
- 대표자성명 : 이부천
- 업태 : 도매
- 사업자등록번호 : 129-86-78690
- 사업장 주소 : 인천광역시 계양구 경명대로 1077 로얄프라자 201호(계산동)
- 거래처명 : (주)천천상사
- 유형 : 매출
- 종목 : 전자제품
※ 단, 주소 입력 시 우편번호 입력은 생략함

[2] (주)금왕전자의 기초 채권 및 채무의 올바른 잔액은 다음과 같다. [거래처별초기이월] 자료를 검토하여 오류가 있으면 삭제 또는 수정, 추가 입력하여 올바르게 정정하시오. (3점)

계정과목	거래처	금 액
외상매출금	(주)대전전자	3,000,000원
	(주)목포전자	2,000,000원
외상매입금	손오공상사	1,500,000원
	사오정산업	800,000원
받을어음	(주)대구전자	300,000원

[3] 전기분손익계산서를 검토한 결과 다음과 같은 오류가 발견되었다. [전기분재무상태표], [전기분손익계산서], [전기분원가명세서], [전기분잉여금처분계산서] 중 관련된 부분을 수정하시오. (4점)

계정과목	틀린 내용	올바른 내용
소모품비	판매비와관리비로 2,000,000원을 과다계상함	제조원가로 2,000,000원을 추가 반영할 것

문제 2 다음의 거래 자료를 [일반전표입력] 메뉴를 이용하여 입력하시오(일반전표입력의 모든 거래는 부가가치세를 고려하지 말 것). (18점)

┤ 입력 시 유의사항 ├

- 일반적인 적요의 입력은 생략하지만, 타계정 대체거래는 적요번호를 선택하여 입력한다.
- 채권·채무와 관련된 거래는 별도의 요구가 없는 한 반드시 기등록되어 있는 거래처코드를 선택하는 방법으로 거래처명을 입력한다.
- 제조경비는 500번대 계정코드를, 판매비와관리비는 800번대 계정코드를 사용한다.
- 회계처리 시 계정과목은 별도제시가 없는 한 등록되어 있는 계정과목 중 가장 적절한 과목으로 한다.

[1] 7월 20일　회사가 보유하고 있던 매도가능증권(투자자산)을 다음과 같은 조건으로 처분하고 대금은 보통예금으로 회수하였다(단, 전기의 기말평가는 일반기업회계기준에 따라 처리하였다). (3점)

취득가액	전기말 공정가치	당기 처분가액	비 고
24,000,000원	28,000,000원	29,000,000원	시장성이 있다.

[2] 9월 26일　창고에 보관 중인 원재료 550,000원(원가)을 공장에서 사용 중인 기계장치의 수리를 위하여 사용하였다. (3점)

[3] 11월 4일　세금계산서를 발급할 수 없는 간이과세자인 일백토스트에서 공장 생산직 직원들의 간식용 토스트를 주문하였다. 대금은 현금으로 지급하고, 아래와 같은 영수증을 받았다(일반전표에 입력할 것). (3점)

일백토스트

사업자번호 121-15-12340　　　　　　김일백
경기도 이천시 가좌로1번길　　　　TEL : 031-400-1158
홈페이지 http://www.kacpta.or.kr

현금(지출증빙용)

구매 2023/11/04/10:06　　거래번호 : 150

상품명	단 가	수 량	금 액
햄토스트	2,500원	4	10,000원
치즈토스트	2,000원	5	10,000원
합　계			20,000원
받은금액			20,000원

[4] 11월 5일　전기에 대손이 확정되어 대손충당금과 상계처리하였던 (주)대전전자의 외상매출금 500,000원이 회수되어 당사의 보통예금 계좌에 입금되었다. (3점)

[5] 11월 8일 기계장치 구입으로 인하여 부가가치세 제2기 예정신고기간에 발생한 부가가치세 환급금 10,300,000원이 보통예금 계좌로 입금되었다. 부가가치세 제2기 예정신고기간의 부가가치세 환급금은 미수금으로 회계처리를 하였다. (3점)

[6] 11월 30일 해외거래처인 ACE에 수출(선적일 : 11월 1일)한 제품에 대한 외상매출금 $2,000를 회수하였다. 외화로 회수한 외상매출금은 즉시 원화로 환전하여 당사 보통예금 계좌에 입금하였다. (3점)

> • 2023년 11월 1일 환율 : 1,100원/$ • 2023년 11월 30일 환율 : 1,150원/$

문제 3 다음의 거래 자료를 [매입매출전표입력] 메뉴를 이용하여 입력하시오. (18점)

┤ 입력 시 유의사항 ├

- 일반적인 적요의 입력은 생략하지만, 타계정 대체거래는 적요번호를 선택하여 입력한다.
- 채권·채무와 관련된 거래는 별도의 요구가 없는 한 반드시 기등록되어 있는 거래처코드를 선택하는 방법으로 거래처명을 입력한다.
- 제조경비는 500번대 계정코드를, 판매비와관리비는 800번대 계정코드를 사용한다.
- 회계처리 시 계정과목은 별도제시가 없는 한 등록되어 있는 계정과목 중 가장 적절한 과목으로 한다.
- 입력화면 하단의 분개까지 처리하고, 세금계산서 및 계산서는 전자 여부를 입력하여 반영한다.

[1] 10월 16일 (주)한국마트에서 대표이사 신윤철이 업무와 무관하게 개인적으로 이용하기 위하여 노트북 1대를 2,500,000원(부가가치세 별도)에 외상으로 구매하고 전자세금계산서를 받았다 (단, 거래처를 입력할 것). (3점)

전자세금계산서						승인번호			20231016-15454645-58811886		
공급자	사업자등록번호	105-81-23608	종사업장번호		공급받는자	사업자등록번호	126-87-10121		종사업장번호		
	상호(법인명)	(주)한국마트	성명(대표자)	한만군		상호(법인명)	(주)금왕전자		성명(대표자)		신윤철
	사업장주소	서울특별시 동작구 여의대방로 28				사업장주소	경기도 이천시 가좌로1번길 21-26				
	업태	도소매	종목	전자제품		업태	제조, 도소매		종목		전자제품
	이메일					이메일					
작성일자		공급가액		세액		수정사유		비고			
2023.10.16.		2,500,000원		250,000원		해당 없음					
월	일	품목	규격	수량	단가		공급가액		세액		비고
10	16	노트북		1	2,500,000원		2,500,000원		250,000원		
합계금액		현금		수표		어음		외상미수금		이 금액을 **청구** 함	
2,750,000원								2,750,000원			

[2] 10월 21일 (주)송송유통에 제품을 판매하고 다음과 같이 전자세금계산서를 발급하였다. 판매대금 중 10,000,000원은 지주상사가 발행한 어음으로 받았고, 나머지는 다음 달에 받기로 하였다. (3점)

전자세금계산서						승인번호		20231021-15454645-58811886		
공급자	사업자등록번호	126-87-10121		종사업장번호		공급받는자	사업자등록번호	110-81-19066	종사업장번호	
	상호(법인명)	(주)금왕전자		성명(대표자)	신윤철		상호(법인명)	(주)송송유통	성명(대표자)	이송
	사업장주소	경기도 이천시 가좌로1번길 21-26					사업장주소	서울특별시 강남구 강남대로 30		
	업태	제조, 도소매		종목	전자제품		업태	도소매	종목	전자제품
	이메일						이메일			

작성일자	공급가액	세액	수정사유	비고
2023.10.21.	40,000,000원	4,000,000원	해당 없음	

월	일	품목	규격	수량	단가	공급가액	세액	비고
10	21	전자제품				40,000,000원	4,000,000원	

합계금액	현금	수표	어음	외상미수금	이 금액을 **청구** 함
44,000,000원			10,000,000원	34,000,000원	

[3] 11월 2일 (주)이에스텍으로부터 공장 시설보호를 목적으로 CCTV 설치를 완료하고 전자세금계산서를 발급받았다. 대금총액 3,300,000원(부가가치세 포함) 중 현금으로 300,000원을 지급하였고, 나머지는 10회에 걸쳐 매달 말 균등 지급하기로 하였다(계정과목은 시설장치 과목을 사용할 것). (3점)

[4] 11월 27일 당사는 본사의 사옥을 신축할 목적으로 기존 건물이 있는 토지를 취득하고 즉시 건물을 철거한 후 (주)철거로부터 전자세금계산서를 발급받았다. 구건물 철거 비용 33,000,000원(공급가액 30,000,000원, 세액 3,000,000원) 중 15,000,000원은 보통예금으로 지급하고, 나머지는 외상으로 하였다. (3점)

[5] 12월 1일 개인 소비자인 권지우씨에게 제품을 2,400,000원(부가가치세 별도)에 판매하고, 판매대금은 신용카드로 결제받았다(단, 신용카드에 의한 판매는 매출채권으로 처리한다). (3점)

카드매출전표

카드종류 : 국민카드
회원번호 : 2224-1222-****-1345
거래일시 : 2023.12.1. 16:05:16
거래유형 : 신용승인
매 출 액 : 2,400,000원
부가세액 : 240,000원
합 계 액 : 2,640,000원
결제방법 : 일시불
승인번호 : 71999995
은행확인 : 국민은행

가맹점명 : (주)금왕전자
- 이 하 생 략 -

---

[6] 12월 20일 미국 소재 법인 dongho와 8월 4일 직수출 계약을 체결한 제품 $5,000의 선적을 완료하고, 수출대금은 차후에 받기로 하였다. 직수출 계약일의 기준환율은 1,180원/$, 선적일의 기준환율은 1,185원/$이다(수출신고번호 입력은 생략함). (3점)

문제 4 [일반전표입력] 및 [매입매출전표입력] 메뉴에 입력된 내용 중 다음과 같은 오류가 발견되었다. 입력된 내용을 확인하여 수정 또는 삭제, 추가 입력하여 오류를 정정하시오. (6점)

[1] 8월 25일 제1기 확정신고기간의 부가가치세 납부세액과 가산세 162,750원을 보통예금으로 납부하고 일반전표에서 세금과공과(판)로 회계처리하였다. 단, 6월 30일의 부가가치세 회계처리를 확인하고, 가산세는 세금과공과(판)로 처리하시오. (3점)

[2] 10월 17일 (주)이플러스로부터 구매한 스피커의 대금 2,200,000원을 보통예금 계좌에서 이체하고 일반전표에서 상품으로 회계처리하였으나, 사실은 영업부 사무실에서 업무용으로 사용할 목적으로 구입하고 지출증빙용 현금영수증을 발급받은 것으로 확인되었다. 회사는 이를 비품으로 처리하고 매입세액공제를 받으려고 한다. (3점)

문제 5 결산정리사항은 다음과 같다. 해당 메뉴에 입력하시오. (9점)

[1] 외상매입금 계정에는 중국에 소재한 거래처 상하이에 대한 외상매입금 2,200,000원($2,000)이 포함되어 있다(결산일 현재 적용환율 : 1,120원/$). (3점)

[2] 7월 1일 전액 비용으로 회계처리한 보험료(제조부문 : 2,400,000원, 영업부문 : 1,500,000원)는 1년분(2023.7.1. ~ 2024.6.30.) 보험료를 일시에 지급한 것으로, 보험료는 월할 계산한다. (3점)

[3] 9월 15일 가수금으로 처리한 2,550,000원에 대한 원인을 조사한 결과, 그 중 2,530,000원은 (주)인천의 외상매출금을 회수한 것으로 밝혀졌다. 나머지 금액은 결산일 현재까지 그 차이의 원인을 알 수 없어 당기 수익(영업외수익)으로 처리하였다. (3점)

문제 6 다음 사항을 조회하여 답안을 이론문제 답안작성 메뉴에 입력하시오. (9점)

[1] 1분기(1월 ~ 3월) 중 제품매출이 가장 많은 달(月)과 가장 적은 달(月)의 차이는 얼마인가?(단, 음수로 입력하지 말 것) (3점)

[2] 부가가치세 제1기 예정신고기간(1월 ~ 3월) 중 신용카드로 매입한 사업용 고정자산의 공급가액은 얼마인가? (3점)

[3] 6월 중 한일상회에서 회수한 외상매출금은 얼마인가? (3점)

제101회 기출문제

시험일자 : 2022.4.10.
합격률 : 51.63%

회사선택 : (주)동진상사 (회사코드 2101)　　　　　　정답 및 해설 p.213

이 론 시 험

다음 문제를 보고 알맞은 것을 골라 이론문제 답안작성 메뉴에 입력하시오. (객관식 문항당 2점)

┤ 기본전제 ├

문제에서 한국채택국제회계기준을 적용하도록 하는 전제조건이 없는 경우 일반기업회계기준을 적용한다.

01 다음의 손익계산서 항목 중 유형자산처분손실이 발생할 경우 변동되는 것은?

① 매출원가　　　　　　　　　　② 매출총이익
③ 영업이익　　　　　　　　　　④ 법인세비용차감전순손익

02 다음 중 현금및현금성자산에 해당하지 않는 것은?

① 당좌예금
② 타인발행수표
③ 보통예금
④ 취득 당시 만기가 1년 이후에 도래하는 양도성예금증서

03 다음의 거래를 회계처리할 때 사용되지 않는 계정과목은 무엇인가?

> 업무용 승용차 20,000,000원을 취득하면서 먼저 지급한 계약금 2,000,000원을 제외한 나머지 잔액은 약속어음을 발행하여 지급하였다.

① 선급금　　　　　　　　　　② 지급어음
③ 미지급금　　　　　　　　　　④ 차량운반구

04 아래의 고정자산 관리대장에 의하여 2023년 기말결산 시 감가상각비(제조원가)로 인식할 금액은 얼마인가?(단, 월할 계산하고 소수점 미만 금액은 절사한다)

구 분	자산명	취득일	취득가액	잔존가치	상각 방법	내용 연수	상각률	사용 부서
차량운반구	BMW520d	2023년 3월 1일	65,000,000원	15,000,000원	정액법	5년	0.2	영업부
	포터2 더블캡	2020년 5월 2일	30,000,000원	5,000,000원	정액법	5년	0.2	생산부

① 5,000,000원　　　　　　　　　② 6,000,000원
③ 8,333,333원　　　　　　　　　④ 15,000,000원

05 다음 중 무형자산에 대한 설명으로 옳지 않은 것은?

① 무형자산은 영업상 목적으로 획득 또는 보유하는 것으로, 물리적 형체가 없다.
② 식별가능성은 특정 무형자산을 다른 자산과 구분하여 별도로 인식할 수 있음을 의미한다.
③ 무형자산의 미래 경제적 효익은 재화의 매출이나 용역수익, 원가절감 또는 자산의 사용에 따른 기타 효익의 형태로 발생한다.
④ 무형자산을 최초로 인식할 때에는 시가로 측정한다.

06 다음의 계정별원장을 분석하여 9월 1일 단기매매증권처분가액을 계산하면 얼마인가?

단기매매증권

8/1 현금 500,000원 | 9/1 현금 500,000원

단기매매증권처분이익

9/1 현금 100,000원

① 400,000원　　　　　　　　　② 500,000원
③ 600,000원　　　　　　　　　④ 1,000,000원

07 아래의 분개를 각 계정별원장에 전기한 것으로 가장 적절한 것은?

12월 1일	(차) 급 여	2,000,000원	(대) 미지급금	1,950,000원
			예수금	50,000원

①
예수금	
12/1 급여 50,000원	

②
미지급금	
	12/1 예수금 50,000원

③
미지급금	
12/1 급여 2,000,000원	

④
미지급금	
	12/1 급여 1,950,000원

08 다음의 계정과목 중 계정체계의 분류가 나머지와 다른 것은?

① 매도가능증권처분이익
② 자산수증이익
③ 단기매매증권평가이익
④ 자기주식처분이익

09 다음 중 제조원가명세서에 표시되지 않는 것은?

① 직접재료비, 직접노무비, 제조간접비
② 당기총제조원가
③ 당기제품제조원가
④ 제품매출원가

10 다음은 종합원가계산과 개별원가계산에 대한 설명이다. 옳지 않은 것을 고르시오.

① 다품종 주문생산에 적합한 원가계산방법은 개별원가계산이다.
② 정유업, 제당업, 제분업은 종합원가계산이 적합하다.
③ 건설업, 주문에 의한 기계제조업, 항공기제조업은 개별원가계산이 적합하다.
④ 상대적으로 정확한 제품원가계산이 가능한 방법은 종합원가계산이다.

11 다음 자료를 이용하여 평균법에 의한 가공비 완성품환산량을 계산하시오(단, 재료비는 공정 초기에 전량 투입되며, 가공비는 공정 전반에 걸쳐 균등하게 발생한다).

- 기초재공품 수량 : 400개(완성도 20%)
- 당기착수 수량 : 450개
- 당기완성품 수량 : 800개
- 기말재공품 수량 : 50개(완성도 40%)

① 450개
② 800개
③ 820개
④ 850개

12 다음 중 원가와 관련된 설명으로 옳지 않은 것은?

① 당기총제조원가는 직접재료비, 직접노무비, 제조간접비의 합계이다.
② 재공품의 기초, 기말재고가 없는 경우 당기총제조원가는 당기제품제조원가와 같다.
③ 매몰원가는 의사결정을 할 때 고려되지 않는 과거에 발생한 원가의 합계이다.
④ 기회원가는 여러 대안에 대한 의사결정을 하였을 때, 선택하지 않은 대안의 기대치 합계이다.

13 다음 중 부가가치세법상 세금계산서 및 거래징수와 관련된 설명으로 잘못된 것은?

① 사업자가 재화 또는 용역을 공급하는 경우에는 부가가치세를 재화 또는 용역을 공급받는 자로부터 징수하여야 한다.
② 세금계산서는 재화 또는 용역의 공급시기에 발급한다.
③ 세금계산서는 재화 또는 용역의 공급받는 자와 대가를 지급하는 자가 다른 경우 대가를 지급하는 자에게 발급하여야 한다.
④ 재화 또는 용역의 공급시기가 되기 전이라도 대가의 전부 또는 일부를 수령한 경우 세금계산서를 발급할 수 있다.

14 다음 중 부가가치세법상 면세대상 용역에 해당하는 것은?

① 전세버스 운송 용역
② 골동품 중개 용역
③ 도서대여 용역
④ 자동차운전학원 교육 용역

15 다음 자료에 의하여 부가가치세 과세표준을 계산하면 얼마인가?

> • 총매출액 : 1,000,000원
> • 판매장려금(금전) 지급액 : 50,000원
> • 매출할인액 : 30,000원
> • 매출에누리액 : 16,000원
> • 외상매출금 연체이자 : 5,000원
> • 대손금 : 20,000원

① 929,000원

② 934,000원

③ 954,000원

④ 959,000원

실 무 시 험

(주)동진상사는 스포츠의류를 제조하여 판매하는 중소기업으로 당기(제8기)의 회계기간은 2023.1.1. ~ 2023.12.31.이다. 전산세무회계 수험용 프로그램을 이용하여 다음 물음에 답하시오.

─┤ 기본전제 ├─

• 문제에서 한국채택국제회계기준을 적용하도록 하는 전제조건이 없는 경우, 일반기업회계기준을 적용하여 회계 처리한다.

• 문제의 풀이와 답안작성은 제시된 문제의 순서대로 진행한다.

문제 1 다음은 [기초정보관리] 및 [전기분재무제표]에 대한 자료이다. 각각의 요구사항에 대하여 답하시오. (10점)

[1] 제품 매출을 위해 소망카드와 신용카드가맹점 계약을 하였다. 다음의 자료를 이용하여 [거래처등록] 메뉴에서 거래처를 등록하시오(단, 주어진 자료 외의 다른 항목은 입력할 필요 없음). (3점)

> • 코드 : 99605
> • 가맹점번호 : 654800341
> • 거래처명 : 소망카드
> • 유형 : 매출

[2] 다음 자료를 이용하여 [계정과목및적요등록] 메뉴에서 계정과목을 등록하시오. (3점)

> • 코드 : 855
> • 계정과목 : 인적용역비
> • 성격 : 경비
> • 대체적요 : 1. 사업소득자 용역비 지급

[3] (주)동진상사의 기초 채권 및 채무의 올바른 잔액은 다음과 같다. [거래처별초기이월] 자료를 검토하고 오류가 있으면 삭제 또는 수정, 추가 입력하여 올바르게 정정하시오. (4점)

계정과목	거래처	금 액	재무상태표 금액
외상매출금	(주)부산무역	49,000,000원	82,000,000원
	(주)영월상사	33,000,000원	
외상매입금	(주)여주기업	51,000,000원	75,800,000원
	(주)부여산업	24,800,000원	

문제 2 다음의 거래 자료를 [일반전표입력] 메뉴를 이용하여 입력하시오(일반전표입력의 모든 거래는 부가가치세를 고려하지 말 것). (18점)

┤ 입력 시 유의사항 ├

• 일반적인 적요의 입력은 생략하지만, 타계정 대체거래는 적요번호를 선택하여 입력한다.
• 채권·채무와 관련된 거래는 별도의 요구가 없는 한 반드시 기등록되어 있는 거래처코드를 선택하는 방법으로 거래처명을 입력한다.
• 제조경비는 500번대 계정코드를, 판매비와관리비는 800번대 계정코드를 사용한다.
• 회계처리 시 계정과목은 별도제시가 없는 한 등록되어 있는 계정과목 중 가장 적절한 과목으로 한다.

[1] 9월 18일   (주)강남에 지급하여야 하는 외상매입금 2,500,000원 중 1,300,000원은 3개월 만기 약속어음을 발행하여 지급하고, 나머지는 면제받았다. (3점)

[2] 10월 13일 제품 3,000,000원을 거래처 일만상사에 판매하기로 계약하고, 계약금으로 공급대가의 20%를 일만상사 발행 당좌수표로 받다. (3점)

[3] 10월 15일 추석 명절을 맞아 다음과 같이 직원 상여금을 보통예금 계좌에서 지급하였다. (3점)

성 명	부 서	상여금(원)	공제액(원)			차인지급액(원)
			근로소득세	지방소득세	공제합계	
김세무	영업부	500,000	50,000	5,000	55,000	445,000
이회계	생산부	900,000	90,000	9,000	99,000	801,000
계		1,400,000	140,000	14,000	154,000	1,246,000

[4] 11월 11일   9월 30일에 열린 주주총회에서 결의했던 금전 중간배당금 2,000,000원을 보통예금으로 지급하였다(단, 9월 30일의 회계처리는 적정하게 이루어졌으며, 원천징수는 없는 것으로 가정한다). (3점)

[5] 12월 28일 사무실에서 사용할 비품으로 공기청정기를 구입하고 구입대금은 신용카드로 결제하였다 (카드대금은 미지급금 계정을 사용할 것). (3점)

(주)윤서전자

사업자번호 106-81-20225   이윤서

경기도 부천시 경인옛로 111   TEL : 3385-8085

카드 매출전표

구매 2023/12/28/10:46   거래번호 : 0006-0007

상품명	수 량	금 액
공기청정기(25평형)	1	3,000,000원
202209200105		

                 합   계   3,000,000원

                 받은금액   3,000,000원

결제카드

씨티카드 : 5540-80**-****-**97

승인번호 : 00098867

[6] 12월 30일 (주)동진상사는 영업부 임직원의 퇴직금에 대하여 확정급여형(DB형) 퇴직연금에 가입하고 있으며, 12월분 퇴직연금 납입액 5,500,000원을 당사 보통예금 계좌에서 이체하였다 (단, 납입액 5,500,000원 중 2%는 금융기관에 지급하는 수수료이다). (3점)

문제 3   다음의 거래 자료를 [매입매출전표입력] 메뉴를 이용하여 입력하시오. (18점)

┤ 입력 시 유의사항 ├

- 일반적인 적요의 입력은 생략하지만, 타계정 대체거래는 적요번호를 선택하여 입력한다.
- 채권·채무와 관련된 거래는 별도의 요구가 없는 한 반드시 기등록되어 있는 거래처코드를 선택하는 방법으로 거래처명을 입력한다.
- 제조경비는 500번대 계정코드를, 판매비와관리비는 800번대 계정코드를 사용한다.
- 회계처리 시 계정과목은 별도제시가 없는 한 등록되어 있는 계정과목 중 가장 적절한 과목으로 한다.
- 입력화면 하단의 분개까지 처리하고, 세금계산서 및 계산서는 전자 여부를 입력하여 반영한다.

[1] 7월 25일   수출 관련 구매확인서에 근거하여 제품 10,000,000원(공급가액)을 (주)정남에 공급하고 영세율전자세금계산서를 발급하였다. 7월 15일에 기수령한 계약금 2,000,000원을 제외한 대금은 외상으로 하였다(서류번호는 입력하지 않음). (3점)

[2] 9월 20일　주경상사에서 원재료를 매입하고 다음의 전자세금계산서를 발급받았다. (3점)

전자세금계산서						승인번호		20230920-1000000-00009329		
공급자	사업자등록번호	109-53-56618	종사업장번호		공급받는자	사업자등록번호	136-81-29187	종사업장번호		
	상호(법인명)	주경상사	성명(대표자)	한수진		상호(법인명)	(주)동진상사	성명(대표자)	김동진	
	사업장주소	경기도 의정부시 망월로 11				사업장주소	경기도 안산시 단원구 별망로 178			
	업태	도소매	종목	의류		업태	제조·도소매	종목	스포츠의류	
	이메일					이메일				

작성일자	공급가액	세액	수정사유		
2023.9.20.	1,300,000원	130,000원	해당 없음		
비고					

월	일	품목	규격	수량	단가	공급가액	세액	비고
9	20	원단		100	13,000원	1,300,000원	130,000원	

합계금액	현금	수표	어음	외상미수금	이 금액을 영수 함 청구
1,430,000원	1,000,000원		430,000원		

[3] 10월 26일　영업사원을 대상으로 직장 내 성희롱 예방교육을 실시하고, (주)예인으로부터 전자계산서를 발급받았다. 대금 1,650,000원은 보통예금에서 이체하였다. (3점)

[4] 11월 11일　독일 왓츠자동차로부터 5인승 업무용 승용차(3,000cc)를 수입하면서 인천세관장으로부터 수입전자세금계산서를 다음과 같이 수취하고, 부가가치세는 당좌수표를 발행하여 즉시 납부하다(부가가치세만 회계처리할 것). (3점)

수입전자세금계산서						승인번호		20231111-1000000-00009329		
세관명	사업자등록번호	128-88-12345	종사업장번호		공급받는자	사업자등록번호	136-81-29187	종사업장번호		
	세관명	인천세관	성명(대표자)	인천세관장		상호(법인명)	(주)동진상사	성명(대표자)	김동진	
	세관 주소	인천광역시 남동구 구월남로 129				사업장주소	경기도 안산시 단원구 별망로 178			
	수입신고번호 또는 일괄발급기간(총건)					업태	제조·도소매	종목	스포츠의류	
						이메일				

작성일자	과세표준	세액	수정사유		
2023.11.11.	88,000,000원	8,800,000원	해당 없음		
비고					

월	일	품목	규격	수량	단가	과세표준	세액	비고
11	11	승용차(3000cc)				88,000,000원	8,800,000원	
합계금액	96,800,000원							

[5] 12월 7일 영업부에서 회식을 하고 법인체크카드(하나카드)로 결제하자마자 바로 보통예금에서 인출되었다. (3점)

단말기번호		전표번호	
502252251		120724128234	
카드종류	하나카드	신용승인	
카드번호	9451-1122-1314-1235		
판매일자	2023/12/07 11:12:36		
거래구분	일시불		
은행확인	하나카드	금 액	400,000원
		세 금	40,000원
		봉사료	0원
		합 계	440,000원
대표자	이성수		
사업자등록번호	875-03-00273		
가맹점명	명량		
가맹점주소	경기도 화성시 마도면 마도로620번길 79		
		서 명	
		(주)동진상사	

[6] 12월 30일 개인사업자인 미래회계학원에 제품을 현금으로 판매하고 다음과 같은 현금영수증을 발급하였다(단, 거래처를 입력할 것). (3점)

(주)동진상사

사업자번호 136-81-29187   김동진
경기도 안산시 단원구 별망로 178   TEL : 031-3289-8085

현금(지출증빙)

구매 2023/12/30/10:46   거래번호 : 0026-0107

상품명	수 량	금 액
패딩셋트	3set	6,600,000원
과세물품가액		6,000,000원
부 가 세		600,000원
합 계		6,600,000원
승 인 금 액		6,600,000원

문제 4 [일반전표입력] 및 [매입매출전표입력] 메뉴에 입력된 내용 중 다음과 같은 오류가 발견되었다. 입력된 내용을 확인하여 삭제, 수정 또는 추가 입력하여 오류를 정정하시오. (6점)

[1] 12월 10일 공장의 창문이 파손되어 유리창을 교체하면서 800,000원(부가가치세 별도)을 (주)글라스에 자기앞수표로 지급하고 전자세금계산서를 수령하였다. 이는 수익적지출에 해당하나 자본적지출로 잘못 회계처리하였다. (3점)

[2] 12월 18일 영업부 사무실의 수도광열비 74,500원을 현금으로 지급한 것으로 회계처리하였으나, 이는 제품 제조공장에서 발생한 전기요금으로 확인되었다. (3점)

문제 5 결산정리사항은 다음과 같다. 해당 메뉴에 입력하시오. (9점)

[1] 결산일 현재 현금과부족에 대한 원인을 확인한 결과 영업부 직원의 출장경비 영수증이 누락된 것으로 판명되어 해당 직원으로부터 아래의 영수증을 제출받았다(출장경비는 여비교통비 계정을 사용할 것). (3점)

지방모텔		
사업자번호 106-28-20180 이지안		
강원도 삼척시 세멘로 24 TEL : 3285-8083		
영수증		
상품명	수 량	금 액
일반실	2	140,000원
합 계		140,000원
받은금액		140,000원

이지방맛집		
사업자번호 106-11-10175 이지방		
강원도 삼척시 동굴로 33 TEL : 3285-3085		
영수증		
상품명	수 량	금 액
송이전골	3	90,000원
합 계		90,000원
받은금액		90,000원

[2] 11월 25일 미국 K사로부터 차입한 외화장기차입금 36,000,000원($30,000)에 대하여 결산일 현재의 기준환율 1,150원/$을 적용하여 평가하다. (3점)

[3] 결산일 현재 재고자산의 기말재고액은 다음과 같다(단, 전표입력의 구분은 5:결산차변 또는 6:결산대변으로 입력할 것). (3점)

- 원재료 : 4,400,000원
- 재공품 : 5,000,000원
- 제품 : 5,600,000원

문제 6 다음 사항을 조회하여 답안을 [이론문제 답안작성] 메뉴에 입력하시오. (9점)

[1] 제1기 부가가치세 예정신고에 반영된 내용 중 3월 현금영수증 발행분 매출의 공급가액은 얼마인가? (3점)

[2] 상반기(1월 ~ 6월) 중 외상매출금이 가장 많이 감소한 거래처와 그 금액은 얼마인가? (3점)

[3] 4월 중 현금으로 지급한 도서인쇄비(판매비및일반관리비)의 금액은 얼마인가? (3점)

제100회 기출문제

시험일자 : 2022.2.13.
합격률 : 50.68%

최신기출

회사선택 : 세무사랑(주) (회사코드 2100)

정답 및 해설 p.217

이 론 시 험

다음 문제를 보고 알맞은 것을 골라 이론문제 답안작성 메뉴에 입력하시오. (객관식 문항당 2점)

─┤ 기본전제 ├─

문제에서 한국채택국제회계기준을 적용하도록 하는 전제조건이 없는 경우 일반기업회계기준을 적용한다.

01 다음 중 재무제표를 통해 제공되는 정보에 대한 설명으로 틀린 것은?

① 재무제표는 추정에 의한 측정치를 포함하지 않는다.
② 재무제표는 특정 기업실체에 관한 정보를 제공한다.
③ 재무제표는 화폐단위로 측정된 정보를 주로 제공한다.
④ 재무제표는 산업 또는 경제 전반에 관한 정보를 제공하지 않는다.

02 다음의 회계처리로 인하여 재무제표에 미치는 영향을 바르게 설명한 것은?

비품 7,000,000원을 소모품비로 회계처리하였다.

① 수익이 7,000,000원 과대계상된다.
② 자산이 7,000,000원 과소계상된다.
③ 비용이 7,000,000원 과소계상된다.
④ 순이익이 7,000,000원 과대계상된다.

03 다음은 (주)상무물산의 제1기(1.1. ~ 12.31.) 재고자산에 대한 내역이다. 선입선출법에 의한 기말 재고자산 금액은 얼마인가?

일 자	적 요	수 량	단 가
1월 23일	매 입	3,000개	300원
4월 30일	매 출	500개	500원
5월 31일	매 출	1,500개	600원
8월 15일	매 입	2,000개	400원
12월 25일	매 출	500개	500원

① 750,000원
② 850,000원
③ 916,666원
④ 950,000원

04 다음 중 무형자산으로 인식되기 위한 인식기준이 아닌 것은?

① 식별가능성
② 통제가능성
③ 미래 경제적 효익
④ 판매가능성

05 다음은 (주)대한이 당기 중 취득하여 기말 현재 보유하고 있는 유가증권 관련 자료이다. 기말 회계 처리로 적절한 것은 무엇인가?

• 취득원가 2,000,000원인 (주)미국의 주식은 단기보유목적으로 취득하였으며, 동 주식의 기말공정가치는 2,400,000원이다.
• 취득원가 1,800,000원인 (주)중국의 시장성 있는 주식을 장기투자목적으로 취득하였고, 동 주식의 기말공정가치는 1,700,000원이다.

① (차) 유가증권 300,000원 (대) 유가증권평가이익 300,000원
② (차) 단기매매증권 400,000원 (대) 단기매매증권평가이익 400,000원
③ (차) 단기매매증권 400,000원 (대) 단기매매증권평가이익 400,000원
　 (차) 만기보유증권평가손실 100,000원 (대) 만기보유증권 100,000원
④ (차) 단기매매증권 400,000원 (대) 단기매매증권평가이익 400,000원
　 (차) 매도가능증권평가손실 100,000원 (대) 매도가능증권 100,000원

06 다음은 기계장치에 대한 감가상각 관련 자료이다. 연수합계법에 의한 1차연도의 감가상각비는 얼마인가?

- 취득원가 : 60,000,000원(1월 1일 취득)
- 잔존가치 : 취득원가의 10%
- 내용연수 : 3년

---

① 9,000,000원　　　　　　　　　② 15,000,000원

③ 18,000,000원　　　　　　　　　④ 27,000,000원

07 다음 중 유형자산에 대한 특징이 아닌 것은?

① 물리적 형태가 있는 자산이다.
② 판매를 목적으로 취득한 자산이다.
③ 비화폐성 자산이다.
④ 여러 회계기간에 걸쳐 경제적 효익을 제공해주는 자산이다.

08 다음의 자료를 이용하여 매출원가를 구하시오.

- 기초상품재고액 : 5,000,000원　　　　- 당기매입액 : 2,000,000원
- 매입할인 : 100,000원　　　　　　　　- 매입운임 : 200,000원
- 기말상품재고액 : 2,000,000원

---

① 4,900,000원　　　　　　　　　② 5,000,000원

③ 5,100,000원　　　　　　　　　④ 5,200,000원

09 다음 중 보조부문원가의 배분방법에 대한 설명으로 옳지 않은 것은?

① 상호배분법은 가장 정확성이 높은 배분방법이다.
② 직접배분법은 배분순위를 고려하지 않는 가장 단순한 방법이다.
③ 직접배분법은 단계배분법에 비해 순이익을 높게 계상하는 배분방법이다.
④ 보조부문원가 배분방법 중 배분순위를 고려하여 배분하는 것은 단계배분법이다.

10 다음 자료를 이용하여 5월 노무비 발생액을 계산하면 얼마인가?

> • 노무비 전월 선급액 : 500,000원
> • 노무비 당월 지급액 : 200,000원
> • 당월 선급액과 당월 미지급액은 없다.

① 100,000원   ② 300,000원

③ 400,000원   ④ 700,000원

11 다음 중 개별원가계산과 종합원가계산에 대한 설명으로 옳은 것은?

① 개별원가계산은 표준화된 제품을 연속적이며 대량으로 생산하는 기업에 적합하다.
② 종합원가계산은 직접재료비와 직접노무비의 실제로 발생한 원가를 각 제품별로 대응시킨다.
③ 개별원가계산은 종합원가계산에 비해 각 제품별 정확한 원가계산이 가능하다.
④ 종합원가계산은 특정제조지시서를 사용한다.

12 직접재료원가와 직접노무원가는 실제원가로, 제조간접원가는 예정배부율로 계산하는 방법인 정상 개별원가계산에 의하여 제조간접비를 예정배부하는 경우 예정배부액 계산식으로 옳은 것은?

① 배부기준의 예정조업도 × 예정배부율
② 배부기준의 실제조업도 × 실제배부율
③ 배부기준의 예정조업도 × 실제배부율
④ 배부기준의 실제조업도 × 예정배부율

13 다음 중 부가가치세법상 영세율에 대한 설명으로 틀린 것은?

① 영세율은 부분면세제도이다.
② 영세율의 목적은 소비지국 과세원칙의 구현이다.
③ 영세율의 목적은 국제적 이중과세 방지를 위한 것이다.
④ 영세율이 적용되는 경우에도 세금계산서를 발급하는 경우가 있다.

14 다음 중 부가가치세법상 용역의 공급으로 과세하지 않는 것은?

① 고용관계에 의하여 근로를 제공하는 경우
② 사업자가 특수관계 있는 자에게 사업용 부동산의 임대용역을 무상공급하는 경우
③ 자기가 주요 자재를 전혀 부담하지 아니하고 상대방으로부터 인도받은 재화를 단순히 가공만 하는 경우
④ 건설사업자가 건설자재의 전부 또는 일부를 부담하고 공급하는 용역의 경우

15 다음 중 부가가치세법상 세금계산서에 대한 설명으로 가장 옳지 않은 것은?

① 법인사업자 및 개인사업자는 반드시 전자세금계산서를 발급하여야 한다.

② 세금계산서는 사업자가 원칙적으로 재화 또는 용역의 공급시기에 재화 또는 용역을 공급받는 자에게 발급하여야 한다.

③ 전자세금계산서를 발급하였을 때에는 발급일의 다음 날까지 전자세금계산서 발급명세를 국세청 장에게 전송하여야 한다.

④ 세관장은 수입되는 재화에 대하여 부가가치세를 징수할 때에는 수입된 재화에 대한 수입세금계산 서를 수입하는 자에게 발급하여야 한다.

실 무 시 험

세무사랑(주)은 부동산임대업 및 전자제품의 제조·도소매업을 영위하는 중소기업으로 당기(제9기) 회계 기간은 2023.1.1. ~ 2023.12.31.이다. 전산세무회계 수험용 프로그램을 이용하여 다음 물음에 답하시오.

— 기본전제 —

• 문제에서 한국채택국제회계기준을 적용하도록 하는 전제조건이 없는 경우, 일반기업회계기준을 적용하여 회계 처리한다.

• 문제의 풀이와 답안작성은 제시된 문제의 순서대로 진행한다.

문제 1 다음은 [기초정보관리] 및 [전기분재무제표]에 대한 자료이다. 각각의 요구사항에 대하여 답 하시오. (10점)

[1] 당사는 현재 사용하고 있는 창고의 일부를 1년간 임대하기로 하고, 임차인으로부터 1년치 임대료를 현금으로 선수령하였다. [계정과목및적요등록] 메뉴에서 다음 사항을 추가로 입력하시오. (3점)

• 코드 : 274
• 계정과목 : 선수임대료
• 성격 : 2.일반
• 대체적요 : 1.기간미경과 임대료 계상

[2] 신한은행에서 통장을 신규 개설하였다. 다음의 자료를 이용하여 [거래처등록] 메뉴에 입력하시오. (3점)

• 코드번호 : 98004
• 유형 : 정기적금
• 계좌개설일 : 2023년 11월 10일
• 계좌번호 : 413-920-769077
• 계좌개설은행/지점 : 신한은행/마곡점

[3] 거래처별초기이월 자료를 검토하여 수정 또는 추가 입력하시오. (4점)

계정과목	거래처	금 액
받을어음	(주)하늘정밀	13,300,000원
	(주)일렉코리아	11,700,000원
지급어음	(주)프로테크	14,500,000원
	(주)부흥기업	13,500,000원

문제 2 다음 거래 자료를 [일반전표입력] 메뉴에 추가 입력하시오(일반전표입력의 모든 거래는 부가가치세를 고려하지 말 것). (18점)

┤ 입력 시 유의사항 ├

• 일반적인 적요의 입력은 생략하지만, 타계정 대체거래는 적요번호를 선택하여 입력한다.
• 채권 · 채무와 관련된 거래는 별도의 요구가 없는 한 반드시 기등록되어 있는 거래처코드를 선택하는 방법으로 거래처명을 입력한다.
• 제조경비는 500번대 계정코드를, 판매비와관리비는 800번대 계정코드를 사용한다.
• 회계처리 시 계정과목은 별도제시가 없는 한 등록되어 있는 계정과목 중 가장 적절한 과목으로 한다.

[1] 7월 4일　공장 생산직 직원들의 업무능력 향상을 위한 외부강사 초빙교육에 따른 교육훈련비 500,000원 중 원천징수세액 16,500원을 차감한 금액을 보통예금 계좌에서 지급하였다. (3점)

[2] 7월 11일　원재료 보관용 창고의 화재와 도난에 대비하기 위하여 화재손해보험에 가입하고 3개월분 보험료 3,000,000원을 보통예금 계좌에서 이체하였다(단, 보험료는 전액 비용계정으로 회계처리한다). (3점)

[3] 7월 25일　단기투자목적으로 보유 중인 (주)한국의 주식에 대하여 배당금 1,500,000원이 확정되었다. 배당금은 당일 당사의 보통예금 계좌로 입금되었다. (3점)

[4] 8월 16일 다음은 영업팀에서 거래처와의 식사비용을 법인카드(신한카드)로 결제하고 수령한 신용카드매출전표이다. (3점)

매 출 전 표

단말기번호   10032158   전표번호

카드종류 신한카드 회원번호(Card No) 1140-2303-4255-8956	거래종류 신용구매 취소시 원거래일자	결제방법 일시불

유효기간	거래일시 2023.8.16.	품 명
전표제출	금 액/AMOUNT	300,000원
	부가세/VAT	30,000원
전표매입사	봉사료/TIPS	
	합 계/TOTAL	330,000원
거래번호	승인번호/(Approval No.) 51874871	

가맹점   일등참치
대표자   김이등   TEL
가맹점번호   사업자번호   126-05-00480
주 소   서울 성동구 상왕십리동 514-4

서명(Signature)
세무사랑(주)

[5] 8월 25일 직원 김성실에 대한 8월분 급여명세서는 다음과 같으며, 공제내역을 제외한 차인지급액을 보통예금에서 계좌 이체하여 지급하였다. (3점)

8월 급여명세서

김성실(생산부) 귀하

	기본급	1,500,000원
	자격수당	100,000원
지급 내역	직무수당	130,000원
	식대	100,000원
	월차수당	70,000원
	지급총액	1,900,000원
	소득세	15,560원
	지방소득세	1,550원
공제 내역	국민연금	81,000원
	건강보험	61,740원
	고용보험	14,400원
	공제총액	174,250원
차인지급액		1,725,750원
[귀하의 노고에 감사드립니다.]		

[6] 9월 17일 유기견 보호단체에 기부금 2,500,000원을 보통예금 계좌에서 기부하였다. (3점)

문제 3 다음 거래 자료를 [매입매출전표입력] 메뉴에 입력하시오. (18점)

── 입력 시 유의사항 ──

- 일반적인 적요의 입력은 생략하지만, 타계정 대체거래는 적요번호를 선택하여 입력한다.
- 채권·채무와 관련된 거래는 별도의 요구가 없는 한 반드시 기등록되어 있는 거래처코드를 선택하는 방법으로 거래처명을 입력한다.
- 제조경비는 500번대 계정코드를, 판매비와관리비는 800번대 계정코드를 사용한다.
- 회계처리 시 계정과목은 별도제시가 없는 한 등록되어 있는 계정과목 중 가장 적절한 과목으로 한다.
- 입력화면 하단의 분개까지 처리하고, 세금계산서 및 계산서는 전자 여부를 입력하여 반영한다.

[1] 9월 3일 해피상사에 제품을 판매하고 다음과 같이 전자세금계산서를 발급하였다. (3점)

전자세금계산서						승인번호		20230903-21058052-11726645		
공급자	사업자등록번호	214-87-10127		종사업장번호		공급받는자	사업자등록번호	120-35-68795		종사업장번호	
	상 호(법인명)	세무사랑(주)		성 명(대표자)	원경희		상 호(법인명)	해피상사		성 명(대표자)	김수은
	사업장주소	서울시 서초구 명달로 105 (서초동)					사업장주소	서울시 마포구 상암동 331			
	업 태	제조 외		종 목	전자제품 외		업 태	도매업		종 목	컴퓨터
작성일자		공급가액		세 액		수정사유				
2023.9.3.		6,000,000원		600,000원						
비 고										

월	일	품 목	규 격	수 량	단 가	공급가액	세 액	비 고
9	3	전자부품		100개	60,000원	6,000,000원	600,000원	

합계금액	현 금	수 표	어 음	외상미수금	이 금액을 영수/청구 함
6,600,000원	3,300,000원			3,300,000원	

[2] 9월 25일 조아무역에 제품을 5,500,000원(부가가치세 포함)에 판매하고 신용카드(비씨카드)로 결제받았다. (3점)

[3] 10월 15일 공장의 시설보호 목적으로 CCTV 설치를 완료하고 (주)에스콤으로부터 전자세금계산서를 발급받았다. 대금총액은 5,500,000원(부가가치세 포함)으로 당일에 500,000원을 현금으로 지급하였으며, 나머지는 10회에 걸쳐 매달 균등액을 지급하기로 하였다(단, 설비장치 계정과목을 사용하되 고정자산등록은 생략한다). (3점)

[4] 10월 20일 대만에서 원재료를 공급가액 10,000,000원(부가가치세 별도)에 수입하고 수입전자세금 계산서를 인천세관장으로부터 발급받았으며, 부가가치세액을 즉시 현금으로 납부하였다 (부가가치세액에 대한 회계처리만 할 것). (3점)

수입전자세금계산서					승인번호		20231020-111254645-557786		
공급자	사업자등록번호	121-83-00561	종사업장번호		공급받는자	사업자등록번호	214-87-10127	종사업장번호	
	상호(법인명)	인천세관	성명(대표자)	인천세관장		상호(법인명)	세무사랑(주)	성명(대표자)	원경희
	사업장주소	인천광역시 중구 서해대로 339				사업장주소	서울시 서초구 명달로 105 (서초동)		
	수입신고번호 또는 일괄발급기간(총건)	1234567890				업태	제조 외	종목	전자제품 외
						이메일			
작성일자		공급가액		세액		수정사유			
2023.10.20.		10,000,000		1,000,000		해당 없음			
비고									
월	일	품목	규격	수량	단가		과세표준	세액	비고
10	20	원재료					10,000,000	1,000,000	
합계금액	11,000,000원								

[5] 11월 30일 (주)리스로부터 영업직 직원들이 사용할 목적으로 업무용승용차를 리스하였다. 해당 리스 는 운용리스이며, 리스계약일은 2023년 11월 30일, 리스기간은 5년 약정, 월 리스료는 800,000원이다. (주)리스로부터 1회차 임차료(판)에 대한 전자계산서를 당일에 발급받 았으며, 대금은 익월 초에 지급하기로 하였다. (3점)

[6] 12월 12일 해외거래처인 베스트인터내셔날에 제품 1,000개(1개당 $200)를 직수출하고, 대금은 외 상으로 하였다. 선적일(12월 12일)의 기준환율은 1,300원/$이었다(단, 수출신고번호 입 력은 생략한다). (3점)

문제 4 [일반전표입력] 및 [매입매출전표입력] 메뉴에 입력된 내용 중 다음과 같은 오류가 발견되었 다. 입력된 내용을 확인하여 정정하시오. (6점)

[1] 8월 19일 영업부서에서 소모품(비용으로 처리) 550,000원(부가가치세 포함)을 (주)마트에서 구매 하고 삼성카드로 결제하였다. 이를 제조원가의 소모품비로 회계처리하였다. (3점)

[2] 11월 19일 한성공업에 대한 외상매출금 25,000,000원을 전액 현금으로 회수한 것으로 일반전표에 회계처리를 하였으나, 15,000,000원은 동사 발행 약속어음(만기일 차기 6월 30일)으로 받고, 잔액만 현금으로 회수된 것으로 확인되었다. (3점)

문제 5 결산정리사항은 다음과 같다. 해당 메뉴에 입력하시오. (9점)

[1] 결산일 현재 영업부 건물에 대하여 우진화재에 지급한 화재보험료의 상세 내역이다. 단, 보험료 지급액은 전부 판매비와관리비로 처리하였으며, 보험료는 월할 계산한다. (3점)

> - 보험기간 : 2023.7.1. ~ 2024.6.30.
> - 보험료 납부일 : 2023.7.1.
> - 보험료 : 6,000,000원

[2] 12월 1일 장부상 현금보다 실제 현금 보유액이 30,000원 많은 것을 발견하여 현금과부족으로 회계처리하였으며, 현금과부족의 원인을 기말까지 파악할 수 없다. (3점)

[3] 기말 외상매입금 계정에 미국 Rose사에 대한 외상매입금 3,300,000원($3,000)이 포함되어 있다 (결산일 현재 기준환율 : 1,200원/$). (3점)

문제 6 다음 사항을 조회하여 답안을 이론문제 답안작성 메뉴에 입력하시오. (9점)

[1] 1월부터 6월까지의 현금지급액은 총 얼마인가? (3점)

[2] 4월부터 6월까지 매입전자세금계산서 매수가 가장 많은 거래처명을 입력하시오. (3점)

[3] 당사의 제1기 예정신고기간의 신용카드 사용에 따른 매입세액공제액은 얼마인가? (3점)

[기출이답이다] 전산회계 1급

2

엄선기출

엄선기출의 기준

2012년부터 2022년까지 총 10년간의 기출문제 중 평균수준 또는 그보다 낮은 수준의 합격률을 보이는 기출회차 중 시험에 빈출되는 유형들로 문제가 구성된 회차를 엄선한 후 최신화하여 수록하였습니다. 출제빈도가 높다는 것은 그만큼 중요한 문제이고, 중요한 만큼 시험에 다시 출제될 가능성 또한 높다는 것을 의미합니다. 엄선기출에 수록된 문제유형들을 정확히 숙지한다면 보다 여유롭게 시험을 대비할 수 있습니다.

자격증・공무원・금융/보험・면허증・언어/외국어・검정고시/독학사・기업체/취업
이 시대의 모든 합격! SD에듀에서 합격하세요!
www.youtube.com → SD에듀 → 구독

2023년 00월 00일 시행
제000회 전산세무회계자격시험

3교시 | A형

종목 및 등급 : 전산회계 1급
(15:00 ~ 16:00)

– 제한시간 : 60분
– 페이지수 : 8p

▶ 시험시작 전 페이지를 넘기지 말 것 ◀

① USB 수령	• 감독관으로부터 시험에 필요한 응시종목별 기초백데이타 설치용 USB를 지급받는다. • USB 꼬리표가 본인 응시종목인지 확인하고, 뒷면에 수험정보를 정확히 기재한다.

↓

② USB 설치	(1) USB를 컴퓨터에 정확히 꽂은 후, 인식된 해당 USB드라이브로 이동한다. (2) USB드라이브에서 기초백데이타설치프로그램인 'Tax.exe' 파일을 실행시킨다. [주의] USB는 처음 설치이후, 시험 중 수험자 임의로 절대 재설치(초기화)하지 말 것.

↓

③ 수험정보입력	• [수험번호(8자리)] – [성명]을 정확히 입력한 후 [설치]버튼을 클릭한다. * 처음 입력한 수험정보는 이후 절대 수정이 불가하니 정확히 입력할 것.

↓

④ 시험지 수령	• 시험지가 본인의 응시종목(급수)인지 여부와 문제유형(A또는B)을 확인한다. • 문제유형(A또는B)을 프로그램에 입력한다. • 시험지의 총 페이지수를 확인한다. • 급수와 페이지수를 확인하지 않은 것에 대한 책임은 수험자에게 있음.

↓

⑤ 시험시작	• 감독관이 불러주는 '감독관확인번호'를 정확히 입력하고, 시험에 응시한다.

↓

(시험을 마치면) ⑥ USB 저장	(1) **이론문제의 답**은 메인화면에서 이론문제 답안작성 을 클릭하여 입력한다. (2) **실무문제의 답**은 문항별 요구사항을 수험자가 파악하여 각 메뉴에 입력한다. (3) 이론과 실무문제의 **답을 모두입력한 후** 답안저장(USB로 저장) 을 클릭하여 저장한다. (4) **저장완료** 메시지를 확인한다.

↓

⑦ USB제출	• 답안이 수록된 USB메모리를 빼서, 〈감독관〉에게 제출 후 조용히 퇴실한다.

▶ 본 자격시험은 전산프로그램을 이용한 자격시험입니다. 컴퓨터의 사양에 따라 전산진행속도가 느려질 수도 있으므로 전산프로그램의 진행속도를 고려하여 입력해주시기 바랍니다.

▶ 수험번호나 성명 등을 잘못 입력했거나, 답안을 USB에 저장하지 않음으로써 발생하는 일체의 불이익과 책임은 수험자 본인에게 있습니다.

▶ 타인의 답안을 자신의 답안으로 부정 복사한 경우 해당 관련자는 모두 불합격 처리됩니다.

▶ 타인·본인의 답안을 복사하거나 외부로 반출시키는 행위는 모두 부정행위 처리됩니다.

▶ PC, 프로그램 등 조작미숙으로 시험이 불가능하다고 판단될 경우 불합격처리 될 수 있습니다.

▶ 시험진행 중에는 자격검정(KcLep)프로그램을 제외한 다른 프로그램을 사용할 수 없습니다.
  (인터넷, 메모장, 윈도우 계산기 등 사용불가)

이론문제 답안작성 을 한번도 클릭하지 않으면 답안저장(USB로 저장) 을 클릭해도 답안이 저장되지 않습니다.

한 국 세 무 사 회

이 론 시 험

다음 문제를 보고 알맞은 것을 골라 이론문제 답안작성 메뉴에 입력하시오. (객관식 문항당 2점)

┤ 기본전제 ├

문제에서 한국채택국제회계기준을 적용하도록 하는 전제조건이 없는 경우 일반기업회계기준을 적용한다.

01 다음 중 손익계산서 작성 시 따라야 할 원칙이 아닌 것은?

① 발생주의
② 순액주의
③ 수익과 비용의 대응
④ 구분계산의 원칙

02 다음 중 유가증권에 대한 설명으로 옳지 않은 것은?

① 단기매매증권의 미실현보유손익은 당기손익으로 처리한다.
② 매도가능증권에 대한 미실현보유손익은 기타포괄손익누계액으로 처리한다.
③ 만기보유증권은 공정가치로 평가하여 재무상태표에 표시한다.
④ 단기매매증권은 유동자산으로 분류한다.

03 다음 중 재고자산으로 분류되는 경우는?

① 도매업을 영위하는 회사가 판매 목적으로 보유하는 상품
② 제조업을 영위하는 회사가 공장 이전을 위하여 보유 중인 토지
③ 부동산매매업을 영위하는 회사가 단기 시세차익을 목적으로 보유하는 유가증권
④ 서비스업을 영위하는 회사가 사옥 이전 목적으로 보유 중인 건물

04 다음 중 아래의 빈칸에 공통으로 들어갈 내용으로 가장 적합한 것은?

> 다른 종류의 자산과의 교환으로 취득한 유형자산의 취득원가는 교환을 위하여 제공한 자산의
> (   )로/으로 측정한다. 다만, 교환을 위하여 제공한 자산의 (   )이/가 불확실한 경우에는
> 교환으로 취득한 자산의 (   )을/를 취득원가로 할 수 있다.

① 공정가치　　　　　　　　　　② 취득가액

③ 장부가액　　　　　　　　　　④ 미래가치

05 다음은 (주)서울의 재고자산 관련 자료이다. 선입선출법과 총평균법에 따른 각 기말재고자산 금액
으로 옳은 것은?

일 자	적 요	수 량	단 가
1월 1일	기초재고	10개	100,000원
3월 14일	매 입	30개	120,000원
9월 29일	매 출	20개	140,000원
10월 17일	매 입	10개	110,000원

	선입선출법	총평균법		선입선출법	총평균법
①	2,500,000원	2,420,000원	②	2,500,000원	2,820,000원
③	3,500,000원	3,420,000원	④	3,500,000원	3,820,000원

06 (주)한국은 당기 6월 1일 대한은행으로부터 50,000,000원(상환기간 2년, 이자율 연 12%)을 차입
하여 단기투자를 목적으로 삼한전자의 주식을 매입하였다. 당기 10월 10일 주가가 상승하여 이
중 일부를 처분하였다. 이와 관련하여 (주)한국의 당기분 재무제표에 나타나지 않는 계정과목은
무엇인가?

① 이자비용　　　　　　　　　　② 단기매매증권

③ 단기차입금　　　　　　　　　④ 단기매매증권처분이익

07 기말 외상매출금 잔액 50,000,000원에 대하여 1%의 대손충당금을 설정하려 한다. 기초 대손충
당금이 300,000원이 있었으며, 당기 중 회수가 불가능한 것으로 판명된 매출채권 150,000원을
대손처리하였다. 보충법에 의한 기말 대손충당금 설정 분개로 올바른 것은?

① (차) 대손상각비　　　500,000원　　(대) 대손충당금　　　500,000원

② (차) 대손상각비　　　350,000원　　(대) 대손충당금　　　350,000원

③ (차) 대손상각비　　　300,000원　　(대) 대손충당금　　　300,000원

④ (차) 대손상각비　　　150,000원　　(대) 대손충당금　　　150,000원

08 다음 중 자본잉여금 항목이 아닌 것은?

① 주식발행초과금   ② 자기주식처분이익

③ 감자차익   ④ 재평가차익

09 다음은 제조원가와 관련된 자료이다. 당기제품제조원가는 얼마인가?

> • 직접재료비 : 1,000,000원   • 직접노무비 : 500,000원
> • 제조간접비 : 700,000원   • 기초재공품 : 300,000원
> • 기말재공품 : 600,000원   • 기초제품 : 800,000원

① 1,100,000원   ② 1,900,000원

③ 2,500,000원   ④ 2,700,000원

10 (주)한국전자는 제조간접원가를 배부할 때 직접노무시간을 기준으로 배부하고 있다. 당기 제조간접원가 배부차이는 100,000원 과대배부이다. 당기말 실제 제조간접원가 발생액은 400,000원이고, 실제 직접노무시간이 2,000시간일 경우 직접노무시간당 제조간접원가 예정배부율은 얼마인가?

① 200원/직접노무시간   ② 250원/직접노무시간

③ 300원/직접노무시간   ④ 350원/직접노무시간

11 다음 중 제조원가명세서를 작성하기 위하여 필요하지 않은 것은?

① 당기 직접노무원가 발생액   ② 당기 직접재료 구입액

③ 당기 기말제품 재고액   ④ 당기 직접재료 사용액

12 다음은 의사결정과 관련된 원가의 분류 중 하나에 대한 설명이다. 가장 밀접한 관련이 있는 것은?

> 과거의 의사결정과 관련하여 이미 발생한 원가로 현재나 미래의 의사결정과는 관련이 없는 원가

① 매몰원가   ② 차액원가

③ 기회비용   ④ 회피가능원가

13 다음 중 부가가치세 면세대상이 아닌 것은?

① 항공기에 의한 여객운송 용역

② 도서, 신문, 잡지, 관보

③ 연탄과 무연탄

④ 우표, 인지, 증지, 복권

14 다음 중 부가가치세 과세표준에 대한 설명으로 옳지 않은 것은?

① 대손금은 과세표준에서 공제하지 않는다.

② 공급에 대한 대가의 지급이 지체되었음을 이유로 받는 연체이자는 공급가액에 포함한다.

③ 금전 이외의 대가를 받는 경우 자기가 공급한 재화 또는 용역의 시가를 과세표준으로 한다.

④ 외화로 대가를 받은 후 공급시기가 되기 전에 환가한 경우 환가한 금액을 과세표준으로 한다.

15 다음 중 부가가치세법상 사업자등록에 대한 설명으로 옳은 것은?

① 사업자는 사업장마다 사업개시일부터 20일 이내에 사업자등록을 신청하는 것이 원칙이다.

② 신규 사업자는 사업개시일 이전이라면 사업자등록 신청이 불가능하다.

③ 일반과세자가 3월 25일에 사업자등록을 신청하고 실제 사업개시일은 4월 1일인 경우 4월 1일부터 6월 30일까지가 최초 과세기간이 된다.

④ 사업자등록의 신청은 사업장 관할세무서장이 아닌 다른 세무서장에게는 불가능하다.

실 무 시 험

덕양상사(주)는 사무용가구를 제조하여 판매하는 중소기업으로, 당기(제8기) 회계기간은 2023.1.1. ~ 2023.12.31.이다. 전산세무회계 수험용 프로그램을 이용하여 다음 물음에 답하시오.

┤ 기본전제 ├

• 문제에서 한국채택국제회계기준을 적용하도록 하는 전제조건이 없는 경우, 일반기업회계기준을 적용하여 회계처리한다.

• 문제의 풀이와 답안작성은 제시된 문제의 순서대로 진행한다.

문제 1 다음은 [기초정보관리] 및 [전기분재무제표]에 대한 자료이다. 각각의 요구사항에 대하여 답하시오. (10점)

[1] 업무용승용차를 리스하여 사용하고자 한다. 다음 자료를 계정과목및적요등록에 반영하시오. (3점)

- 코드 : 851
- 성격 : 3.경비
- 계정과목 : 차량리스료
- 현금적요 1번 : 업무용승용차 리스료

[2] 다음 자료를 보고 [거래처등록] 메뉴에 등록하시오. (3점)

- 거래처코드 : 01230
- 유형 : 동시
- 대표자 : 김기백
- 종목 : 가구
- 거래처명 : (주)백세가구
- 사업자등록번호 : 128-86-01280
- 업태 : 도소매
- 사업장주소 : 경기도 고양시 일산동구 강송로 14(백석동)
※ 주소입력 시 우편번호 입력은 생략해도 무방함

[3] 담당자의 실수로 전기 기말재공품재고액이 잘못 입력되었음이 확인되었다. 당사의 올바른 전기 기말재공품재고액은 2,500,000원이다. 이와 관련하여 관련 전기분재무제표를 모두 수정하시오. (4점)

문제 2 다음 거래 자료를 [일반전표입력] 메뉴에 추가 입력하시오(일반전표입력의 모든 거래는 부가가치세를 고려하지 말 것). (18점)

┤ 입력 시 유의사항 ├

- 일반적인 적요의 입력은 생략하지만, 타계정 대체거래는 적요번호를 선택하여 입력한다.
- 채권·채무와 관련된 거래는 별도의 요구가 없는 한 반드시 기등록되어 있는 거래처코드를 선택하는 방법으로 거래처명을 입력한다.
- 제조경비는 500번대 계정코드를, 판매비와관리비는 800번대 계정코드를 사용한다.
- 회계처리 시 계정과목은 별도제시가 없는 한 등록되어 있는 계정과목 중 가장 적절한 과목으로 한다.

[1] 7월 22일 거래처 (주)영동상사에서 받은 약속어음 1,350,000원의 만기가 도래하여 당좌수표로 수령하였다. (3점)

[2] 8월 3일 근로자들의 코로나19 진단 비용으로 3,000,000원을 보통예금 계좌에서 지급하였다. 이 금액 중 60%는 공장 생산직 근로자분이며 나머지는 본사 영업부 근로자분이다(단, 코로나19 진단 비용은 복리후생을 위한 성격의 지출이다). (3점)

[3] 9월 28일 국민은행으로부터 이자수익 200,000원 중 원천징수세액 15.4%를 제외한 나머지 금액인 169,200원이 보통예금 계좌로 입금되었다(단, 원천징수세액은 자산으로 처리한다). (3점)

[4] 10월 5일　수입한 원재료에 대한 관세 3,000,000원과 통관 수수료 300,000원을 인천세관에 현금으로 납부하였다. (3점)

[5] 11월 12일　보통주 10,000주를 주당 20,000원(주당 액면가 10,000원)에 신주 발행하고, 보통예금 계좌로 발행대금 납입액 200,000,000원이 입금되었음을 확인하였다(단, 신주발행비용은 없는 것으로 가정하고, 관련 계정을 조회하여 처리한다). (3점)

[6] 11월 16일　(주)한국의 외상매입금 잔액 1,500,000원을 결제하기 위하여 (주)세화로부터 받은 어음 1,500,000원을 배서양도하였다. (3점)

문제 3　다음 거래 자료를 [매입매출전표입력] 메뉴에 입력하시오. (18점)

┤ 입력 시 유의사항 ├

- 일반적인 적요의 입력은 생략하지만, 타계정 대체거래는 적요번호를 선택하여 입력한다.
- 채권·채무와 관련된 거래는 별도의 요구가 없는 한 반드시 기등록되어 있는 거래처코드를 선택하는 방법으로 거래처명을 입력한다.
- 제조경비는 500번대 계정코드를, 판매비와관리비는 800번대 계정코드를 사용한다.
- 회계처리 시 계정과목은 별도제시가 없는 한 등록되어 있는 계정과목 중 가장 적절한 과목으로 한다.
- 입력화면 하단의 분개까지 처리하고, 세금계산서 및 계산서는 전자 여부를 입력하여 반영한다.

[1] 7월 15일　매출거래처의 영업부 대리 이순재씨의 결혼식을 축하하기 위해 화환을 구입하고 다음의 전자계산서를 발급받았으며, 대금은 다음 달에 지급하기로 하였다. (3점)

전자계산서(공급받는자 보관용)

				승인번호		20230715-21058052-11726691			
공급자	사업자등록번호	118-90-52396	종사업장번호		공급받는자	사업자등록번호	128-88-12345	종사업장번호	
	상호(법인명)	플라워24	성명(대표자)	이세영		상호(법인명)	덕양상사(주)	성명(대표자)	강성원
	사업장주소	경기도 고양시 일산서구 가좌로1				사업장주소	경기도 고양시 일산동구 중앙로1275번길		
	업태	소매	종목	꽃		업태	제조	종목	사무용가구
	이메일					이메일			

작성일자	공급가액	수정사유
2023.7.15.	220,000원	
비고		

월	일	품목	규격	수량	단가	공급가액	세액	비고
7	15	화환				220,000원		

합계금액	현금	수표	어음	외상미수금	이 금액을 영수/청구 함
220,000원				220,000	

[2] 8월 1일   명지기계사에 원재료 운송용 트럭(취득가액 : 35,000,000원, 전기말 감가상각누계액 : 16,500,000원)을 20,000,000원(부가가치세 별도)에 처분하고 전자세금계산서를 발급하였다. 대금은 한 달 후에 수령하기로 하였으며, 처분 시점에 감가상각은 하지 않기로 한다. (3점)

[3] 10월 22일 비사업자인 김민국씨에게 제품을 판매하고 대금을 현금으로 수취하였으며, 다음과 같이 현금영수증을 발급하였다. (3점)

덕양상사(주)

128-88-12345   강성원
경기도 고양시 일상동구 중앙로 1275번길
TEL : 3289-8085

현금(소득공제)

구매 2023/10/22   거래번호 : 0026-0107

상품명	수 량	금 액
전자제품	1	550,000원
	공 급 가 액	500,000원
	부 가 가 치 세	50,000원
합 계		550,000원
받은금액		550,000원

[4] 12월 1일   본사 영업부 임직원의 업무수행을 위하여 (주)자동차로부터 승용차(2,000cc 6인승)를 렌트하였다. 월 이용료는 990,000원(부가가치세 포함)으로 보통예금 계좌에서 지급하고 전자세금계산서를 발급받았다. (3점)

[5] 12월 9일   공장건물 임대인인 (주)동국개발로부터 임차료 4,400,000원(부가가치세 포함)과 공장 전기요금 770,000원(부가가치세 포함)에 대한 전자세금계산서 1매를 발급받고 당좌수표를 발행하여 지급하였다(임대차계약서상 임차료는 매월 9일에 지급하기로 약정되어 있으며, 하나의 전표로 처리할 것). (3점)

[6] 12월 30일 내국신용장에 의하여 수출용 제품의 원재료(공급가액 50,000,000원)를 (주)한울로부터 매입하고 영세율전자세금계산서를 발급받았다. 대금 중 50%는 동사로부터 받아 보관 중이던 약속어음을 배서양도 하였고, 나머지 금액은 6개월 만기의 당사 발행 약속어음으로 지급하였다. (3점)

영세율전자세금계산서					승인번호	20231230-1208020-00014287		
공급자	사업자등록번호	387-87-01232			공급받는자	사업자등록번호	128-88-12345		
	상 호 (법인명)	(주)한울	성 명 (대표자)	김화영		상 호 (법인명)	덕양상사(주)	성 명 (대표자)	강성원
	사업장주소	서울시 관악구 봉천동 458				사업장주소	경기도 고양시 일산동구 중앙로1275번길		
	업 태	제조/도소매	종 목	사무용가구		업 태	제조/도소매	종 목	사무용가구
	이메일					이메일			

작성일자	2023.12.30.	공급가액	50,000,000원	세 액		수정사유	
비 고							

월	일	품 목	규 격	수 량	단 가	공급가액	세 액	비 고
12	30	원재료				50,000,000원	0원	

합계금액	현 금	수 표	어 음	외상미수금	이 금액을 영수 청구 함
50,000,000원			50,000,000원		

문제 4 [일반전표입력] 및 [매입매출전표입력] 메뉴에 입력된 내용 중 다음과 같은 오류가 발견되었다. 입력된 내용을 확인하여 정정하시오. (6점)

[1] 7월 25일 매출거래처 직원에 대한 조의금 300,000원을 현금으로 지급한 것으로 처리한 거래는 당사의 공장 생산부 직원의 결혼축하금인 것으로 확인되었다. (3점)

[2] 11월 2일 중앙전자(일반과세자)로부터 부품(원재료)을 매입하면서 매입대금 132,000원(부가가치세 포함)을 현금으로 지급하고 현금영수증(사업자지출 증빙용)을 수취하였으나, 이를 분실하여 지출결의서로 일반전표에 회계처리하였다. 이후 회사는 국세청 홈택스를 통하여 현금영수증 발급분임을 확인하였다. (3점)

문제 5 결산정리사항은 다음과 같다. 해당 메뉴에 입력하시오. (9점)

[1] 단기차입금에 대한 미지급이자 150,000원을 계상하다. (3점)

[2] (주)한미은행으로부터 차입한 장기차입금 50,000,000원 중 30,000,000원은 내년 2월 16일 만기가 도래하고, 회사는 만기의 연장 없이 상환할 계획이다. (3점)

[3] 단기대여금에 대한 당기 기간 경과분 이자미수액 300,000원을 계상하다(이자 수령약정일은 다음 연도 1월 20일이다). (3점)

문제 6 다음 사항을 조회하여 답안을 │이론문제 답안작성│ 메뉴에 입력하시오. (9점)

[1] 1월 말 현재 유동자산과 유동부채 간의 차액은 얼마인가?(단, 양수로 입력할 것) (3점)

[2] 제1기 부가가치세 확정신고기간(4월 ~ 6월)의 과세표준과 납부세액은 각각 얼마인가? (3점)

[3] 5월 말 기준 (주)세무가구에 대한 외상매입금 잔액은 얼마인가? (3점)

제96회 기출문제

시험일자 : 2021.6.5.
합격률 : 41.25%

회사선택 : (주)소담패션 (회사코드 2096)　　　　　　정답 및 해설 p.226

이 론 시 험

다음 문제를 보고 알맞은 것을 골라 이론문제 답안작성 메뉴에 입력하시오. (객관식 문항당 2점)

┤ 기본전제 ├

문제에서 한국채택국제회계기준을 적용하도록 하는 전제조건이 없는 경우 일반기업회계기준을 적용한다.

01 「재무정보가 정보이용자의 의사결정에 유용하기 위해서는 신뢰할 수 있는 정보이어야 한다.」는 내용과 가장 거리가 먼 항목은?

① 중립성　　　　　　　　　　　② 비교가능성

③ 검증가능성　　　　　　　　　④ 표현의 충실성

02 당기말 결산을 위한 장부마감 전에 다음과 같은 오류사항이 발견되었다. 오류정리 시 당기순이익에 영향을 미치는 항목은?

① 전기 주식할인발행차금 미상각

② 매도가능증권평가손실 미계상

③ 단기매매증권평가이익 미계상

④ 당기의 기타대손상각비를 대손상각비로 계상

03 다음 중 일반기업회계기준에 따른 재고자산의 회계처리에 대한 설명으로 옳지 않은 것은?

① 재고자산은 이를 판매하여 수익을 인식한 기간에 매출원가로 인식한다.

② 재고자산의 시가가 장부금액 이하로 하락하여 발생한 평가손실은 재고자산의 장부금액에서 직접 차감한다.

③ 재고자산의 장부상 수량과 실제 수량과의 차이에서 발생하는 감모손실의 경우 정상적으로 발생한 감모손실은 매출원가에 가산한다.

④ 재고자산의 장부상 수량과 실제 수량과의 차이에서 발생하는 감모손실의 경우 비정상적으로 발생한 감모손실은 영업외비용으로 분류한다.

04 다음 중 유형자산의 취득원가에 포함되는 부대비용을 모두 고른 것은?

> a. 설치장소 준비를 위한 지출
> b. 종합부동산세
> c. 자본화 대상인 차입원가
> d. 재산세
> e. 유형자산의 취득과 직접 관련된 취득세

① a, e   ② c, d

③ b, c, d   ④ a, c, e

05 일반기업회계기준에 따르면 무형자산의 창출과정은 연구단계와 개발단계로 구분할 수 있다. 다음 중 개발단계에 속하는 활동의 일반적인 예로 적절하지 않은 것은?

① 새로운 지식을 얻고자 하는 활동
② 생산 전 또는 사용 전의 시작품과 모형을 설계, 제작 및 시험하는 활동
③ 새로운 기술과 관련된 공구, 금형, 주형 등을 설계하는 활동
④ 상업적 생산목적이 아닌 소규모의 시험공장을 설계, 건설 및 가동하는 활동

06 다음은 (주)은혜상사가 당기에 구입하여 보유하고 있는 단기매매증권이다. 다음 자료에 따라 당기 말 재무제표에 표시될 단기매매증권 및 영업외손익은 얼마인가?

> • 4월 1일 : (주)장현테크가 발행한 보통주 200주를 주당 10,000원에 취득하였다.
> • 8월 31일 : (주)장현테크로부터 중간배당금(주당 1,000원)을 수령하였다.
> • 12월 31일 : (주)장현테크의 보통주 시가는 주당 12,000원으로 평가된다.

	단기매매증권	영업외수익		단기매매증권	영업외수익
①	2,400,000원	200,000원	②	2,400,000원	600,000원
③	2,000,000원	200,000원	④	2,000,000원	600,000원

07 다음 ( )안에 들어갈 용어와 해당 계정이 올바르게 짝지어진 항목은?

> 자본항목에서, ( )이란 자본거래에 해당하지만 자본금이나 자본잉여금으로 분류할 수 없는 항목을 말한다.

① 자본조정 – 매도가능증권평가손실
② 자본조정 – 자기주식처분손실
③ 기타포괄손익누계액 – 감자차손
④ 기타포괄손익누계액 – 자기주식처분손실

08 다음 중 재화의 판매로 인한 수익인식요건이 아닌 것은?

① 재화의 소유에 따른 유의적인 위험과 보상이 구매자에게 이전된다.
② 판매자는 판매한 재화에 대하여, 소유권이 있을 때 통상적으로 행사하는 정도의 관리나 효과적인 통제를 할 수 있다.
③ 수익금액을 신뢰성 있게 측정할 수 있다.
④ 경제적 효익의 유입 가능성이 매우 높다.

09 다음 원가관리회계에 관한 설명 중 가장 거리가 먼 항목은?

① 제품원가계산을 위한 원가정보를 제공한다.
② 경영계획수립과 통제를 위한 원가정보를 제공한다.
③ 예산과 실제 간의 차이분석을 위한 원가정보를 제공한다.
④ 외부 이해관계자들에게 기업분석을 위한 원가정보를 제공한다.

10 다음의 자료를 근거로 매출원가를 계산하면 얼마인가?

> • 기초재공품재고액 : 100,000원   • 당기총제조원가 : 350,000원
> • 기말재공품재고액 : 130,000원   • 기초제품재고액 : 300,000원
> • 기말제품재고액 : 280,000원

① 160,000원   ② 220,000원
③ 290,000원   ④ 340,000원

11 다음 중 보조부문의 원가를 배부하는 방법과 관련된 내용으로 틀린 것은?

① 직접배부법은 보조부문 상호 간의 용역제공관계를 무시하므로 계산이 가장 간단한 방법이다.
② 단계배부법과 상호배부법은 보조부문 상호 간의 용역제공관계를 고려한다.
③ 원가계산의 정확성은 상호배부법 > 단계배부법 > 직접배부법 순이다.
④ 단일배부율법은 보조부문원가를 변동원가와 고정원가로 구분하여 각각 다른 배부기준을 적용하여 배분한다.

12 다음 중 종합원가계산의 특징으로 옳지 않은 것은?

① 다양한 종류의 제품을 소량 생산하는 경우에 적합한 방법이다.
② 일반적으로 직접원가와 간접원가로 나누어 계산하지 않는다.
③ 기말시점에는 공정별로 재공품이 존재한다.
④ 개별원가계산에 비해 상대적으로 적은 운영비용이 소요된다.

13 부가가치세법상 재화의 공급시기로 옳지 않은 것은?

① 현금판매, 외상판매의 경우 : 재화가 인도되거나 이용가능하게 되는 때
② 무인판매기에 의한 공급 : 무인판매기에서 현금을 인취하는 때
③ 반환조건부 판매, 동의조건부 판매, 그 밖의 조건부 판매의 경우 : 그 조건이 성취되거나 기한이 지나 판매가 확정되는 때
④ 장기할부판매, 완성도기준지급 또는 중간지급조건부로 재화를 공급하는 경우 : 대가의 전부를 실제 받았을 때

14 다음 중 그 공급이 부가가치세 면세대상에 해당하지 않는 것은?

① 토 지   ② 복 권
③ 신문광고   ④ 수돗물

15 다음 중 부가가치세법상 세금계산서 제도와 관련한 설명 중 틀린 것은?

① 공급시기가 도래하기 전에 세금계산서를 발급하고 발급일로부터 7일 이내에 대가를 지급받는 경우에는 적법한 세금계산서를 발급한 것으로 본다.
② 세금계산서의 필요적 기재사항의 일부가 기재되지 않은 경우에도 그 효력이 인정된다.
③ 월합계세금계산서 등의 경우에는 재화 또는 용역의 공급일이 속하는 달의 다음 달 10일까지 발급 가능하다.
④ 법인사업자는 전자세금계산서 의무발급대상자이다.

실 무 시 험

(주)소담패션은 스포츠의류 등을 제조하여 판매하는 중소기업이며, 당기(제8기) 회계기간은 2023.1.1. ~ 2023.12.31.이다. 전산세무회계 수험용 프로그램을 이용하여 다음 물음에 답하시오.

─┤ 기본전제 ├─

• 문제에서 한국채택국제회계기준을 적용하도록 하는 전제조건이 없는 경우, 일반기업회계기준을 적용하여 회계 처리한다.
• 문제의 풀이와 답안작성은 제시된 문제의 순서대로 진행한다.

문제 1 다음은 [기초정보관리] 및 [전기분재무제표]에 대한 자료이다. 각각의 요구사항에 대하여 답하시오. (10점)

[1] 다음 자료를 이용하여 [거래처등록]의 해당 탭에 추가로 입력하시오. (3점)

• 거래처코드 : 99605
• 카드번호 : 9410-0900-5580-8352
• 카드종류 : 사업용카드
• 카드사명 : 시티카드
• 유형 : 매입
• 사용여부 : 여

[2] 다음 계정과목에 대하여 적요를 추가적으로 등록하시오. (3점)

• 코드 : 0819
• 현금적요 : 7. 공기청정기임차료 지급
• 계정과목 : 임차료
• 대체적요 : 7. 공기청정기임차료 미지급

[3] 전기분재무제표를 검토한 결과 다음과 같은 오류가 발견되었다. 모든 전기분재무제표의 관련된 부분을 수정하시오. (4점)

계정과목	틀린 금액	올바른 금액	내 용
운반비(524)	660,000원	6,600,000원	입력 오류

문제 2 다음 거래 자료를 [일반전표입력] 메뉴에 추가 입력하시오(일반전표입력의 모든 거래는 부가가치세를 고려하지 말 것). (18점)

─────────────── 입력 시 유의사항 ───────────────

- 일반적인 적요의 입력은 생략하지만, 타계정 대체거래는 적요번호를 선택하여 입력한다.
- 채권·채무와 관련된 거래는 별도의 요구가 없는 한 반드시 기등록되어 있는 거래처코드를 선택하는 방법으로 거래처명을 입력한다.
- 제조경비는 500번대 계정코드를, 판매비와관리비는 800번대 계정코드를 사용한다.
- 회계처리 시 계정과목은 별도제시가 없는 한 등록되어 있는 계정과목 중 가장 적절한 과목으로 한다.

[1] 7월 20일 국민은행에서 2023년 8월 30일까지 상환하기로 하고 5,000,000원을 차입하여 즉시 (주)섬메이의 미지급금 5,000,000원을 지급하였다. (3점)

[2] 8월 21일 공장이전을 위해 신축 중이던 건물이 완공되어 취득세 등 관련 소요 공과금 7,500,000원을 보통예금 계좌에서 이체 지급하였다. (3점)

[3] 8월 30일 국민은행에서 차입한 단기차입금을 상환하기 위하여 보통예금 계좌에서 5,000,000원을 국민은행에 이체하였다. (3점)

[4] 9월 10일 지난 달 영업팀 임직원들에게 급여를 지급하면서 원천징수한 소득세 160,000원을 신용카드(비씨카드)로 납부하였다. (3점)

[5] 10월 22일 영통산업에 제품을 판매하면서 발생한 화물운송비 150,000원을 보통예금 계좌에서 이체하였다. (3점)

[6] 11월 1일 사채 액면총액 20,000,000원, 상환기간 3년, 발행가액 22,000,000원으로 발행하고 납입금은 보통예금에 입금되었다. (3점)

문제 3 다음 거래 자료를 [매입매출전표입력] 메뉴에 입력하시오. (18점)

┌─────────── 입력 시 유의사항 ───────────┐

• 일반적인 적요의 입력은 생략하지만, 타계정 대체거래는 적요번호를 선택하여 입력한다.
• 채권·채무와 관련된 거래는 별도의 요구가 없는 한 반드시 기등록되어 있는 거래처코드를 선택하는 방법으로 거래처명을 입력한다.
• 제조경비는 500번대 계정코드를, 판매비와관리비는 800번대 계정코드를 사용한다.
• 회계처리 시 계정과목은 별도제시가 없는 한 등록되어 있는 계정과목 중 가장 적절한 과목으로 한다.
• 입력화면 하단의 분개까지 처리하고, 세금계산서 및 계산서는 전자 여부를 입력하여 반영한다.

[1] 8월 3일 새로 출시한 제품의 홍보를 위하여 판매부서에서 광고대행사인 (주)블루에게 홍보물(영상 콘텐츠) 제작을 의뢰하여 배포하고 전자세금계산서를 발급받았다. 해당 대금 1,100,000원(부가가치세 포함)은 8월 31일에 지급하기로 하였다(미지급금 계정을 사용할 것). (3점)

[2] 8월 10일 (주)삼성상회에 제품을 판매하고 다음의 전자세금계산서를 발급하였다. 대금은 7월 30일에 보통예금으로 수령한 계약금을 제외하고 (주)삼성상회가 발행한 약속어음(만기 2023년 10월 31일)을 수취하였다. (3점)

전자세금계산서(공급자 보관용)					승인번호			
공급자	사업자등록번호	206-81-95706	종사업장번호		공급받는자	사업자등록번호	102-81-42945	종사업장번호	
	상 호(법인명)	(주)소담패션	성 명(대표자)	황희상		상 호(법인명)	(주)삼성상회	성 명(대표자)	이현희
	사업장주소	경상남도 고성군 동해면 외산로 592				사업장주소	인천광역시 남동구 구월남로 129		
	업 태	제조, 도소매	종 목	스포츠의류		업 태	도 매	종 목	의 류
	이메일	JI1234@gmail.net				이메일	samsung@naver.com		

작성일자	공급가액	세 액	수정사유
2023.8.10.	50,000,000원	5,000,000원	
비 고			

월	일	품 목	규 격	수 량	단 가	공급가액	세 액	비 고
8	10	전자부품		10	5,000,000원	50,000,000원	5,000,000원	

합계금액	현 금	수 표	어 음	외상미수금	이 금액을 영수/청구 함
55,000,000원	11,000,000원		44,000,000원		

[3] 11월 10일 선적완료한 제품은 미국 소재법인인 ebay에 11월 2일 $10,000에 직수출하기로 계약한 것이며, 수출대금은 차후에 받기로 하였다. 계약일 시점 기준환율은 $1 = 1,210원이며, 선적일 시점 기준환율은 $1 = 1,250원이다. (3점)

[4] 11월 20일 경리부의 업무용 도서를 구입하면서 현금을 지급하고 (주)설영문고로부터 다음과 같이 현금영수증을 발급받았다. (3점)

(주)설영문고
116-81-80370 　　　　　　　　　홍지안
서울특별시 서초구 명달로 105
현금(지출증빙)
구매 2023/11/20/15:34 거래번호 : 0026-0107

상품명	수 량	금 액
법인세 조정 실무	1	100,000원
합　　계		100,000원
받은금액		100,000원

[5] 11월 30일 내국신용장에 의해 수출용 제품에 필요한 원자재(공급가액 : 10,000,000원)를 (주)현우로부터 매입하고 영세율전자세금계산서를 발급받았다. 매입금액 전액에 대해 약속어음을 발행(만기 : 2023년 12월 30일)하여 지불하였다. (3점)

[6] 12월 7일 당사가 생산한 제품(원가 350,000원, 시가 500,000원이며 부가가치세는 제외된 금액임)을 매출 거래처 직원 결혼선물용으로 사용하였다. (3점)

문제 4 [일반전표입력] 및 [매입매출전표입력] 메뉴에 입력된 내용 중 다음과 같은 오류가 발견되었다. 입력된 내용을 확인하여 정정하시오. (6점)

[1] 8월 3일 매출처 (주)네오전자의 부도로 외상매출금 잔액 1,100,000원이 회수불능하여 전액 대손상각비로 처리하였는데, 확인 결과 부도시점에 외상매출금에 대한 대손충당금 잔액이 800,000원이었던 것으로 확인된다. (3점)

[2] 12월 20일 업무용 승용차(모닝, 배기량 1,000cc인 경차임)를 현금으로 구입(11,950,000원, 부가가치세 별도)하면서 과세유형을 불공제로 입력하였다. 원재료 매입으로 되어있는 현재의 전표를 수정하시오. (3점)

차량명	판매가격(부가가치세 별도)	제조사	구입점	비 고
모닝(스탠다드)	11,950,000원	기아자동차(주)	기아차 남양주점 (208-81-56451)	전자세금계산서 수취

문제 5 결산정리사항은 다음과 같다. 해당 메뉴에 입력하시오. (9점)

[1] 기말 외상매입금 계정 중에는 미국 ABC Ltd.의 외상매입금 3,000,000원(미화 $2,500)이 포함되어 있다(결산일 현재 적용환율 : 1,150원/$). (3점)

[2] 당해 연도 6월 1일에 공장 건물 중 일부를 임대(임대기간 : 2023.6.1. ~ 2024.5.31.)하고, 일시에 수령한 12개월분 임대료 50,400,000원을 전액 임대료(영업외수익)로 회계처리하였다. 월할계산하시오. (3점)

[3] 당해 사업연도 법인세등은 10,000,000원이다. 법인세의 중간예납세액 6,000,000원(선납세금 계정)을 8월 15일에 납부하였고 나머지 금액에 대해서는 다음 연도 3월 31일까지 납부할 예정이다. (3점)

문제 6 다음 사항을 조회하여 답안을 이론문제 답안작성 메뉴에 입력하시오. (9점)

[1] 상반기(1월 ~ 6월) 중 제품매출액이 가장 많은 달과 그 금액은 얼마인가? (3점)

[2] 4월 말 현재 미지급금이 가장 많은 거래처명과 그 금액은 얼마인가? (3점)

[3] 제1기 예정신고기간(1월 ~ 3월) 동안 삐에로패션으로부터 수취한 매입세금계산서의 매수와 공급가액은 얼마인가? (3점)

제95회 기출문제

시험일자 : 2021.4.11.
합격률 : 39.94%

엄선기출

회사선택 : (주)옥산테크 (회사코드 2095)　　　　정답 및 해설 p.231

이 론 시 험

다음 문제를 보고 알맞은 것을 골라 이론문제 답안작성 메뉴에 입력하시오. (객관식 문항당 2점)

┤ 기본전제 ├

문제에서 한국채택국제회계기준을 적용하도록 하는 전제조건이 없는 경우 일반기업회계기준을 적용한다.

---

01 다음 중 기말 결산 과정에서 가장 먼저 수행해야 할 절차는 무엇인가?

① 재무제표의 작성　　　　　　　　② 수정전시산표의 작성
③ 기말수정분개　　　　　　　　　　④ 수익·비용계정의 마감

---

02 다음 자료에 의하여 결산 시 재무상태표에 표시되는 현금및현금성자산 금액은 얼마인가?

- 국세환급통지서 : 200,000원　　　　· 선일자수표 : 300,000원
- 우편환증서 : 10,000원　　　　　　· 직원가불금 : 100,000원
- 자기앞수표 : 30,000원
- 취득 당시에 만기가 3개월 이내에 도래하는 정기적금 : 500,000원

① 540,000원　　② 640,000원　　③ 740,000원　　④ 1,140,000원

---

03 다음 자료에 의하여 다음 빈칸에 들어갈 금액은 얼마인가?

대손충당금			
4/30 외상매출금	×××원	1/1 전기이월	50,000원
12/31 차기이월	70,000원	12/31 대손상각비	( )원
	×××원		×××원

- 당기 중 회수가 불가능한 것으로 판명되어 대손처리된 외상매출금은 5,000원이다.

① 10,000원　　② 15,000원　　③ 20,000원　　④ 25,000원

04 다음 중 기업회계기준에서 자산을 타인에게 사용하게 함으로써 발생하는 수익의 유형으로 옳지 않은 것은?

① 이자수익   ② 배당금수익

③ 로열티수익   ④ 상품판매수익

05 다음 중 유형자산의 감가상각비를 계산하기 위한 필수요소가 아닌 것은?(감가상각방법은 정액법으로 가정함)

① 생산량   ② 취득원가

③ 내용연수   ④ 잔존가치

06 다음 중 무형자산과 관련된 설명으로 옳지 않은 것은?

① 무형자산은 회사가 사용할 목적으로 보유하는 물리적 실체가 없는 비화폐성 자산이다.

② 개발비는 개발단계에서 발생하여 미래 경제적 효익을 창출할 것이 기대되는 자산이다.

③ 내부적으로 창출한 브랜드, 고객목록과 이와 실질이 유사한 항목은 무형자산으로 인식할 수 있다.

④ 연구단계와 개발단계에 따라 무형자산이나 비용으로 구분할 수 없는 경우 발생한 지출은 모두 연구단계에서 발생한 것으로 본다.

07 다음 자료를 바탕으로 자본조정의 금액을 계산하면 얼마인가?(단, 각 계정과목은 독립적이라고 가정함)

• 감자차손 : 200,000원	• 주식발행초과금 : 600,000원
• 자기주식처분이익 : 300,000원	• 자기주식 : 400,000원

① 600,000원   ② 900,000원

③ 950,000원   ④ 1,000,000원

08 다음 중 전자제품 도소매업을 영위하는 (주)세무의 당기 손익계산서상 영업이익에 영향을 미치는 거래로 볼 수 있는 것은?

① 노후화된 업무용 차량을 중고차매매상사에 판매하고 유형자산처분손실을 계상하였다.
② 사업 운영자금에 관한 대출이자를 지급하고 이자비용으로 계상하였다.
③ 상품을 홍보하기 위해 광고물을 제작하고 광고선전비로 계상하였다.
④ 기말 결산 시 외화예금에 대해 외화환산손실을 계상하였다.

09 다음 중 원가에 대한 설명으로 가장 옳지 않은 것은?

① 제조원가는 직접재료원가, 직접노무원가, 제조간접원가를 말한다.
② 직접재료원가는 기초원재료재고액과 당기원재료매입액의 합계에서 기말원재료재고액을 차감한 금액을 말한다.
③ 제품생산량이 증가하여도 관련 범위 내에서 제품 단위당 고정원가는 일정하다.
④ 혼합원가는 조업도의 증감에 관계없이 발생하는 고정비와 조업도의 변화에 따라 일정 비율로 증가하는 변동비로 구성된 원가이다.

10 회사는 제조간접비를 직접노무시간을 기준으로 배부하고 있다. 당기말 현재 실제제조간접비 발생액은 70,000원이고, 실제직접노무시간은 700시간이며, 예정배부율은 시간당 95원일 경우 배부차이는 얼마인가?

① 3,500원 과대배부   ② 3,500원 과소배부
③ 7,000원 과대배부   ④ 7,000원 과소배부

11 다음 중 보조부문원가의 배부 방법 중 가장 정확한 배부법은 무엇인가?

① 직접배부법   ② 간접배부법
③ 상호배부법   ④ 단계배부법

12 다음 자료를 이용하여 평균법에 의한 가공비 완성품 환산량을 계산하시오(재료비는 공정 초기에 전량 투입되며, 가공비는 공정 전반에 걸쳐 균등하게 발생함).

> • 기초재공품수량 : 500개(완성도 30%)
> • 당기완성품수량 : 1,000개
> • 당기착수량 : 600개
> • 기말재공품수량 : 100개(완성도 50%)

① 500개   ② 550개
③ 1,000개   ④ 1,050개

13 다음 중 현행 부가가치세법에 대한 설명으로 틀린 것은?

① 부가가치세는 사업장마다 신고 및 납부하는 것이 원칙이다.
② 부가가치세 부담은 전적으로 최종소비자가 하는 것이 원칙이다.
③ 사업상 독립적으로 재화를 공급하는 자는 영리를 목적으로 하는 경우에만 납세의무가 있다.
④ 부가가치세의 납세의무자는 과세대상인 재화 또는 용역을 공급하는 사업자와 재화를 수입하는 자이다.

14 다음 중 부가가치세법상 재화의 공급으로 간주되어 과세대상이 되는 항목은?(아래 항목은 전부 매입세액 공제받음)

① 직장 연예 및 직장 문화와 관련된 재화를 제공하는 경우
② 사업을 위해 착용하는 작업복, 작업모 및 작업화를 제공하는 경우
③ 사용인 1인당 연간 10만원 이내의 경조사와 관련된 재화 제공
④ 사업자가 자기생산·취득재화를 자기의 고객이나 불특정 다수에게 증여하는 경우

15 다음 중 세금계산서의 필요적 기재사항이 아닌 것은?

① 공급가액   ② 부가가치세액
③ 공급품목   ④ 작성연월일

실 무 시 험

(주)옥산테크는 운동기구를 제조하여 판매하는 중소기업이며, 당기(제7기) 회계기간은 2023.1.1. ~ 2023.12.31.이다. 전산세무회계 수험용 프로그램을 이용하여 다음 물음에 답하시오.

┤ 기본전제 ├

- 문제에서 한국채택국제회계기준을 적용하도록 하는 전제조건이 없는 경우, 일반기업회계기준을 적용하여 회계처리한다.
- 문제의 풀이와 답안작성은 제시된 문제의 순서대로 진행한다.

문제 1 다음은 [기초정보관리] 및 [전기분재무제표]에 대한 자료이다. 각각의 요구사항에 대하여 답하시오. (10점)

[1] 다음은 (주)옥산테크의 사업자등록증이다. 기초정보관리의 [회사등록] 메뉴에 입력된 내용을 검토하여 누락분은 추가 입력하고 잘못된 부분은 정정하시오(단, 주소 입력 시 우편번호는 입력하지 않아도 무방함). (3점)

사 업 자 등 록 증

(법인사업자)

등록번호 : 220-81-62517

법인명(단체명) : (주)옥산테크
대 표 자 : 이필재
개 업 연 월 일 : 2017년 8월 14일   법인등록번호 : 110181-0095668
사 업 장 소 재 지 : 경상북도 경주시 강변로 214(성건동)
본 점 소 재 지 : 경상북도 경주시 강변로 214(성건동)
사 업 의 종 류 : 업태 제조   종목 운동기구

발 급 사 유 : 신규

사업자단위과세 적용사업자 여부   : 여( ) 부(✓)
전자세금계산서 전용 전자우편주소 :

2017년 09월 11일

경 주 세 무 서 장

---

[2] 다음 자료를 보고 [계정과목및적요등록]에 반영하시오. (3점)

• 코드 : 853	• 계정과목 : 행사비
• 성격 : 경비	• 대체적요 : 1. 학회 행사비용 지급

[3] 외상매출금과 외상매입금의 초기이월은 다음과 같다. [거래처별초기이월] 메뉴에서 수정 또는 추가 입력하시오. (4점)

구 분	거래처	올바른금액(원)
외상매출금	(주)대원	2,000,000
	(주)동백	4,500,000
	(주)소백	2,000,000
외상매입금	비바산업	–
	우송유통	43,000,000
	공간기업	2,000,000

문제 2 다음 거래 자료를 [일반전표입력] 메뉴에 추가 입력하시오(일반전표입력의 모든 거래는 부가가치세를 고려하지 말 것). (18점)

─── 입력 시 유의사항 ───

- 일반적인 적요의 입력은 생략하지만, 타계정 대체거래는 적요번호를 선택하여 입력한다.
- 채권·채무와 관련된 거래는 별도의 요구가 없는 한 반드시 기등록되어 있는 거래처코드를 선택하는 방법으로 거래처명을 입력한다.
- 제조경비는 500번대 계정코드를, 판매비와관리비는 800번대 계정코드를 사용한다.
- 회계처리 시 계정과목은 별도제시가 없는 한 등록되어 있는 계정과목 중 가장 적절한 과목으로 한다.

[1] 7월 3일   공장에서 사용 중인 기계장치 수리비로 15,000,000원을 (주)한국의 보통예금으로 이체하였으며, 기계장치의 가치가 증가한 자본적지출이다. (3점)

[2] 7월 5일   태종빌딩과 전월에 체결한 본사 건물 임대차계약의 잔금일이 도래하여 임차보증금 50,000,000원 중 계약일에 지급한 5,000,000원을 제외한 45,000,000원을 보통예금 계좌에서 이체하였다(단, 하나의 전표로 처리할 것). (3점)

[3] 7월 7일   사무실에서 사용할 에어컨을 (주)수연전자에서 2,000,000원에 구입하고 그 대금은 2주 후에 지급하기로 하였다. 에어컨 설치비용 250,000원은 보통예금 계좌에서 바로 지급하였다(단, 에어컨은 자산으로 처리할 것). (3점)

[4] 8월 6일   (주)달리자의 외상매출금 10,000,000원 중 6,000,000원은 보통예금에 입금받았고, 나머지 4,000,000원은 자기앞수표로 받았다. (3점)

[5] 8월 19일   전자부품용 기계장치(취득가액 35,000,000원, 감가상각누계액 31,500,000원)를 성능저하로 폐기처분하였다(당기의 감가상각비는 고려하지 않음). (3점)

[6] 11월 20일   제품의 판매용 사진 촬영을 위해서 손 모델인 이아람씨를 고용하고 수수료 3,000,000원 중 원천징수세액 99,000원을 제외한 나머지 금액을 보통예금 계좌에서 지급하였다(단, 수수료비용 계정과목은 판매비와관리비 항목을 사용할 것). (3점)

문제 3 다음 거래 자료를 [매입매출전표입력] 메뉴에 입력하시오. (18점)

┤ 입력 시 유의사항 ├

• 일반적인 적요의 입력은 생략하지만, 타계정 대체거래는 적요번호를 선택하여 입력한다.
• 채권·채무와 관련된 거래는 별도의 요구가 없는 한 반드시 기등록되어 있는 거래처코드를 선택하는 방법으로 거래처명을 입력한다.
• 제조경비는 500번대 계정코드를, 판매비와관리비는 800번대 계정코드를 사용한다.
• 회계처리 시 계정과목은 별도제시가 없는 한 등록되어 있는 계정과목 중 가장 적절한 과목으로 한다.
• 입력화면 하단의 분개까지 처리하고, 세금계산서 및 계산서는 전자 여부를 입력하여 반영한다.

[1] 8월 7일   생산부서에서 회식을 하고 법인체크카드(비씨)로 결제하자마자 바로 보통예금에서 인출되었다. (3점)

단말기번호			
8002124738		120524128234	
카드종류	IBK비씨카드	신용승인	
카드번호	2224-1222-1014-1345		
판매일자	2023/08/07 13:52:46		
거래구분	일시불		
은행확인	비씨	금 액	300,000원
판매자		세 금	30,000원
		봉사료	0원
		합 계	330,000원
대표자	이성수		
사업자등록번호	117-09-52793		
가맹점명	동보성		
가맹점주소	서울 양천구 신정4동 973-12		
		서 명	
		Semusa	

[2] 10월 1일   천안 제1공장에서 사용하던 기계장치(취득가액 50,000,000원, 감가상각누계액 40,000,000원)를 (주)재생에 4,400,000원(부가가치세 포함)에 매각하고 현금영수증을 발급하였다. 매각대금은 전액 자기앞수표로 받았다. (3점)

[3] 10월 11일 희망상사에 제품을 판매하고 다음과 같이 전자세금계산서를 발급하였다. (3점)

전자세금계산서						승인번호		20231011-1000000-00009329		
공급자	사업자등록번호	220-81-62517	종사업장번호			공급받는자	사업자등록번호	127-44-61631	종사업장번호	
	상호(법인명)	(주)옥산테크	성명(대표자)	이필재			상호(법인명)	희망상사	성명(대표자)	김마리
	사업장주소	경상북도 경주시 강변로 214					사업장주소	서울시 마포구 광성로 11		
	업태	제조	종목	운동기구			업태	도매	종목	운동기구
	이메일						이메일			

작성일자	공급가액	세액	수정사유			
2023.10.11.	5,000,000원	500,000원				
비고						

월	일	품목	규격	수량	단가	공급가액	세액	비고
10	11	A제품		100	50,000원	5,000,000원	500,000원	

합계금액	현금	수표	어음	외상미수금	이 금액을 영수/청구 함
5,500,000원	3,500,000원			2,000,000원	

[4] 10월 30일 다음은 구매한 원재료에 하자가 있어 반품을 한 후 발급받은 수정세금계산서이다. 수정세금계산서 수취와 동시에 원재료 및 외상매입금과 상계처리하였다. (3점)

수정전자세금계산서(공급받는자 보관용)						승인번호		20231030-21058052-117266459		
공급자	사업자등록번호	484-81-88130	종사업장번호			공급받는자	사업자등록번호	220-81-62517	종사업장번호	
	상호(법인명)	(주)한강	성명(대표자)	김서울			상호(법인명)	(주)옥산테크	성명(대표자)	이필재
	사업장주소	경기도 광명시 광명로 58(가학동)					사업장주소	경상북도 경주시 강변로 214		
	업태	제조, 도소매	종목	원목			업태	제조	종목	운동기구
	이메일						이메일			

작성일자	공급가액	세액	수정사유			
2023.10.30.	-3,000,000원	-300,000원				
비고						

월	일	품목	규격	수량	단가	공급가액	세액	비고
10	30	철강원자재(원재료)		-100	30,000원	-3,000,000원	-300,000원	

합계금액	현금	수표	어음	외상미수금	이 금액을 영수/청구 함
-3,300,000원				-3,300,000원	

[5] 11월 10일 (주)남서울로부터 원재료를 13,200,000원(부가가치세 포함)에 매입하고 전자세금계산서를 받았다. 매입대금 중 11월 2일에 지급한 선급금 1,000,000원을 제외한 나머지 금액을 보통예금에서 이체하였다(단, 하나의 전표로 처리할 것). (3점)

[6] 11월 19일   일본의 미즈노사에 수출제품(공급가액 ￥2,000,000)을 다음과 같이 직접 납품(선적)하고, 선수 계약금을 제외한 잔여대금은 11월 말일에 받기로 하였다. 수출신고번호 입력은 생략한다. (3점)

거래일자	외 화	기준환율	거래내역
11월 9일	￥100,000	1,055원/￥100	계약금이 입금되었으며 외화 보통예금에 외화로 보유 중
11월 19일	￥1,900,000	1,100원/￥100	수출제품 전체 선적됨

문제 4 [일반전표입력] 및 [매입매출전표입력] 메뉴에 입력된 내용 중 다음과 같은 오류가 발견되었다. 입력된 내용을 확인하여 정정하시오. (6점)

[1] 8월 10일   본사 판매부서가 사용하고 있는 화물자동차에 대해 (주)만능공업사에서 정비를 받으면서 583,000원(부가가치세 포함)을 현금으로 결제하고 현금영수증을 발급받았다. 회계담당자는 매입세액을 공제받지 못하는 것으로 처리하여 일반전표에 입력하였다. (3점)

[2] 12월 20일   대한적십자사에 현금으로 기부한 30,000원이 세금과공과(판매비와관리비)로 처리되어 있음을 확인하였다. (3점)

문제 5 결산정리사항은 다음과 같다. 해당 메뉴에 입력하시오. (9점)

[1] 기말 현재 당사가 장기투자를 목적으로 보유하고 있는 (주)하나가 발행한 주식의 취득원가, 전년도 말 및 당해 연도 말 공정가액은 다음과 같다(단, 하나의 전표로 입력할 것). (3점)

주식명	취득원가	전년도 말 공정가액	당해 연도 말 공정가액
(주)하나 보통주	30,000,000원	32,000,000원	28,000,000원

[2] 12월 31일 기말 현재 장기차입금 현황은 다음과 같다. (3점)

구 분	금 액	차입일자	상환(예정)일자	거래처
장기차입금1	15,000,000원	2019. 12. 01	2026. 12. 01	국민은행
장기차입금2	25,000,000원	2021. 07. 01	2024. 06. 30	한일물산

[3] 당사는 매 회계연도말에 외상매출금과 받을어음 잔액의 1%를 대손충당금으로 설정하고 있다. 이에 대한 기말 수정분개를 입력하시오(당기에 발생한 대손채권은 없는 것으로 가정하며, 대손충당금 설정에 필요한 정보는 관련 데이터를 조회하여 사용할 것). (3점)

문제 6 다음 사항을 조회하여 답안을 이론문제 답안작성 메뉴에 입력하시오. (9점)

[1] 제1기 확정신고기간(4월 ~ 6월)의 세금계산서 수취분 중 고정자산매입을 제외한 일반매입의 세액은 얼마인가? (3점)

[2] 2월 원재료 매입액은 얼마인가? (3점)

[3] 제1기 확정 부가가치세 신고에 반영된 내역 중 6월에 카드로 매출된 공급대가는 얼마인가? (3점)

04

엄선기출

제93회 기출문제

시험일자 : 2020.11.28.
합격률 : 41.65%

회사선택 : 대림상사(주) (회사코드 2093)

정답 및 해설 p.235

이 론 시 험

다음 문제를 보고 알맞은 것을 골라 이론문제 답안작성 메뉴에 입력하시오. (객관식 문항당 2점)

─── 기본전제 ───

문제에서 한국채택국제회계기준을 적용하도록 하는 전제조건이 없는 경우 일반기업회계기준을 적용한다.

01 다음의 재무상태표 작성기준 중 그 내용이 가장 적절한 항목은?

① 자산과 부채는 유동성이 작은 항목부터 배열한다.

② 자산, 부채, 자본은 총액으로 표기하지 않고 순액으로 기재한다.

③ 자산과 부채는 결산일 기준 1년 또는 정상영업주기를 기준으로 구분 표시한다.

④ 자본항목 중 잉여금은 주주와의 거래인 이익잉여금과 영업활동의 결과인 자본잉여금으로 구분하여 표시한다.

02 다음의 열거된 항목 중 현금및현금성자산의 개수는?

• 자기앞수표	• 선일자수표
• 우편환증서	• 보통예금
• 우 표	

① 5개

② 4개

③ 3개

④ 2개

03 회사는 현금주의에 의한 당기순이익을 계산한 결과 2023년 회계연도의 순이익은 300,000원이었다. 2023년 말은 2022년 말에 비하여 매출채권 감소 70,000원, 미지급비용 감소 50,000원이었다. 발생주의 기준에 의한 2023년 회계연도의 당기순이익을 계산하면 얼마인가?

① 210,000원

② 230,000원

③ 250,000원

④ 280,000원

04 다음 중 부채에 대한 설명으로 가장 옳지 않은 것은?

① 부채는 과거의 거래나 사건의 결과로 현재 기업실체가 부담하고 있는 미래에 자원의 유출 또는 사용이 예상되는 의무이다.

② 부채는 항상 정상적인 영업주기 내 상환여부에 따라 유동부채와 비유동부채로 분류한다.

③ 퇴직급여충당부채는 보고기간말 현재 전 종업원이 일시에 퇴직할 경우 지급하여야 할 퇴직금에 상당하는 금액으로 한다.

④ 충당부채는 과거사건이나 거래의 결과에 의한 현재의무로서 지출의 시기 또는 금액이 불확실하지만 그 의무를 이행하기 위하여 자원이 유출될 가능성이 매우 높고 또한 당해 금액을 신뢰성 있게 추정할 수 있는 의무를 말한다.

05 다음은 재무회계 개념체계에 대한 설명이다. 회계정보의 질적특성인 신뢰성을 갖기 위하여 필요한 요건이 아닌 것은?

① 표현의 충실성　　　　　　　　　② 검증가능성
③ 중립성　　　　　　　　　　　　　④ 피드백가치

06 아래의 건물과 관련한 지출 중 자산가치를 증가시키는 자본적지출에 해당하지 않는 것은?

① 생산능력 증대를 위한 증축비용
② 엘리베이터의 설치비용
③ 철골 보강공사비용
④ 건물벽의 부분도색비용

07 다음 중 시산표와 관련된 설명 중 잘못된 것은?

① 시산표 등식은 기말자산 + 총비용 = 기말부채 + 기초자본 + 총수익이다.
② 잔액이 차변에 남는 계정은 자산과 비용계정이다.
③ 분개는 거래의 이중성에 입각하여 차변요소와 대변요소로 결합되어야 한다.
④ 시산표상에서 발견할 수 있는 오류는 계정과목의 오기 등을 들 수 있다.

08 다음 자료를 바탕으로 자본잉여금의 금액을 계산하면 얼마인가?(단, 각 계정과목은 독립적이라고 가정하고 상계하지 않는다)

> - 자기주식 : 200,000원
> - 이익준비금 : 200,000원
> - 사업확장적립금 : 100,000원
> - 매도가능증권평가이익 : 500,000원
> - 주식발행초과금 : 300,000원
> - 감자차익 : 250,000원
> - 주식선택권 : 150,000원
> - 자기주식처분이익 : 350,000원

① 700,000원

② 900,000원

③ 1,000,000원

④ 1,300,000원

09 공장에서 가동 중인 기계장치(취득가액 1,000,000원)가 고장이 났다. 대안 (1)은 기계를 수리하여 재사용하려면 350,000원의 수선비가 투입되어야 하고, 대안 (2)는 폐기의 경우 150,000원을 받을 수 있지만 대체할 다른 기계장치 구입에 600,000원이 소요된다고 한다. 이 경우, 매몰원가의 금액은 얼마인가?

① 150,000원

② 350,000원

③ 600,000원

④ 1,000,000원

10 다음 중 보조부문원가를 배분하는 방법과 설명이 잘못된 것은?

① 직접배분법 : 보조부문원가를 다른 보조부문에는 배분하지 않고 제조부문에만 직접 배분하는 방법이다.

② 단계배분법 : 보조부문 간의 원가배분의 우선순위를 정하여 우선순위가 높은 보조부문원가로부터 하위의 보조부문 및 제조부문에 순차적으로 배분하는 방법이다.

③ 상호배분법 : 보조부문 간의 상호 관련성을 모두 고려하여 배분하는 방법이다.

④ 단일배분율법 : 보조부문원가를 변동원가와 고정원가로 구분하여 각각 다른 배분기준을 적용하여 배분하는 방법이다.

11 종합원가계산 시 선입선출법에 의한 환산량이 평균법에 의한 환산량과 동일한 경우에 해당하는 것은?

① 기초재공품이 전혀 없는 경우

② 기초제품이 전혀 없는 경우

③ 기말재공품이 전혀 없는 경우

④ 기말제품이 전혀 없는 경우

12 다음의 설명에 해당하는 것은?

> 일반적으로 관련범위 내에서 조업도의 변동과 관계없이 발생원가 총액이 일정하다.

① 개별 제품에 대한 포장비용
② 기계사용에 대한 전력비용
③ 공장 건물에 대한 화재보험료
④ 제품 생산에 대한 원재료비

13 다음 중 부가가치세법상 원칙적인 조기환급과 관련된 내용으로 틀린 것은?

① 관할세무서장은 조기환급신고기한이 지난 후 15일 이내에 환급하여야 한다.
② 조기환급기간은 예정신고기간 중 또는 과세기간 최종 3개월 중 매월 또는 매 2월을 말한다.
③ 조기환급기간이 끝난 날부터 15일 이내에 조기환급기간에 대한 과세표준과 환급세액을 신고하여야 한다.
④ 사업설비를 신설·취득·확장 또는 증축하는 경우에는 조기환급 대상이 된다.

14 다음 중 부가가치세법상 재화의 공급시기가 잘못 연결된 것은?

① 외국으로 직수출하는 경우 : 선적일 또는 기적일
② 무인판매기를 이용하여 재화를 공급하는 경우 : 현금을 투입한 때
③ 장기할부판매의 경우 : 대가의 각 부분을 받기로 한 때
④ 폐업할 때 자기생산·취득재화 중 남아 있는 재화 : 폐업일

15 다음 중 부가가치세 영세율과 관련한 설명으로 틀린 것은?

① 영세율은 수출하는 재화뿐만 아니라 국외에서 공급하는 용역에도 영세율이 적용된다.
② 영세율이 적용되는 경우에는 항상 세금계산서 발급의무가 면제된다.
③ 영세율이 적용되는 사업자는 부가가치세법상 과세사업자이어야 한다.
④ 영세율이 적용되는 사업자는 부가가치세법상 사업자로서의 제반의무를 이행하여야 한다.

실 무 시 험

대림상사(주)는 사무용가구를 제조하여 판매하는 중소기업이며, 당기(제8기) 회계기간은 2023.1.1. ~ 2023.12.31.이다. 전산세무회계 수험용 프로그램을 이용하여 다음 물음에 답하시오.

┤ 기본전제 ├

- 문제에서 한국채택국제회계기준을 적용하도록 하는 전제조건이 없는 경우, 일반기업회계기준을 적용하여 회계 처리한다.
- 문제의 풀이와 답안작성은 제시된 문제의 순서대로 진행한다.

문제 1 다음은 [기초정보관리] 및 [전기분재무제표]에 대한 자료이다. 각각의 요구사항에 대하여 답하시오. (10점)

[1] 다음 자료를 보고 [거래처등록] 메뉴에서 거래처를 등록하시오. (3점)

- 거래처 구분 : 일반거래처
- 거래처 코드 : 00350
- 거래처명 : (주)스마일
- 사업자등록번호 : 403-81-51065
- 유형 : 동시
- 대표자명 : 곽미경
- 업태 : 도매 및 소매
- 종목 : 대형마트
- 사업장주소 : 강원도 강릉시 동해대로 2336 (운산동)
※ 주소 입력 시 우편번호 입력은 생략해도 무방함

[2] [거래처별초기이월] 자료를 검토하여 올바르게 수정 또는 추가 입력하시오. (3점)

계정과목	거래처	금 액	재무상태표 금액
외상매출금	(주)국제무역	38,000,000원	65,000,000원
	(주)영진상사	27,000,000원	
외상매입금	(주)한국기업	70,000,000원	93,500,000원
	(주)한빛산업	23,500,000원	

[3] 전기분재무제표를 검토한 결과 다음과 같은 오류를 확인하였다. 관련되는 재무제표를 적절히 수정하시오. (4점)

교육훈련비(제조원가에 속함) 1,500,000원이 누락된 것으로 확인된다.

문제 2 다음 거래 자료를 [일반전표입력] 메뉴에 추가 입력하시오(일반전표입력의 모든 거래는 부가 가치세를 고려하지 말 것). (18점)

─┤ 입력 시 유의사항 ├─

- 일반적인 적요의 입력은 생략하지만, 타계정 대체거래는 적요번호를 선택하여 입력한다.
- 채권·채무와 관련된 거래는 별도의 요구가 없는 한 반드시 기등록되어 있는 거래처코드를 선택하는 방법으로 거래처명을 입력한다.
- 제조경비는 500번대 계정코드를, 판매비와관리비는 800번대 계정코드를 사용한다.
- 회계처리 시 계정과목은 별도제시가 없는 한 등록되어 있는 계정과목 중 가장 적절한 과목으로 한다.

[1] 8월 27일　(주)풍암산업으로부터 원재료 16,000,000원(200개, @80,000원)을 구입하기로 계약하고, 계약금 1,600,000원을 당좌수표를 발행하여 지급하였다. (3점)

[2] 9월 17일　당사는 (주)안동에 지급할 외상매입금 25,000,000원 중 20,000,000원은 보통예금 계좌에서 이체하여 지급하고, 나머지 5,000,000원은 채무를 면제받았다. (3점)

[3] 10월 25일 사업 확장에 필요한 자금을 조달하기 위하여 새로운 보통주 주식 5,000주(주당 액면금액 5,000원, 1주당 발행금액 10,000원)를 발행하였으며, 발행대금은 보통예금 통장으로 입금되었다. 신주발행과 관련된 비용 500,000원은 현금으로 지급하였다(단, 하나의 전표로 입력할 것, 주식할인발행차금은 없다고 가정한다). (3점)

[4] 12월 8일　제품의 수출을 위하여 중국에 출장 갔던 홍길동은 12월 4일에 지급하였던 출장비 1,500,000원 중 1,250,000원을 사용하고 나머지는 회사에 현금으로 반납하였다(단, 거래처를 입력할 것). (3점)

[5] 12월 10일 11월분 건강보험료를 현금으로 납부하였다. 총금액은 412,500원이며, 이 중 50%는 직원 부담분이고 나머지 50%는 회사부담분(제조부문 직원분 : 123,750원, 관리부문 직원분 : 82,500원)이다(단, 회사부담분은 복리후생비로 처리한다). (3점)

[6] 12월 18일 투자목적으로 (주)우주상사의 토지를 450,000,000원에 취득하고, 대금은 3개월 뒤에 지급하기로 하고, 취득세 20,000,000원은 보통예금에서 이체하였다. (3점)

문제 3 다음 거래 자료를 [매입매출전표입력] 메뉴에 입력하시오. (18점)

┤ 입력 시 유의사항 ├

- 일반적인 적요의 입력은 생략하지만, 타계정 대체거래는 적요번호를 선택하여 입력한다.
- 채권·채무와 관련된 거래는 별도의 요구가 없는 한 반드시 기등록되어 있는 거래처코드를 선택하는 방법으로 거래처명을 입력한다.
- 제조경비는 500번대 계정코드를, 판매비와관리비는 800번대 계정코드를 사용한다.
- 회계처리 시 계정과목은 별도제시가 없는 한 등록되어 있는 계정과목 중 가장 적절한 과목으로 한다.
- 입력화면 하단의 분개까지 처리하고, 세금계산서 및 계산서는 전자 여부를 입력하여 반영한다.

[1] 8월 21일 (주)소이유통에 제품을 판매하고 다음과 같이 전자세금계산서를 발급하였다. 대금 중 12,000,000원은 우현상사에서 발행한 어음으로 받았고 나머지는 다음 달에 받기로 하였다. (3점)

전자세금계산서(공급자 보관용)						승인번호		20230821-15454645-58811886		
공급자	사업자등록번호	136-81-29187		종사업장번호		공급받는자	사업자등록번호	117-81-19863	종사업장번호	
	상호(법인명)	대림상사(주)		성명(대표자)	고상돈		상호(법인명)	(주)소이유통	성명	이소이
	사업장주소	경기도 고양시 덕양구 화정로 53					사업장주소	서울시 서초구 강남대로 291		
	업태	제조, 도소매		종목	사무용가구		업태	도소매	종목	가구
	이메일						이메일			
작성일자		공급가액		세액						
2023.8.21.		20,000,000원		2,000,000원						
비고										
월	일	품목	규격	수량	단가		공급가액	세액	비고	
8	21	가구					20,000,000원	2,000,000원		
합계금액		현금		수표		어음		외상미수금	이 금액을 **청구** 함	
22,000,000원						12,000,000원		10,000,000원		

[2] 10월 11일 미국에 소재한 (주)필립스에 제품을 $30,000에 직수출하기로 하고, 제품을 선적 완료하였다. 수출대금은 3개월 후에 받기로 하였으며, 선적일 시점 기준환율은 $1 = 1,200원이다. (3점)

[3] 11월 7일 영업부 직원의 업무용으로 사용하기 위하여 (주)전진자동차에서 개별소비세 과세대상 자동차(2,000cc)를 구입하면서 전자세금계산서(공급가액 22,000,000원, 부가가치세 2,200,000원)를 발급받고 대금은 보통예금에서 지급하였다. (3점)

[4] 11월 17일 소비자 오미자씨에게 제품을 현금으로 판매하고 다음과 같은 현금영수증을 발급하였다 (단, 거래처를 입력할 것). (3점)

대림상사(주)
사업자번호 136-81-29187   고상돈
경기도 고양시 덕양구 화정로 53 TEL: 3289-8085
홈페이지 http://www.daerym.co.kr

현금(소득공제)

구매 2023/11/17/10:46   거래번호 : 0026-0107

상품명	수 량	금 액
의자 ADES-38	1	869,000원
2043655000009		

과 세 물 품 가 액		790,000원
부 가 세		79,000원
합 계		869,000원
받 은 금 액		869,000원

[5] 12월 15일 삼춘상사에서 원재료를 매입하고 다음의 전자세금계산서를 발급받았다. (3점)

전자세금계산서						승인번호		20231215-1000000-00009329	
공급자	사업자등록번호	127-35-56169	종사업장번호		공급받는자	사업자등록번호	136-81-29187	종사업장번호	
	상호(법인명)	삼춘상사	성명(대표자)	이한수		상호(법인명)	대림상사(주)	성명(대표자)	고상돈
	사업장주소	경기도 의정부시 망월로 11				사업장주소	경기도 고양시 덕양구 화정로 53		
	업태	도소매	종목	목재		업태	제조·도소매	종목	사무용가구
	이메일					이메일			
작성일자		공급가액		세액		수정사유			
2023.12.15.		2,300,000원		230,000원					
비 고									
월	일	품 목	규 격	수 량	단 가	공급가액	세 액	비 고	
12	15	자재		100	23,000원	2,300,000원	230,000원		
합계금액		현 금	수 표		어 음	외상미수금	이 금액을	영수 함	
2,530,000원		1,530,000원			1,000,000원			청구	

[6] 12월 24일 (주)삼양전자로부터 영업부 직원들에게 업무용으로 지급할 노트북(유형자산) 3대를 6,600,000원(부가가치세 포함)에 구입하면서 법인명의의 삼성카드로 결제하였다. (3점)

문제 4 일반전표입력 및 매입매출전표입력 메뉴에 입력된 내용 중 다음과 같은 오류가 발견되었다. 입력된 내용을 확인하여 정정하시오. (6점)

[1] 8월 17일 (주)모두판다로부터 구매한 복사기를 보통예금에서 이체하고 일반전표에서 상품 (2,200,000원)으로 회계처리하였으나, 사실은 사무실에서 사용할 목적으로 구입하고 지출증빙용 현금영수증을 발급받은 것으로 확인되었다. 회사는 이를 비품으로 처리하고 매입세액 공제를 받으려고 한다. (3점)

[2] 8월 25일 보통예금 계좌에 입금된 25,000,000원을 전액 외상매출금의 회수로 회계처리하였으나, 8월 25일 현재 (주)마산의 외상매출금 잔액(15,000,000원)을 초과하는 금액 10,000,000원은 (주)마산에서 발행한 어음대금을 조기상환 받은 것으로 확인되었다. (3점)

문제 5 결산정리사항은 다음과 같다. 해당 메뉴에 입력하시오. (9점)

[1] 당해 연도 8월 1일에 전액 비용으로 회계처리된 보험료(제조부문 : 1,800,000원, 관리부문 : 1,560,000원)는 1년분(2023.8.1. ~ 2024.7.31)에 해당하며, 당기분과 차기분은 월단위로 계산한다 (단, 거래처 입력은 생략함). (3점)

[2] 실제 현금이 장부상 현금보다 500,000원 만큼 많아서 12월 11일에 현금과부족으로 처리하였던 바, 결산일에 300,000원은 외상매출금((주)영진상사)의 현금 회수임이 밝혀졌으나, 200,000원은 그 원인을 알 수 없었다(단, 거래처를 입력할 것). (3점)

[3] 당해 연도에 계상될 감가상각비는 다음과 같다. 감가상각비 관련 결산분개를 하시오. (3점)

구 분	제조부서	관리부서
건 물		1,000,000원
기계장치	1,800,000원	

문제 6 다음 사항을 조회하여 답안을 이론문제 답안작성 메뉴에 입력하시오. (9점)

[1] 4월 중 현금으로 지급한 차량유지비(판매비 및 관리비에 속함)의 금액은 얼마인가? (3점)

[2] 3월 31일 현재 외상매출금 잔액이 가장 큰 거래처명과 그 금액은 얼마인가? (3점)

[3] 제1기 확정(4월 ~ 6월) 부가가치세 신고기간의 전자세금계산서 발급분 중 주민등록번호발급분의 공급가액은 얼마인가? (3점)

제91회 기출문제

시험일자 : 2020.8.16.
합격률 : 41.01%

회사선택 : (주)용문전자 (회사코드 2091)　　　　　　　　정답 및 해설 p.240

이 론 시 험

다음 문제를 보고 알맞은 것을 골라 이론문제 답안작성 메뉴에 입력하시오. (객관식 문항당 2점)

┤ 기본전제 ├

문제에서 한국채택국제회계기준을 적용하도록 하는 전제조건이 없는 경우 일반기업회계기준을 적용한다.

01 다음 중 재고자산에 대한 설명으로 가장 옳지 않은 것은?

① 재고자산 매입 시 발생하는 매입부대비용은 취득원가에 가산한다.

② 재고수량의 결정방법 중 계속기록법을 적용하면 기말재고자산 수량이 정확하게 계산되고, 실지재고조사법을 적용하면 매출 수량이 정확하게 계산된다.

③ 재고자산의 감모손실은 정상감모와 비정상감모로 구분한다.

④ 평균법은 기초재고자산과 당기에 매입한 상품에 대해 평균 단위당 원가를 구하여 기말재고자산과 매출원가를 계산하는 것이다.

02 다음 거래에 대한 회계처리를 정확히 하였을 경우 영업외비용에 포함되는 것은?

> ㉠ 매출거래처로부터 받은 약속어음을 만기 전에 금융기관에 매각거래 조건으로 할인받다.
> ㉡ 매입거래처에 지급한 약속어음이 만기 전에 금융기관에 매각되었다고 통보받다.
> ㉢ 매출거래처 파산으로 외상대금 중 일부를 회수하지 못하다.
> ㉣ 매입거래처의 외상대금을 조기상환하고 일정비율을 할인받다.

① ㉠　　　　　　　　　　　　　　② ㉡

③ ㉢　　　　　　　　　　　　　　④ ㉣

03 다음의 내용을 결산시점에 결산수정분개로 반영하였을 경우 당기순이익의 변동은?

> • 매출채권 잔액 5,500,000원에 대해 2%의 대손충당금을 설정하지 않았다. 단, 설정 전 대손충당금 기말잔액은 30,000원이라고 가정한다.
> • 12월 15일에 가수금으로 회계처리하였던 50,000원에 대하여 기말에 가수금에 대한 원인이 파악되지 아니하여 결산수정분개를 해야 하는데 하지 않고 있다.

① 당기순이익을 30,000원 감소시킨다.　② 당기순이익을 60,000원 감소시킨다.
③ 당기순이익을 130,000원 감소시킨다.　④ 당기순이익을 160,000원 감소시킨다.

04 다음 일반기업회계기준에서 분류되는 계정과목 중 성격이 다른 것은?

① 자기주식　　　　　　　　　② 미교부주식배당금
③ 미지급배당금　　　　　　　④ 감자차손

05 다음은 유가증권에 대한 일반기업회계기준의 설명이다. 가장 옳지 않은 것은?

① 유가증권은 증권의 종류에 따라 지분증권과 채무증권으로 분류한다.
② 단기매매증권과 매도가능증권은 공정가치로 평가하는 것을 원칙으로 한다.
③ 만기보유증권은 상각후원가로 평가하며, 유효이자율법을 적용하여 상환기간에 걸쳐 배분한다.
④ 유가증권 처분 시 발생하는 증권거래 수수료 등의 비용은 판매비와일반관리비로 회계처리한다.

06 다음 중 유형자산의 감가상각과 관련한 설명으로 가장 옳지 않은 것은?

① 감가상각의 주목적은 취득원가의 배분에 있다.
② 정률법은 자산의 내용연수 동안 감가상각액이 매기간 증가하는 방법이다.
③ 감가상각비는 자산의 제조와 관련된 경우 관련자산의 제조원가로 계상한다.
④ 감가상각방법은 해당 자산으로부터 예상되는 미래 경제적 효익의 소멸형태에 따라 선택하고, 소멸 형태가 변하지 않는 한 매기 계속 적용한다.

07 다음 일반기업회계기준에 의한 손익계산서의 작성기준 중 옳지 않은 것은?

① 현금 유·출입시점에 관계없이 당해 거래나 사건이 발생한 기간에 수익·비용을 인식하는 발생주의에 따른다.
② 수익은 실현주의로 인식한다.
③ 비용은 관련 수익이 인식된 기간에 인식한다.
④ 서로 연관된 수익과 비용은 직접 상계함으로써 순액으로 기재해야 한다.

08 다음 중 사채에 대한 설명으로 옳지 않은 것은?

① 사채란 채권자들로부터 자금을 조달하는 방법이다.
② 사채발행과 관련하여 직접 발생한 사채발행수수료 등은 사채발행가액에서 직접 차감한다.
③ 사채할인발행차금과 사채할증발행차금은 유효이자율법에 따라 상각한다.
④ 시장이자율이 액면이자율보다 더 크다면 사채는 할증발행된다.

09 공장에서 사용하던 밀링머신이 파손되어 처분하려 한다. 취득원가는 3,000,000원이며 파손시점까지 감가상각누계액은 1,500,000원이다. 동 기계를 바로 처분하는 경우 1,000,000원을 받을 수 있고, 200,000원을 추가로 지출하여 수리하는 경우 1,300,000원을 받을 수 있다. 이때 매몰원가는 얼마인가?

① 1,500,000원
② 1,300,000원
③ 1,000,000원
④ 200,000원

10 다음 중 제조원가명세서에 포함되지 않는 항목은 무엇인가?

① 직접재료원가
② 당기제조원가
③ 기초제품재고액
④ 기말재공품재고액

11 다음 자료를 이용하여 제조부문 Y에 배부되는 보조부문의 제조간접비 총액을 계산하면 얼마인가? (단, 단계배분법을 사용하고, A부문을 먼저 배분할 것)

구 분	보조부문		제조부문	
	A부문	B부문	X부문	Y부문
A부문	–	40%	20%	40%
B부문	20%	–	30%	50%
발생원가	300,000원	400,000원	400,000원	600,000원

① 120,000원
② 315,000원
③ 325,000원
④ 445,000원

12 원가는 여러 가지 방법을 통해서 분류할 수 있다. 다음 중 원가분류에 대한 설명으로 옳지 않은 것은?

① 자산화 여부에 따라 제품원가와 기간원가로 분류한다.
② 원가행태에 따라 기초원가와 가공원가로 분류한다.
③ 의사결정의 관련성에 따라 관련원가와 비관련원가로 분류한다.
④ 제조활동과의 관련성에 따라 제조원가와 비제조원가로 분류한다.

13 다음 중 부가가치세법상 면세에 해당하지 않는 것은?

① 택시에 의한 여객운송용역
② 도서대여 용역
③ 미술관에의 입장
④ 식용으로 제공되는 임산물

14 다음 중 현행 부가가치세법에 대한 설명으로 가장 틀린 것은?

① 부가가치세는 전단계세액공제법을 채택하고 있다.
② 주사업장총괄납부 시 종된 사업장은 부가가치세 신고와 납부의무가 없다.
③ 부가가치세는 0% 또는 10%의 세율을 적용한다.
④ 사업자는 사업장 관할 세무서장이 아닌 다른 세무서장에게도 사업자등록의 신청을 할 수 있다.

15 다음 중 사업자등록 정정사유가 아닌 것은?

① 통신판매업자가 사이버몰의 명칭 또는 인터넷 도메인 이름을 변경하는 때
② 공동사업자의 구성원 또는 출자지분의 변동이 있는 때
③ 증여로 인하여 사업자의 명의가 변경되는 때
④ 법인사업자의 대표자를 변경하는 때

실 무 시 험

(주)용문전자는 전자제품을 제조하여 판매하는 중소기업이며, 당기(제8기) 회계기간은 2023.1.1. ~ 2023.12.31.이다. 전산세무회계 수험용 프로그램을 이용하여 다음 물음에 답하시오.

┤ 기본전제 ├
- 문제에서 한국채택국제회계기준을 적용하도록 하는 전제조건이 없는 경우, 일반기업회계기준을 적용하여 회계처리한다.
- 문제의 풀이와 답안작성은 제시된 문제의 순서대로 진행한다.

문제 1 다음은 [기초정보관리]에 대한 자료이다. 각각의 요구사항에 대하여 답하시오. (10점)

[1] 아래의 자료를 [거래처등록] 메뉴에 등록하시오. (3점)

- 거래처코드 : 02020
- 회사명 : (주)유미상사
- 유형 : 매출
- 사업자등록번호 : 609-85-18769
- 대표자 : 김유미
- 업태 : 도소매
- 종목 : 가전
- 사업장주소 : 서울시 강남구 테헤란로 275
※ 주소입력 시 우편번호 입력은 생략

[2] 본사 영업부 직원 휴게실에서 사용할 음료 등 구입이 빈번한 내용을 복리후생비(판) 적요에 기입하고자 한다. 다음 내용의 적요를 각각 작성하시오. (3점)

- 현금적요 9. 휴게실 음료 및 차 구입
- 대체적요 3. 휴게실 음료구입 보통인출

[3] 당해 연도의 정확한 기초원재료금액은 5,000,000원이다. [전기분재무상태표], [전기분원가명세서], [전기분손익계산서] 및 [전기분잉여금처분계산서]를 모두 수정 입력하시오. (4점)

문제 2 다음 거래 자료를 [일반전표입력] 메뉴에 추가 입력하시오(일반전표입력의 모든 거래는 부가가치세를 고려하지 말 것). (18점)

┌─────────────── 입력 시 유의사항 ───────────────┐

• 일반적인 적요의 입력은 생략하지만, 타계정 대체거래는 적요번호를 선택하여 입력한다.
• 채권·채무와 관련된 거래는 별도의 요구가 없는 한 반드시 기등록되어 있는 거래처코드를 선택하는 방법으로 거래처명을 입력한다.
• 제조경비는 500번대 계정코드를, 판매비와관리비는 800번대 계정코드를 사용한다.
• 회계처리 시 계정과목은 별도제시가 없는 한 등록되어 있는 계정과목 중 가장 적절한 과목으로 한다.

└───┘

[1] 7월 4일　당사가 4월 4일 원재료 매입대금으로 거래처인 성남전자에 발행하였던 어음 13,000,000원이 만기가 되어 7월 4일에 당좌수표를 발행하여 지급하였다. (3점)

[2] 8월 5일　당사는 (주)봄날의 주식 100주(액면가 @5,000원)를 900,000원에 취득하였다. 취득 시 수수료 30,000원을 포함하여 930,000원을 보통예금에서 이체하였다(단, (주)봄날의 주식은 시장성이 있으며 단기시세차익 목적이다. 하나의 전표로 처리할 것). (3점)

[3] 8월 13일　미국의 ABC MART에 수출(선적일 : 8월 3일)한 제품에 대한 외상매출금을 회수하여 원화로 당사 보통예금 계좌에 입금하였다. (3점)

┌───┐
• 외상매출금 : 10,000 $　　• 8월 3일 환율 : 1,100원/$　　• 8월 13일 환율 : 1,050원/$
└───┘

[4] 9월 10일　주주총회에서 결의된 바에 따라 유상증자를 실시하여 신주 10,000주(액면가액 1주당 1,000원)를 주당 1,500원에 발행하고, 증자와 관련하여 수수료 120,000원을 제외한 나머지 증자대금이 보통예금 계좌에 입금되었다(단, 당사는 '주식할인발행차금' 잔액 2,000,000원이 있으며, 하나의 전표로 입력할 것). (3점)

[5] 10월 15일　제조과정에 사용될 원재료 300,000원(시가 500,000원)을 공장 기계장치를 수선하는데 사용하였다(단, 기계장치의 수선은 수익적지출에 해당한다). (3점)

[6] 10월 28일　생산부서에서 새로운 기술적 지식을 얻기 위해 계획적인 탐구활동을 하면서 사용한 물품의 대금 1,000,000원을 당좌수표를 발행하여 지급하였다(단, 이는 자산 인식 조건을 충족하지 못하였다). (3점)

문제 3   다음 거래 자료를 [매입매출전표입력] 메뉴에 입력하시오. (18점)

┤ 입력 시 유의사항 ├

- 일반적인 적요의 입력은 생략하지만, 타계정 대체거래는 적요번호를 선택하여 입력한다.
- 채권·채무와 관련된 거래는 별도의 요구가 없는 한 반드시 기등록되어 있는 거래처코드를 선택하는 방법으로 거래처명을 입력한다.
- 제조경비는 500번대 계정코드를, 판매비와관리비는 800번대 계정코드를 사용한다.
- 회계처리 시 계정과목은 별도제시가 없는 한 등록되어 있는 계정과목 중 가장 적절한 과목으로 한다.
- 입력화면 하단의 분개까지 처리하고, 세금계산서 및 계산서는 전자 여부를 입력하여 반영한다.

[1] 8월 4일   매출거래처인 (주)성진상사의 대표이사 취임식 행사에 보내기 위한 화분을 (주)건우농원에서 구입하고 아래와 같이 전자계산서를 발급받았다. 대금은 전액 현금으로 지급하였다. 적절한 회계처리를 하시오. (3점)

전자계산서(공급받는자 보관용)						승인번호		20230804-2208000-10014267		
공급자	사업자등록번호	202-81-00978	종사업장번호		공급받는자	사업자등록번호	206-81-95706	종사업장번호		
	상 호(법인명)	(주)건우농원	성 명(대표자)	김건우		상 호(법인명)	(주)용문전자	성 명(대표자)		김민재
	사업장주소	서울 광진구 광장동 143-210				사업장주소	경기도 양평군 용문면 용문로 300			
	업 태	소매업	종 목	꽃, 화환		업 태	제조, 도소매	종 목		전자제품외
비 고						수정사유				
작성일자		2023.8.4.				공급가액		110,000원		
월	일	품 목	규 격	수 량	단 가		공급가액	비 고		
8	4	화 분					110,000원			
합계금액		현 금		수 표		어 음		외상미수금	이 금액을 **영수** 함	
110,000원		110,000원								

[2] 8월 16일   (주)카씽으로부터 업무용 승용차(2,000cc, 5인승, 공급가액 19,000,000원, 부가가치세 별도)를 구입하고 전자세금계산서를 발급받았으며, 대금은 전액 외상으로 하였다. (3점)

[3] 9월 25일   (주)용산으로부터 원재료A를 구입하고 전자세금계산서를 발급받았으며, 대금 중
10,000,000원은 제품을 판매하고 받아 보관 중인 (주)개포의 약속어음을 배서하여 지급
하고 잔액은 약속어음을 발행하여 지급하다. (3점)

전자세금계산서(공급받는자 보관용)						승인번호		20230925-1205500-20014255		
공급자	사업자등록번호	220-81-19591	종사업장번호			공급받는자	사업자등록번호	206-81-95706	종사업장번호	
	상호(법인명)	(주)용산	성명(대표자)	백열음			상호(법인명)	(주)용문전자	성명(대표자)	김민재
	사업장주소	서울 용산구 한강로 700					사업장주소	경기도 양평군 용문면 용문로 300		
	업태	제조, 도소매	종목	컴퓨터외			업태	제조 도소매	종목	전자제품외
	이메일						이메일			
비고						수정사유				
작성일자		2023.9.25.				공급가액		25,000,000원	세액	2,500,000원
월	일	품목	규격	수량	단가	공급가액		세액		비고
9	25	원재료A		1,000	25,000원	25,000,000원		2,500,000원		
합계금액		현금		수표		어음		외상미수금		이 금액을 영수 함
27,500,000원						27,500,000원				

[4] 10월 2일   영업부서에서 사용할 A4용지를 일반과세자인 꽃비문구센터에서 현금으로 구입하고, 다음
의 현금영수증(지출증빙)을 수령하였다(소모품비로 처리할 것). (3점)

꽃비문구센터

109-14-87811   신화영
경기 양평군 용문면 용문로 147
TEL : 3489-8076
홈페이지 http://www.kacpta.or.kr

현금(지출증빙)
거래일시 : 2023/10/02/14:06:22
거래번호 : 01-0177

상품명	수량	금액
A4용지	10 Box	250,000원
	공급가액	250,000원
	부가세	25,000원
합 계		275,000원
승인금액		275,000원

[5] 11월 18일   무역업을 영위하는 (주)케이상사에 구매확인서에 의하여 제품을 25,000,000원에 납품
하고, 영세율전자세금계산서를 발급하였다. 대금 중 10,000,000원은 동사가 발행한 당
좌수표로 받고, 나머지 잔액은 월말에 받기로 하다. (3점)

[6] 12월 11일   영업부 사무실에서 사용하던 비품인 냉장고(취득가액 3,200,000원, 처분 시 감가상각누
계액 1,600,000원)를 (주)민국에 1,000,000원(부가가치세 별도)에 처분하고 전자세금
계산서를 발급하였다. 대금은 현금으로 받았다. (3점)

문제 4 [일반전표입력] 및 [매입매출전표입력] 메뉴에 입력된 내용 중 다음과 같은 오류가 발견되었다. 입력된 내용을 확인하여 정정하시오. (6점)

[1] 8월 17일 제조공장의 창문이 파손되어 대한유리에서 수선(수익적지출)한 후 관련 회계처리를 일반전표에 입력하였다. 대금은 법인카드(신한카드)로 결제하였고, 이 거래는 부가가치세 포함 금액으로 매입세액 공제가 가능하다. (3점)

[2] 10월 15일 둘둘마트에서 선물세트 100개(공급가액 @50,000원, 부가세 별도)를 당좌예금으로 구입하여 영업부 직원에게 제공한 것으로 회계처리하였으나, 실제로는 매출거래처 직원에게 선물용으로 제공한 것으로 파악되었다(단, 둘둘마트에서 선물세트를 구입하면서 전자세금계산서를 수취하였다). (3점)

문제 5 결산정리사항은 다음과 같다. 해당 메뉴에 입력하시오. (9점)

[1] 당해 연도 8월 1일에 현금으로 받아 영업외수익인 임대료로 회계처리한 1,800,000원 중 임대기간(2023년 8월 1일 ~ 2024년 7월 31일)이 경과되지 아니한 것이 있다(단, 월할 계산하며 음수로 입력하지 말 것). (3점)

[2] 매출채권(외상매출금, 받을어음) 잔액에 대하여 1%의 대손충당금을 보충법으로 설정하다. (3점)

[3] 결산일 현재 다음과 같이 제조원가명세서와 손익계산서에 감가상각비를 계상하고자 한다. (3점)

- 기계장치(제조부) : 2,000,000원
- 차량운반구(제조부) : 3,500,000원
- 비품(영업부) : 1,000,000원

문제 6 다음 사항을 조회하여 답안을 [이론문제 답안작성] 메뉴에 입력하시오. (9점)

[1] 5월 중 영업외수익 합계금액과 영업외비용 합계금액의 차이는 얼마인가?(음수로 입력하지 말 것) (3점)

[2] 3월 중 (주)대한전자에 결제한 외상매입금은 얼마인가? (3점)

[3] 제1기 부가가치세 예정신고기간 중 면세사업수입금액은 얼마인가? (3점)

제88회 기출문제

시험일자 : 2020.2.1.
합격률 : 24.85%

회사선택 : (주)남일전자 (회사코드 2088)　　　　　정답 및 해설 p.245

이 론 시 험

다음 문제를 보고 알맞은 것을 골라 │이론문제 답안작성│ 메뉴에 입력하시오. (객관식 문항당 2점)

┤ 기본전제 ├

문제에서 한국채택국제회계기준을 적용하도록 하는 전제조건이 없는 경우 일반기업회계기준을 적용한다.

---

01 다음 거래를 회계처리함에 있어서 사용되지 않는 계정과목은?

> 비업무용 토지(장부금액 6,000,000원)를 7,000,000원에 (주)세무에 처분하고, 처분대금 50%
> 는 (주)세무가 발행한 당좌수표로, 나머지는 (주)세무가 발행한 약속어음을 받다.

① 투자부동산　　　　　　　　　② 받을어음
③ 미수금　　　　　　　　　　　④ 현금

---

02 (주)서초는 10월 25일 단기 시세차익을 목적으로 상장주식 100주를 주당 20,000원에 취득하고
수수료 200,000원 포함하여 2,200,000원을 현금 결제하였다. 기말 현재 (주)서초는 이 주식을
그대로 보유하고 있으며, 12월 31일의 공정가치는 주당 21,000원이었다. 손익계산서에 반영될
단기매매증권평가손익은 얼마인가?

① 평가이익 100,000원　　　　　② 평가이익 200,000원
③ 평가손실 100,000원　　　　　④ 평가손실 200,000원

---

03 다음 유형자산 중 감가상각 대상이 되는 항목은?

① 업무용 토지　　　　　　　　　② 건설중인자산
③ 공장 생산설비　　　　　　　　④ 영업활동에 사용하지 않는 투자부동산

04 다음은 무형자산에 대한 일반기업회계기준의 규정이다. 이 중 가장 잘못된 설명은?

① 영업권, 산업재산권, 개발비, 소프트웨어 등이 포함된다.

② 상각대상금액은 그 자산의 추정 내용연수 동안 체계적인 방법을 사용하여 비용으로 배분하여야 한다.

③ 물리적 형체는 없지만 식별가능하고 기업이 통제하고 있으며 미래 경제적 효익이 있는 화폐성자산이다.

④ 상각기간은 관계 법령이나 계약에 정해진 경우를 제외하고는 20년을 초과할 수 없다.

05 제조업을 운영하는 A회사가 기말에 외상매출금에 대한 대손충당금을 설정할 경우, 다음의 손익계산서 항목 중 변동되는 것은?

① 영업이익   ② 매출원가

③ 매출액   ④ 매출총이익

06 다음 중 기말 결산 시 계정별원장의 잔액을 차기에 이월하는 방법을 통하여 장부를 마감하는 계정과목은?

① 기부금   ② 접대비

③ 개발비   ④ 광고선전비

07 다음 중 유동성배열법에 의해 작성되는 재무상태표에 있어서 가장 먼저 표시되는 것은?

① 투자부동산   ② 임차보증금

③ 임차권리금   ④ 전세권

08 다음 중 일반기업회계기준에서 자본조정으로 분류되는 계정과목은?

① 자기주식처분이익   ② 자기주식

③ 주식발행초과금   ④ 감자차익

09 다음 원가 및 비용의 분류 중 제조원가에 해당되지 않는 거래는?

① 원재료 구입비   ② 원재료 운반차량 처분손실

③ 제품 포장설비 감가상각비   ④ 제품 생산공장 화재보험료

10 다음 자료에 의하여 당기총제조원가를 계산하면 얼마인가?

> • 기초원재료 : 100,000원   • 당기매입원재료 : 500,000원
> • 기말원재료 : 100,000원   • 직접노무비 : 3,500,000원
> • 제조간접비 : (원재료비 + 직접노무비) × 20%

① 4,020,000원   ② 4,220,000원
③ 4,300,000원   ④ 4,800,000원

11 다음 내용의 개별원가계산 절차를 순서대로 바르게 나열한 것은?

> 가. 개별작업과 관련하여 발생한 제조간접원가를 파악한다.
> 나. 제조간접원가를 원가대상에 배부하기 위해 배부기준을 선정해야 한다.
> 다. 원가계산대상이 되는 개별작업을 파악하고, 개별작업에 대한 직접원가를 계산한다.
> 라. 원가배부 기준에 따라 제조간접원가배부율을 계산하여 제조간접원가를 배부한다.

① 가 → 나 → 다 → 라   ② 다 → 가 → 나 → 라
③ 다 → 라 → 나 → 가   ④ 가 → 다 → 나 → 라

12 종합원가계산은 원가흐름에 대한 가정에 따라 완성품환산량에 차이가 있다. 이에 관한 설명 중 옳지 않은 것은?

① 평균법은 기초재공품원가와 당기투입원가를 구분하지 않고 모두 당기 발생원가로 가정한다.
② 선입선출법은 기초재공품부터 먼저 완성되고 난 후, 당기 투입분을 완성시킨다고 가정한다.
③ 기초재공품이 없을 경우 선입선출법과 평균법의 완성품환산량은 동일하다.
④ 재료비의 경우 공정초에 투입된다고 가정할 경우와 공정 전반에 걸쳐 균등하게 발생한다고 가정할 경우에 기말재공품의 완성품환산량은 차이가 없다.

13 다음 중 현행 부가가치세법의 특징에 대한 설명으로 가장 잘못된 것은?

① 일반 소비세이다.
② 국세에 해당된다.
③ 10%와 0%의 세율을 적용하고 있다.
④ 역진성의 문제를 해결하기 위하여 영세율제도를 도입하고 있다.

14 과세사업자인 (주)서초는 당사 제품인 기계장치를 공급하는 계약을 아래와 같이 체결하였다. 이 거래와 관련하여 2기 예정신고 기간의 과세표준에 포함되어야 할 공급가액은 얼마인가?

- 총판매대금 : 6,500,000원(이하 부가가치세 별도)
- 계약금(3월 15일) : 2,000,000원 지급
- 중도금(5월 15일, 7월 15일) : 1,500,000원씩 각각 지급
- 잔금(9월 30일) : 1,500,000원 지급
- 제품인도일 : 9월 30일

① 6,500,000원　　　　　　　　　② 5,000,000원

③ 3,000,000원　　　　　　　　　④ 1,500,000원

15 다음 중 부가가치세법상 세금계산서의 필요적 기재사항이 아닌 것은?

① 공급연월일　　　　　　　　　② 공급자의 등록번호와 성명 또는 명칭

③ 공급가액과 부가가치세액　　　④ 공급받는자의 등록번호

실 무 시 험

(주)남일전자는 전자제품을 제조하여 판매하는 중소기업이며, 당기(제11기) 회계기간은 2023.1.1. ~ 2023.12.31.이다. 전산세무회계 수험용 프로그램을 이용하여 다음 물음에 답하시오.

┤ 기본전제 ├

- 문제에서 한국채택국제회계기준을 적용하도록 하는 전제조건이 없는 경우, 일반기업회계기준을 적용하여 회계처리한다.
- 문제의 풀이와 답안작성은 제시된 문제의 순서대로 진행한다.

문제 1 다음은 [기초정보관리] 및 [전기분재무제표]에 대한 자료이다. 각각의 요구사항에 대하여 답하시오. (10점)

[1] [전기분손익계산서]를 검토한 결과 다음과 같은 오류가 발견되었다. 관련되는 [전기분재무제표]를 모두 수정하시오. (4점)

계정과목	틀린 금액	올바른 금액	내 용
수도광열비(815)	5,600,000원	6,500,000원	입력오류

[2] 아래의 거래처를 [거래처등록] 메뉴에 입력하시오. (3점)

코드번호	거래처명	사업자등록번호	대표자	유형
50001	(주)한진캐피탈	121-81-22407	김용수	동시
50002	(주)성우중기	131-81-25245	이판술	동시

[3] [계정과목및적요등록] 메뉴에서 511.복리후생비 계정의 대체전표 적요 3번에 '공장 직원 일본뇌염 예방접종비'을 등록하시오. (3점)

문제 2 다음 거래 자료를 [일반전표입력] 메뉴에 추가 입력하시오(일반전표입력의 모든 거래는 부가가치세를 고려하지 말 것). (18점)

─────────── 입력 시 유의사항 ───────────

- 일반적인 적요의 입력은 생략하지만, 타계정 대체거래는 적요번호를 선택하여 입력한다.
- 채권 · 채무와 관련된 거래는 별도의 요구가 없는 한 반드시 기등록되어 있는 거래처코드를 선택하는 방법으로 거래처명을 입력한다.
- 제조경비는 500번대 계정코드를, 판매비와관리비는 800번대 계정코드를 사용한다.
- 회계처리 시 계정과목은 별도제시가 없는 한 등록되어 있는 계정과목 중 가장 적절한 과목으로 한다.

[1] 7월 25일 제1기 확정신고분 부가가치세와 신용카드수수료(판관비) 350,000원을 포함하여 신용카드(비씨카드)로 납부하였다(단, 6월 30일에 적정하게 회계처리된 부가가치세관련 분개를 확인 후 회계처리할 것). (3점)

[2] 8월 20일 회사는 기업은행과 당좌차월 계약을 맺고 있으며, 현재 당좌수표 발행액은 당좌예금 예입액을 초과한 상태이다. 당일 회사는 7월 20일에 (주)토즈상사에서 외상으로 구입한 기계장치의 구입대금 18,000,000원을 당좌수표를 발행하여 지급하였으며 이는 당좌계약 한도 내의 금액이다. (3점)

[3] 9월 10일 당사의 최대주주인 김지운씨로부터 본사를 신축할 토지를 기증받았다. 토지의 공정가치는 40,000,000원이다. (3점)

[4] 10월 12일 (주)봄꽃상사의 미수금 2,000,000원이 대손처리 요건에 충족되어 당일 대손처리하기로 하였다. 대손충당금을 조회하여 회계처리하시오(단, 부가가치세는 고려하지 않는다). (3점)

[5] 11월 3일　(주)울진에 단기 대여(6개월 후 회수, 연 이자율 3%)하면서 타인발행 당좌수표 10,000,000원을 지급하였다. (3점)

[6] 11월 10일　회사 판매직 직원이 퇴직하였으며, 동 직원의 퇴직금은 8,000,000원다. 회사는 은행에 확정급여형(DB형) 퇴직연금에 가입하고 있다(단, 관련자료를 조회한 후 회계처리할 것).

(3점)

문제 3　다음 거래 자료를 [매입매출전표입력] 메뉴에 입력하시오. (18점)

─┤ 입력 시 유의사항 ├─

- 일반적인 적요의 입력은 생략하지만, 타계정 대체거래는 적요번호를 선택하여 입력한다.
- 채권·채무와 관련된 거래는 별도의 요구가 없는 한 반드시 기등록되어 있는 거래처코드를 선택하는 방법으로 거래처명을 입력한다.
- 제조경비는 500번대 계정코드를, 판매비와관리비는 800번대 계정코드를 사용한다.
- 회계처리 시 계정과목은 별도제시가 없는 한 등록되어 있는 계정과목 중 가장 적절한 과목으로 한다.
- 입력화면 하단의 분개까지 처리하고, 세금계산서 및 계산서는 전자 여부를 입력하여 반영한다.

[1] 9월 2일　(주)제주로부터 원재료 500개(공급가액 @50,000원, 부가가치세 별도)를 구입하고 전자세금계산서를 교부받았으며, 대금 중 10,000,000원은 제품을 판매하고 받아 보관 중인 (주)마포의 약속어음을 배서하여 지급하고, 잔액은 외상으로 하였다. (3점)

[2] 9월 4일　공장에서 사용하던 기계장치를 (주)민영기업에 매각하고 전자세금계산서를 발급하였다. 매각대금은 8,800,000원(부가세 포함)이며 보통예금으로 수취하였다. 동 기계장치는 취득원가가 20,000,000원이며 매각 당시 감가상각누계액은 9,000,000원이었다(매각일까지의 감가상각에 대한 회계처리는 무시하고 매각 관련 처분손익분개를 매입매출전표입력 메뉴에서 진행할 것). (3점)

[3] 10월 31일　제조부서에서 사용하기 위한 컴퓨터를 (주)프라엘전자로부터 구입하였고 대금 2,178,000원(VAT 포함)을 비씨카드로 결제하였다(단, 컴퓨터는 유형자산 계정으로 처리할 것). (3점)

[4] 11월 10일 동해상사에 제품을 판매하고 다음의 전자세금계산서를 발급하였다. 대금은 8월 1일에 수령한 계약금을 제외하고 나머지는 보통예금 계좌로 받았다. (3점)

전자세금계산서						승인번호		21058052-117266459	
공급자	사업자등록번호	131-81-35215	종사업장번호		공급받는자	사업자등록번호	130-33-68798	종사업장번호	
	상호(법인명)	(주)남일전자	성명(대표자)	남진호		상호(법인명)	동해상사	성명(대표자)	박찬종
	사업장주소	경기도 광명시 광명로 58(가학동)				사업장주소	서울시 마포구 상암동 261		
	업태	제조, 도소매	종목	전자제품		업태	도매업	종목	컴퓨터
	이메일					이메일			

작성일자	공급가액	세액	수정사유
2023.11.10.	15,000,000원	1,500,000원	
비고			

월	일	품목	규격	수량	단가	공급가액	세액	비고
11	10	전자부품		150	100,000원	15,000,000원	1,500,000원	

합계금액	현금	수표	어음	외상미수금	이 금액을 영수 함 청구
16,500,000원	16,500,000원				

[5] 12월 1일 연말 선물용으로 당사 제품인 VIP선물세트(원가 50,000원, 시가 88,000원-부가세 포함)를 매출 거래처인 (주)우진에 제공하였다. (3점)

[6] 12월 10일 회사는 일부 원재료를 수입하고 있다. 수입원재료의 통관비용을 현금 지급하고 다음의 전자세금계산서를 발급받았다. (3점)

전자세금계산서						승인번호		11058172-127266460	
공급자	사업자등록번호	229-81-28156	종사업장번호		공급받는자	사업자등록번호	131-81-35215	종사업장번호	
	상호(법인명)	(주)에이스국제운송	성명(대표자)	이신중		상호(법인명)	(주)남일전자	성명(대표자)	남진호
	사업장주소	서울 서초구 방배로 142				사업장주소	경기도 광명시 광명로 58(가학동)		
	업태	운수	종목	화물, 중개		업태	제조, 도소매	종목	전자제품
	이메일					이메일			

작성일자	공급가액	세액	수정사유
2023.12.10.	470,000원	47,000원	
비고			

월	일	품목	규격	수량	단가	공급가액	세액	비고
12	10	통관수수료				120,000원	12,000원	
12	10	운송료				350,000원	35,000원	

합계금액	현금	수표	어음	외상미수금	이 금액을 영수 함 청구
517,000원	517,000원				

문제 4 [일반전표입력] 및 [매입매출전표입력] 메뉴에 입력된 내용 중 다음과 같은 오류가 발견되었다. 입력된 내용을 확인하여 정정하시오. (6점)

[1] 10월 25일 회계처리한 세금과공과는 업무용 차량운반구의 취득세를 국민은행 보통예금 계좌이체를 통해 납부한 것이다. (3점)

[2] 11월 2일 당사 직원 박성실에 대한 단기대여금 3,000,000원은 상환기간이 2025년 9월 30일이다. (3점)

문제 5 결산정리사항은 다음과 같다. 해당 메뉴에 입력하시오. (9점)

[1] 외상매입금 계정에는 홍콩 거래처 만리상사에 대한 외화외상매입금 2,400,000원($2,000)이 계상되어 있다(회계기간 종료일 현재 적용환율 : $1당 1,180원). (3점)

[2] 매출채권(외상매출금, 받을어음) 잔액에 대하여 1%의 대손충당금을 보충법으로 설정하다. (3점)

[3] 당기에 회사가 계상할 감가상각비는 아래와 같다. (3점)

• 공장 기계장치 감가상각비 : 9,200,000원
• 제품판매 홍보용 트럭 감가상각비 : 2,100,000원

문제 6 다음 사항을 조회하여 답안을 [이론문제 답안작성] 메뉴에 입력하시오. (9점)

[1] 1월부터 6월까지 계산서를 수취한 금액은 얼마인가? (3점)

[2] 6월 중 판매비 및 관리비로 분류되는 복리후생비 중 현금으로 지급된 금액은 얼마인가? (3점)

[3] 당기(1.1 ~ 3.31)에 고정자산을 매각하고 세금계산서를 발행한 금액(공급가액)의 합계액은? (3점)

이 론 시 험

다음 문제를 보고 알맞은 것을 골라 이론문제 답안작성 메뉴에 입력하시오. (객관식 문항당 2점)

┤ 기본전제 ├

문제에서 한국채택국제회계기준을 적용하도록 하는 전제조건이 없는 경우 일반기업회계기준을 적용한다.

01 다음은 이론상 회계순환과정의 일부이다. 순서가 가장 옳은 것은?

① 수정후시산표 → 기말수정분개 → 수익·비용계정 마감 → 집합손익계정 마감 → 자산·부채·자본계정 마감 → 재무제표 작성

② 수정후시산표 → 기말수정분개 → 자산·부채·자본계정 마감 → 수익·비용계정 마감 → 집합손익계정 마감 → 재무제표 작성

③ 기말수정분개 → 수정후시산표 → 수익·비용계정 마감 → 집합손익계정 마감 → 자산·부채·자본계정 마감 → 재무제표 작성

④ 기말수정분개 → 수정후시산표 → 자산·부채·자본계정 마감 → 집합손익계정 마감 → 수익·비용계정 마감 → 재무제표 작성

02 다음 중 유가증권의 취득원가와 평가에 대한 설명으로 가장 옳지 않은 것은?

① 단기매매증권의 취득원가는 취득을 위하여 제공한 대가의 시장가격에 취득 시 발생한 부대비용을 포함한 가액으로 측정한다.

② 매도가능증권평가손익은 기타포괄손익누계액으로 재무상태표에 반영된다.

③ 유가증권 처분 시 발생하는 증권거래 수수료 등의 부대비용은 처분가액에서 차감하여 회계처리 한다.

④ 만기보유증권은 기말에 상각후원가법으로 평가한다.

03 다음 매출채권에 관한 설명 중 가장 잘못된 것은?

① 매출채권은 일반적인 상거래에서 발생한 외상매출금과 받을어음을 말한다.
② 매출채권과 관련된 대손충당금은 대손이 발생 전에 사전적으로 설정하여야 한다.
③ 매출채권은 재무상태표에 대손충당금을 표시하여 회수가능한 금액으로 표시할 수 있다.
④ 상거래에서 발생한 매출채권과 기타 채권에서 발생한 대손상각비 모두 판매비와관리비로 처리한다.

04 다음은 회계상 거래의 결합관계를 표시한 것이다. 옳지 않은 것은?

거 래	거래의 결합관계
① 대형 가습기를 150만원에 현금 구입하였다.	자산의 증가 - 자산의 감소
② 주식발행으로 2억원을 현금 조달하였다.	자산의 증가 - 자본의 증가
③ 제품을 30만원에 현금으로 매출하였다.	자산의 증가 - 비용의 감소
④ 관리부 직원의 출산 축의금 10만원을 현금 지급하였다.	비용의 발생 - 자산의 감소

05 다음 중 사채에 대한 설명으로 틀린 것은?

① 유효이자율법 적용 시 사채할인발행차금 상각액은 매년 감소한다.
② 사채할인발행차금은 당해 사채의 액면가액에서 차감하는 형식으로 기재한다.
③ 인쇄비, 수수료 등 사채발행비용은 사채의 발행가액에서 차감한다.
④ 사채할인발행차금은 유효이자율법으로 상각하고 그 금액을 사채이자에 포함한다.

06 다음 중 부채로 분류할 수 없는 계정과목은?

① 당좌차월   ② 외상매입금
③ 대손충당금   ④ 미지급비용

07 자본금 10,000,000원인 회사가 현금배당(자본금의 10%)과 주식배당(자본금의 10%)을 각각 실시하는 경우, 이 회사가 적립해야 할 이익준비금의 최소 금액은 얼마인가?(현재 재무상태표상 이익준비금 잔액은 500,000원이다)

① 50,000원   ② 100,000원
③ 150,000원   ④ 200,000원

08 다음 중 일반기업회계기준에 의한 수익인식기준으로 틀린 것은?

① 위탁판매 : 수탁자가 제3자에게 판매한 시점
② 반품조건부판매(시용판매) : 구매자가 인수를 수락한 시점 또는 반품기간의 종료시점
③ 상품권판매 : 상품권을 판매한 날
④ 할부판매 : 재화가 인도되는 시점

09 다음 중 원가에 대한 설명으로 가장 옳은 것은?

① 직접노무비는 기초원가에 포함되지만 가공원가에 포함되지는 않는다.
② 직접재료비는 기초원가와 가공원가 모두 해당된다.
③ 매몰원가는 의사결정과정에 영향을 미치는 원가를 말한다.
④ 제조활동과 직접 관련없는 판매활동과 일반관리활동에서 발생하는 원가를 비제조원가라 한다.

10 다음 자료를 기초로 당기 제품제조원가를 계산하면?

• 기초 제품재고액 : 250,000원 • 매출원가 : 840,000원 • 기말 제품재고액 : 120,000원

① 370,000원
② 710,000원
③ 960,000원
④ 1,210,000원

11 다음 중 보조부문원가 배부방법에 대한 설명으로 옳지 않은 것은?

① 상호배부법은 단계배부법에 비해 순이익을 높게 계상하는 배부방법이다.
② 보조부문원가 배부방법 중 가장 정확성이 높은 방법은 상호배부법이다.
③ 보조부문원가 배부방법 중 배부순위를 고려하여 배부하는 것은 단계배부법이다.
④ 보조부문원가 배부방법 중 직접배부법이 가장 단순한 방법이며, 배부순위도 고려하지 않는다.

12 개별원가계산과 종합원가계산의 차이점을 설명한 것 중 틀린 것은?

① 종합원가계산은 동종제품을 연속적으로 대량 생산하는 업종에 적합한 방법이다.
② 개별원가계산은 종합원가계산에 비해 제품별 정확한 원가계산이 가능하다.
③ 개별원가계산은 직접비, 간접비의 구분과 제조간접비의 배부가 중요한 방식이다.
④ 종합원가계산은 작업원가표에 의해 원가를 배부한다.

13 다음 중 부가가치세법에 대한 설명으로 옳지 않은 것은?

① 부가가치세는 일반소비세이며 간접세에 해당한다.

② 현행 부가가치세는 전단계거래액공제법을 채택하고 있다.

③ 부가가치세의 역진성을 완화하기 위하여 면세제도를 두고 있다.

④ 소비지국과세원칙을 채택하여 수출재화 등에 영세율이 적용된다.

14 다음 중 부가가치세법상 재화의 간주공급에 해당되지 않는 것은?

① 사업상 증여   ② 현물출자

③ 폐업시 잔존재화   ④ 개인적 공급

15 부가가치세법상 사업자가 행하는 다음의 거래 중 부가가치세가 과세되는 것은?

① 상가에 부수되는 토지의 임대   ② 주택의 임대

③ 국민주택 규모 이하의 주택의 공급   ④ 토지의 공급

실 무 시 험

(주)나라전자는 전자제품을 제조하여 판매하는 중소기업이며, 당기(제12기) 회계기간은 2023.1.1. ~ 2023.12.31.이다. 전산세무회계 수험용 프로그램을 이용하여 다음 물음에 답하시오.

─┤ 기본전제 ├─

• 문제에서 한국채택국제회계기준을 적용하도록 하는 전제조건이 없는 경우, 일반기업회계기준을 적용하여 회계 처리한다.

• 문제의 풀이와 답안작성은 제시된 문제의 순서대로 진행한다.

문제 1 다음은 [기초정보관리]와 [전기분재무제표]에 대한 자료이다. 각각의 요구사항에 대하여 답하시오. (10점)

[1] 전기분재무상태표에서 다음과 같은 오류를 확인하였다. 관련된 전기분재무제표를 적절히 수정하시오. (4점)

원재료 재고액은 9,500,000원이나 7,000,000원으로 잘못 입력된 것을 확인하였다.

[2] 다음 전기분 거래처별 채권잔액을 참고하여 해당 메뉴에 수정 입력하시오. (3점)

계정과목	거래처	금 액	합 계
단기대여금	(주)세움상사	5,000,000원	9,800,000원
	(주)사랑상사	4,800,000원	
외상매입금	(주)미래엔상사	2,500,000원	6,800,000원
	(주)아이필	4,300,000원	

[3] 회사가 사용하는 다음의 법인카드를 [기초정보등록]의 [거래처등록] 메뉴에서 거래처(신용카드)에 입력하시오. (3점)

- 코드번호 : 99600
- 유형 : 매입
- 카드종류(매입) : 사업용카드
- 상호 : 해피카드
- 카드번호 : 4500-1101-0052-6668

문제 2 다음 거래 자료를 [일반전표입력] 메뉴에 추가 입력하시오(일반전표입력의 모든 거래는 부가가치세를 고려하지 말 것). (18점)

┤ 입력 시 유의사항 ├

- 일반적인 적요의 입력은 생략하지만, 타계정 대체거래는 적요번호를 선택하여 입력한다.
- 채권·채무와 관련된 거래는 별도의 요구가 없는 한 반드시 기등록되어 있는 거래처코드를 선택하는 방법으로 거래처명을 입력한다.
- 제조경비는 500번대 계정코드를, 판매비와관리비는 800번대 계정코드를 사용한다.
- 회계처리 시 계정과목은 별도제시가 없는 한 등록되어 있는 계정과목 중 가장 적절한 과목으로 한다.

[1] 7월 14일 단기매매차익을 목적으로 상장회사인 (주)세무의 주식 100주를 주당 35,000원(액면가액 25,000원)에 구입하고 100주에 대한 매입수수료 5,000원을 포함하여 당사의 보통예금 계좌에서 지급하였다(매입수수료는 영업외비용으로 처리할 것). (3점)

[2] 7월 31일 (주)금호전자의 부도로 외상매출금 잔액 2,700,000원이 회수불가능하여 대손처리하였다 (단, 대손처리하기 전 재무상태표상 대손충당금잔액을 조회하여 회계처리할 것). (3점)

[3] 9월 11일 일본 홋카이상사로부터 ¥400,000을 2년 후 상환조건으로 차입하고, 대구은행의 보통예금 계좌에 예입하였다(단, 9월 11일 현재 대고객매입율은 ¥100=1,100원이고 외화의 장기차입인 경우에도 장기차입금 계정을 사용하기로 한다). (3점)

[4] 9월 25일　공장 신축용 토지를 취득하였으며, 취득대가로 당사의 주식 100주(주당 액면금액 5,000원)를 신규발행하여 교부하였다. 취득 당시 토지의 공정가치는 1,000,000원이다. (3점)

[5] 10월 2일　동아전자에 대한 외상매출금 15,000,000원에 대하여 다음의 약속어음을 배서양도 받고, 나머지 금액은 동점 발행 당좌수표로 받았다. (3점)

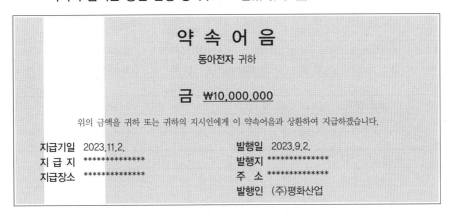

[6] 11월 14일　영업직 직원에 대한 일본뇌염 예방접종을 세계로병원에서 실시하고, 접종 비용 2,500,000원을 법인카드인 신한카드로 결제하였다(단, 미지급금으로 회계처리한다). (3점)

문제 3　다음 거래 자료를 [매입매출전표입력] 메뉴에 입력하시오. (18점)

─┤ 입력 시 유의사항 ├─

- 일반적인 적요의 입력은 생략하지만, 타계정 대체거래는 적요번호를 선택하여 입력한다.
- 채권·채무와 관련된 거래는 별도의 요구가 없는 한 반드시 기등록되어 있는 거래처코드를 선택하는 방법으로 거래처명을 입력한다.
- 제조경비는 500번대 계정코드를, 판매비와관리비는 800번대 계정코드를 사용한다.
- 회계처리 시 계정과목은 별도제시가 없는 한 등록되어 있는 계정과목 중 가장 적절한 과목으로 한다.
- 입력화면 하단의 분개까지 처리하고, 세금계산서 및 계산서는 전자 여부를 입력하여 반영한다.

[1] 8월 1일　(주)진영상사에 당사의 제품을 판매한 것과 관련된 아래의 전자세금계산서를 보고 매입매출전표입력 메뉴에 입력하시오. (3점)

전자세금계산서					승인번호			
공급자	사업자등록번호	104-81-51358	종사업장번호		공급받는자	사업자등록번호	217-81-16055	종사업장번호	
	상호(법인명)	(주)나라전자	성명(대표자)	김나라		상호(법인명)	(주)진영상사	성명(대표자)	홍진영
	사업장주소	서울특별시 강남구 강남대로 494				사업장주소	서울특별시 강남구 밤고개로1길 10		
	업태	제조, 도소매	종목	전자제품		업태	도소매	종목	컴퓨터
	이메일					이메일			

작성일자	공급가액	세액	수정사유
2023.8.1.	15,000,000	1,500,000	
비고			

월	일	품목	규격	수량	단가	공급가액	세액	비고
8	1	마이크		300	50,000	15,000,000	1,500,000	

합계금액	현금	수표	어음	외상미수금	이 금액을 영수/청구 함
16,500,000	2,200,000			14,300,000	

[2] 8월 20일　공장에서 사용할 1톤 화물차를 기현자동차로부터 구입하고 전자세금계산서를 교부받았으며, 대금은 1개월 후 지급하기로 하다. (3점)

전자세금계산서					승인번호			
공급자	사업자등록번호	137-81-56538	종사업장번호		공급받는자	사업자등록번호	104-81-51358	종사업장번호	
	상호(법인명)	(주)기현자동차	성명(대표자)	최현기		상호(법인명)	(주)나라전자	성명(대표자)	김나라
	사업장주소	서울 영등포구 여의로길 23				사업장주소	서울특별시 강남구 강남대로 494		
	업태	제조, 판매	종목	자동차		업태	제조, 도소매	종목	전자제품
	이메일					이메일			

작성일자	공급가액	세액	수정사유
2023.8.20.	19,000,000	1,900,000	
비고			

월	일	품목	규격	수량	단가	공급가액	세액	비고
8	20	화물차				19,000,000	1,900,000	

합계금액	현금	수표	어음	외상미수금	이 금액을 영수/청구 함
20,900,000				20,900,000	

[3] 10월 10일 공장 신축을 위해 (주)방배로부터 건물이 있는 토지를 취득하였으며 토지가액은 10,000,000원, 건물가액은 1,000,000원(부가세 별도)이다. 건물 취득에 대하여 전자세금계산서를 수취하고 대금은 당좌수표를 발행하여 결제하였으며 동 건물은 철거예정이다 (단, 전자세금계산서 수취분에 대해서만 매입매출전표에 입력하고 분개할 것). (3점)

[4] 10월 18일 영업부서에서 사용할 소모성 물품을 일반과세자인 (주)슬라임에서 현금으로 구입하고, 다음의 현금영수증(지출증빙)을 수령하였다(단, 자산으로 처리할 것). (3점)

(주)슬라임
208-81-56451   최서우
서울 송파구 문정동 99-2   TEL : 3489-8076
현금(지출증빙)
구매 2023/10/18/14:06   거래번호 : 0029-0177

상품명	수량	금액
물품대	10	55,000원
	과세물품가액	50,000원
	부 가 세	5,000원
합 계		55,000원
받은금액		55,000원

[5] 11월 2일 (주)정연에 수출관련 구매확인서에 근거하여 제품(공급가액 : 22,000,000원)을 공급하고 영세율전자세금계산서를 발급하였다. 기수령한 계약금 3,000,000원을 제외한 대금은 외상으로 하였다. (3점)

[6] 11월 28일 영업부에서 매출 거래처 접대목적으로 제공할 물품을 (주)동양마트에서 300,000원(부가가치세 별도, 전자세금계산서 교부받음)에 구입하고 대금은 현금으로 지급하였다. (3점)

전자세금계산서						승인번호			
공급자	사업자등록번호	105-81-23608	종사업장번호		공급받는자	사업자등록번호	104-81-51358	종사업장번호	
	상 호 (법인명)	(주)동양마트	성 명 (대표자)	박동양		상 호 (법인명)	(주)나라전자	성 명 (대표자)	김나라
	사업장주소	대구시 수성구 대흥동 21				사업장주소	서울특별시 강남구 강남대로 494		
	업 태	도소매	종 목	식품 등		업 태	제조/도소매업	종 목	전자제품
	이메일					이메일			

작성일자	공급가액	세 액	비 고			
2023.11.28.	300,000	30,000				

월	일	품 목	규 격	수 량	단 가	공급가액	세 액	비 고
11	28	음료 등				300,000	30,000	

합계금액	현 금	수 표	어 음	외상미수금	이 금액을 **청구** 함
330,000	330,000				

문제 4 [일반전표입력] 및 [매입매출전표입력] 메뉴에 입력된 내용 중 다음과 같은 오류가 발견되었다. 입력된 내용을 확인하여 정정하시오. (6점)

[1] 11월 10일 업무에 사용 중인 공장화물차에 대해 (주)오일정유에서 주유하면서 330,000원(부가세 포함)을 법인카드(축협카드)로 결제하였다. 회계담당자는 매입매출전표입력에서 매입세액을 공제받지 못한 것으로 처리하였다. (3점)

[2] 11월 23일 회사는 확정급여형(DB형)퇴직연금에 가입하고, 11월 23일 처음으로 당월 분 퇴직연금 1,500,000원을 보통예금에서 지급하였다. 회사가 은행에 지급한 퇴직연금에 대해서 아래와 같이 회계처리하였다. (3점)

(차) 퇴직급여(판매관리비)	1,500,000원	(대) 보통예금	1,500,000원

문제 5 결산정리사항은 다음과 같다. 해당 메뉴에 입력하시오. (9점)

[1] 결산일 현재 당기에 계상 될 감가상각비는 다음과 같다. (3점)

- 기계장치 감가상각비(생산부) : 2,000,000원
- 비품 감가상각비(영업부) : 450,000원
- 개발비 상각비 : 300,000원

[2] 당기 법인세비용은 12,500,000원이다. 기중에 납부한 중간예납세액 및 원천징수세액이 6,000,000원이 있다. (3점)

[3] 매출채권(외상매출금, 받을어음) 잔액에 대하여 보충법을 사용하여 대손충당금을 설정한다(단, 대손설정률은 1%이라고 가정한다). (3점)

문제 6 다음 사항을 조회하여 답안을 [이론문제 답안작성] 메뉴에 입력하시오. (9점)

[1] 1기 확정(4월 ~ 6월) 부가가치세 신고기간 중 카드로 매출된 공급대가는 얼마인가? (3점)

[2] 1기 확정(4월 ~ 6월) 부가가치세 신고기간 중 신용카드로 매입한 사업용고정자산의 금액은 얼마인가? (3점)

[3] 6월 말 차량운반구의 장부금액은 얼마인가? (3점)

제83회 기출문제

시험일자 : 2019.4.6.
합격률 : 33.66%

회사선택 : (주)용인전자 (회사코드 2083)　　　　　　정답 및 해설 p.254

이 론 시 험

다음 문제를 보고 알맞은 것을 골라 이론문제 답안작성 메뉴에 입력하시오. (객관식 문항당 2점)

┤ 기본전제 ├

문제에서 한국채택국제회계기준을 적용하도록 하는 전제조건이 없는 경우 일반기업회계기준을 적용한다.

01 다음 중 재무상태표의 명칭과 함께 기재해야하는 사항이 아닌 것은?

① 기업명　　　　　　　　　　　② 보고기간종료일
③ 금액단위　　　　　　　　　　④ 회계기간

02 다음 중 현금및현금성자산으로 분류되는 금액은?

> • 수입인지 : 50,000원
> • 우 표 : 50,000원
> • 배당금지급통지표 : 50,000원
> • 만기 120일 양도성예금증서 : 200,000원
> • 선일자수표 : 100,000원
> • 타인발행 자기앞수표 : 100,000원

① 100,000원　　　　　　　　　② 150,000원
③ 200,000원　　　　　　　　　④ 250,000원

03 다음 중 자본조정 항목이 아닌 것은?

① 자기주식처분손실　　　　　　② 감자차손
③ 주식발행초과금　　　　　　　④ 자기주식

04 다음 중 무형자산에 대한 설명으로 옳지 않은 것은?

① 무형자산을 최초로 인식할 때에는 원가로 측정한다.
② 내부적으로 창출한 무형자산의 창출과정은 연구단계와 개발단계로 구분한다.
③ 무형자산의 상각기간은 독점적, 배타적인 권리를 부여하고 있는 관계 법령이나 계약에 정해진 경우를 제외하고는 20년을 초과할 수 없다.
④ 무형자산을 창출하기 위한 과정을 연구단계와 개발단계로 구분할 수 없는 경우에는 모두 개발단계에서 발생한 것으로 본다.

05 다음 자료를 이용하여 외상매입금의 기초잔액을 계산하면 얼마인가?

- 외상매입금 지급액 : 5,000,000원
- 기말 외상매입금 : 1,400,000원
- 외상매입금 순매입액 : 4,000,000원
- 외상매입금 총매입액 : 4,200,000원

① 1,200,000원   ② 1,400,000원
③ 1,500,000원   ④ 2,400,000원

06 다음 거래를 분개할 때 사용되지 않은 계정과목은?

비업무용 토지를 7,000,000원에 구입하였다. 먼저 지급한 계약금 700,000원을 차감한 잔액 중 50%는 타사가 발행한 당좌수표로, 나머지는 약속어음을 발행하여 지급하다.

① 선급금   ② 지급어음
③ 미지급금   ④ 현 금

07 다음의 회계거래 중에서 자본총액에 변동이 없는 것은?

① 유상증자를 실시하다.
② 현금배당을 주주총회에서 결의하다.
③ 발행주식 중 일부를 유상으로 소각하다.
④ 결의했던 현금배당을 지급하다.

08 다음은 (주)한국이 당기(1기)에 구입하여 보유하고 있는 단기매매증권이다. 당기(1기)말에 단기매매증권 평가가 당기손익에 미치는 영향은 얼마인가?

종 류	액면가액	취득가액	공정가액
(주)한강	100,000원	200,000원	150,000원
(주)금강	200,000원	150,000원	200,000원

① 없 음

② 이익 50,000원

③ 손실 50,000원

④ 이익 100,000원

09 다음에서 설명하고 있는 원가행태는 무엇인가?

> 특정범위의 조업도 수준(관련범위)에서는 일정한 금액이 발생하지만, 관련범위를 벗어나면 원가총액이 일정액만큼 증가 또는 감소하는 원가를 말한다.

① 준변동비(준변동원가) ② 변동비(변동원가)

③ 고정비(고정원가) ④ 준고정비(준고정원가)

10 다음은 보조부문원가를 제조부문에 배부하는 내용이다. 무엇에 대한 설명인가?

> 보조부문원가를 보조부문의 배부순서를 정하여 한 번만 다른 보조부문과 제조부문에 배부한다.

① 직접배부법 ② 단계배부법

③ 상호배분법 ④ 개별배부법

11 종합원가계산방법과 개별원가계산방법에 대한 내용으로 가장 올바르지 않은 것은?

	구 분	종합원가계산방법	개별원가계산방법
①	핵심과제	완성품환산량 계산	제조간접비 배분
②	업 종	식품, 제조업 등	조선업 등
③	원가집계	개별작업별 집계	공정 및 부문별 집계
④	장 점	경제성 및 편리함	정확한 원가계산

12 다음 자료를 활용하여 평균법에 의한 재료비와 가공비의 완성품환산량을 계산하면 얼마인가?

> - 기초재공품 : 700개(완성도 30%)
> - 당기착수량 : 1,500개
> - 당기완성품 : 1,700개
> - 기말재공품 : 500개(완성도 50%)
> - 재료는 공정초에 전량 투입되고, 가공비는 공정전반에 걸쳐 균등하게 투입된다.

① 재료비 2,200개, 가공비 1,950개
② 재료비 2,200개, 가공비 1,990개
③ 재료비 1,740개, 가공비 1,950개
④ 재료비 1,740개, 가공비 1,990개

13 다음 중 부가가치세법상 재화 공급의 특례에 해당하는 간주공급으로 볼 수 없는 것은?

① 폐업 시 잔존재화
② 사업을 위한 거래처에 대한 증여
③ 사업용 기계장치의 양도
④ 과세사업과 관련하여 취득한 재화를 면세사업에 전용하는 재화

14 다음 중 부가가치세 면세대상이 아닌 것은?

① 항공법에 따른 항공기에 의한 여객운송 용역의 공급
② 수돗물의 공급
③ 토지의 공급
④ 연탄의 공급

15 다음 중 부가가치세법상 세금계산서에 대한 설명으로 가장 옳지 않은 것은?

① 법인사업자 및 개인사업자는 반드시 전자세금계산서를 발급하여야 한다.
② 전자세금계산서의 발급기한은 다음 달 10일까지 가능하다.
③ 전자세금계산서는 발급일의 다음 날까지 전자세금계산서 발급명세를 국세청장에게 전송하여야 한다.
④ 수입세금계산서는 세관장이 수입자에게 발급한다.

실 무 시 험

(주)용인전자는 전자제품을 제조하여 판매하는 중소기업이며, 당기(제12기) 회계기간은 2023.1.1. ~ 2023.12.31.이다. 전산세무회계 수험용 프로그램을 이용하여 다음 물음에 답하시오.

┤ 기본전제 ├

• 문제에서 한국채택국제회계기준을 적용하도록 하는 전제조건이 없는 경우, 일반기업회계기준을 적용하여 회계 처리한다.
• 문제의 풀이와 답안작성은 제시된 문제의 순서대로 진행한다.

문제 1 다음은 [기초정보관리]에 대한 자료이다. 각각의 요구사항에 대하여 답하시오. (10점)

[1] 다음 자료를 보고 [거래처등록] 메뉴에서 등록하시오. (3점)

• 거래처명 : (주)한국식품(거래처코드 : 03022)
• 대표자 : 김한국
• 유형 : 동시
• 사업자등록번호 : 610-85-20213
• 업태 : 제조
• 종목 : 라면류
• 사업장주소 : 서울특별시 서초구 명달로 105
※ 주소입력 시 우편번호 입력은 생략해도 무방함

[2] 거래처별초기이월 채권과 채무 잔액에 있어서 다음과 같은 차액이 발생하였다. 적절하게 수정하시오. (3점)

계정과목	거래처	수정 전 잔액	수정 후 잔액
단기대여금	(주)대구	4,540,000원	5,450,000원
선급금	(주)천안	8,500,000원	5,800,000원
단기차입금	(주)부안	13,500,000원	15,300,000원

[3] 전기분 결산사항을 검토한 결과 다음과 같은 입력누락이 발견되었다. [전기분손익계산서], [전기분잉여금처분계산서], [전기분재무상태표] 중 관련된 부분을 수정하시오. (4점)

차 변		대 변	
계정과목	금 액	계정과목	금 액
선급비용	1,100,000원	보험료(판)	1,100,000원

문제 2 다음 거래 자료를 [일반전표입력] 메뉴에 추가 입력하시오(일반전표입력의 모든 거래는 부가가치세를 고려하지 말 것). (18점)

┤ 입력 시 유의사항 ├

- 일반적인 적요의 입력은 생략하지만, 타계정 대체거래는 적요번호를 선택하여 입력한다.
- 채권·채무와 관련된 거래는 별도의 요구가 없는 한 반드시 기등록되어 있는 거래처코드를 선택하는 방법으로 거래처명을 입력한다.
- 제조경비는 500번대 계정코드를, 판매비와관리비는 800번대 계정코드를 사용한다.
- 회계처리 시 계정과목은 별도제시가 없는 한 등록되어 있는 계정과목 중 가장 적절한 과목으로 한다.

[1] 7월 19일 매출거래처 (주)대도상사의 외상매출금 22,000,000원이 당사의 보통예금 계좌에 입금되었다. (3점)

[2] 8월 10일 영업관리직 사원에 대한 확정급여형(DB형) 퇴직연금에 가입하고, 8월분 퇴직연금 9,800,000원을 당사 보통예금에서 이체하여 납부하였다. (3점)

[3] 9월 25일 (주)참길무역에서 발행한 채권(만기는 2025년 5월 31일이고, 시장성은 없다)을 만기까지 보유할 목적으로 당좌수표를 발행하여 20,000,000원에 취득하였다. 또한, 채권을 취득하는 과정에서 발생한 수수료 100,000원은 보통예금에서 지급하였다(단, 하나의 전표로 입력할 것). (3점)

[4] 10월 5일 지난 달 급여 지급 시 원천징수했던 소득세 153,870원을 보통예금에서 이체 납부하였다. (3점)

[5] 11월 12일 제품을 판매하고 (주)대전으로부터 받은 약속어음 5,000,000원을 만기 전에 광주은행에 할인하고 할인료 50,000원을 차감한 후 보통예금 계좌로 이체받았다(단, 매각거래로 처리한다). (3점)

[6] 11월 15일 창고에 보관 중인 제품 1대(원가 1,000,000원)를 판매직 직원의 복리후생 목적으로 무상 제공하다. (3점)

문제 3 다음 거래 자료를 [매입매출전표입력] 메뉴에 입력하시오. (18점)

┤ 입력 시 유의사항 ├

- 일반적인 적요의 입력은 생략하지만, 타계정 대체거래는 적요번호를 선택하여 입력한다.
- 채권·채무와 관련된 거래는 별도의 요구가 없는 한 반드시 기등록되어 있는 거래처코드를 선택하는 방법으로 거래처명을 입력한다.
- 제조경비는 500번대 계정코드를, 판매비와관리비는 800번대 계정코드를 사용한다.
- 회계처리 시 계정과목은 별도제시가 없는 한 등록되어 있는 계정과목 중 가장 적절한 과목으로 한다.
- 입력화면 하단의 분개까지 처리하고, 세금계산서 및 계산서는 전자 여부를 입력하여 반영한다.

[1] 7월 15일 상원상사에 제품을 판매하고 다음과 같이 전자세금계산서를 발급하였다(단, 상원상사가 발행한 어음의 만기일은 3개월 이내이다). (3점)

전자세금계산서(공급자 보관용)

| | 승인번호 | 0715-51050067-62367242 |

공급자						공급받는자				
사업자등록번호	141-81-08831	종사업장번호				사업자등록번호	203-01-23142	종사업장번호	
상호(법인명)	(주)용인전자	성명(대표자)	이현지			상호(법인명)	상원상사	성명(대표자)	김서니
사업장주소	서울시 송파구 법원로 11길 11					사업장주소	서울시 영등포구 양평로 5, 성원빌딩		
업태	제조, 도소매	종목	전자제품			업태	도매업	종목	컴퓨터
이메일						이메일			

작성일자	공급가액	세액	수정사유		
2023.7.15.	12,000,000원	1,200,000원			
비고					

월	일	품목	규격	수량	단가	공급가액	세액	비고
7	15	전자부품				12,000,000원	1,200,000원	

합계금액	현금	수표	어음	외상미수금	이 금액을 영수/청구 함
13,200,000원	1,200,000원		12,000,000원		

[2] 7월 25일 중국 라이라이 회사에 제품 1,000개(단가 $100)를 직접 수출하고 대금은 외상으로 하였다(단, 선적일인 7월 25일의 적용환율은 1,200원/$이다). (3점)

[3] 8월 25일 당사가 소유한 토지의 형질변경을 위해 은희건축사사무소에 1,500,000원(부가가치세 별도)의 수수료를 전액 보통예금으로 지급하고 전자세금계산서를 발급받았다. (3점)

[4] 9월 5일 영업부에서 사용하는 업무용 승용차(998cc)의 주유비 110,000원(부가가치세 포함)을 알뜰주유소에서 현금결제하고 현금영수증(지출증빙용)을 발급받았다(알뜰주유소는 일반과세사업자이다). (3점)

[5] 10월 2일 약수나라에 제품을 비씨카드로 판매하고 다음과 같이 신용카드매출전표를 발행하였다. (3점)

카드종류		거래종류	결제방법
비씨카드		신용구매	일시불
회원번호(Card No)		취소시 원거래일자	
6250-0304-4156-5955			
유효기간		거래일시	품 명
/		2023.10.2. 12:33	
전표제출		금 액/AMOUNT	1,500,000원
		부가세/VAT	150,000원
전표매입사		봉사료/TIPS	
		합 계/TOTAL	1,650,000원
거래번호		승인번호/(Approval No.) 30017218	
가맹점	(주)용인전자		
대표자	이현지	TEL	02-3456-7890
가맹점번호	234567	사업자번호	141-81-08831
주 소	서울시 송파구 법원로 11길 11		
		서명(Signature) 약수	

[6] 11월 22일 수출용 제품생산에 필요한 원재료(공급가액 23,000,000원)를 (주)부산으로부터 내국신용장에 의하여 외상 매입하고 영세율전자세금계산서를 발급받았다. (3점)

문제 4 [일반전표입력] 및 [매입매출전표입력] 메뉴에 입력된 내용 중 다음과 같은 오류가 발견되었다. 입력된 내용을 확인하여 정정하시오. (6점)

[1] 10월 24일 영업부서에서 사용할 마우스 등을 해신컴퓨터에서 현금 55,000원(부가가치세 포함)에 구입하고 일반전표에 입력하였으나, 지출증빙용 현금영수증을 발급받았음이 확인되었다 (단, 계정과목은 소모품으로 할 것). (3점)

[2] 11월 29일 이자수익 1,000,000원 중 원천징수세액(원천징수세율은 15.4%로 가정)을 제외한 나머지 금액이 보통예금으로 입금되어 입금된 금액에 대해서만 회계처리하였다(단, 기업에서는 원천징수세액을 자산으로 처리하고 있다). (3점)

문제 5 결산정리사항은 다음과 같다. 해당 메뉴에 입력하시오. (9점)

[1] 기말 현재 (12월 31일) 임대료(영업외수익) 관련 기간 경과분이 있다. 5월 1일 (주)전주로부터 1년분 (2023.5.1. ~ 2024.4.30.) 임대료 7,200,000원을 수취하면서 전부 부채로 처리하였으며, 월할 계산하시오. (3점)

[2] 기말 외상매출금 중에는 영국 브리티시 기업의 외화로 계상된 외상매출금 130,000,000원 ($100,000)이 포함되어 있다(결산일 현재 적용환율 : 1,280원/$). (3점)

[3] 결산일 현재 다음과 같이 판매비와관리비에 반영할 감가상각비를 각각 계상하고자 한다. (3점)

> • 건물 : 3,500,000원 • 차량운반구 : 12,000,000원 • 비품 : 3,300,000원

문제 6 다음 사항을 조회하여 답안을 [이론문제 답안작성] 메뉴에 입력하시오. (9점)

[1] (주)문정유통에 대한 외상매출금 중 상반기(1월 ~ 6월)에 회수한 금액의 합계액은 얼마인가? (3점)

[2] 1월에서 6월 중 수수료비용(판)이 가장 크게 발생한 월과 금액은 얼마인가? (3점)

[3] 1기 확정 부가가치세 신고기간(4월 ~ 6월) 매출 중 영세율세금계산서 공급가액의 합계액은 얼마인가? (3점)

09

엄선기출

제69회 기출문제

시험일자 : 2019.12.4.
합격률 : 31.86%

회사선택 : (주)현재전자 (회사코드 2069)

정답 및 해설 p.259

이 론 시 험

다음 문제를 보고 알맞은 것을 골라 이론문제 답안작성 메뉴에 입력하시오. (객관식 문항당 2점)

─┤ 기본전제 ├─

문제에서 한국채택국제회계기준을 적용하도록 하는 전제조건이 없는 경우 일반기업회계기준을 적용한다.

01 다음 중 재고자산의 가격결정과 관련하여 성격이 다른 항목은?

① 선입선출법
② 계속기록법
③ 총평균법
④ 후입선출법

02 다음 자료를 이용하여 유형자산에 대한 감가상각을 실시하는 경우 연수합계법에 의한 3차년도말 현재의 장부금액(장부가액)으로 맞는 것은?

- 기계장치 취득원가 : 50,000,000원(1월 1일 취득)
- 내용연수 : 5년
- 잔존가치 : 취득원가의 10%
- 정률법 상각률 : 0.45

① 8,318,750원
② 10,000,000원
③ 14,000,000원
④ 23,000,000원

03 다음 중 유동자산과 투자자산에 속하는 유가증권의 처분과 평가시 발생(증감)할 수 있는 것으로 틀린 것은?

① 손익의 발생
② 자산의 증감
③ 부채의 증감
④ 자본의 증감

04 다음 중 기업회계기준에 의한 매출의 수익인식시기로 틀린 것은?

① 용역매출 및 예약매출 : 진행기준
② 상품 및 제품매출 : 판매기준(인도한 날)
③ 시용매출 : 매입자가 매입의사를 표시한 날
④ 위탁매출 : 수탁자가 위탁품을 넘겨 받은 날

05 다음은 재무상태표의 기본구조에 대한 설명이다. 틀린 것은?

① 자산과 부채는 유동성이 작은 항목부터 배열하는 것을 원칙으로 한다.
② 자산은 유동자산과 비유동자산으로 구분한다.
③ 비유동자산은 투자자산, 유형자산, 무형자산 및 기타 비유동자산으로 구분한다.
④ 자본은 자본금, 자본잉여금, 자본조정, 기타포괄손익누계액 및 이익잉여금(또는 결손금)으로 구분한다.

06 다음 중 회계순환과정의 순서가 가장 올바른 것은?

① 거래식별 → 전기 → 분개 → 수정전시산표 작성 → 기말 수정분개
② 수정전시산표 작성 → 수익·비용계정의 마감 → 수정후시산표 작성 → 기말 수정분개 → 집합손익계정의 마감 → 자산·부채·자본계정의 마감 → 재무제표 작성
③ 수정후시산표 작성→기말 수정분개 → 자산·부채·자본계정의 마감 → 집합손익계정의 마감 → 수익·비용계정의 마감→재무제표 작성
④ 기말 수정분개 → 수정후시산표 작성 → 수익·비용계정의 마감 → 집합손익계정의 마감 → 자산·부채·자본계정의 마감 → 재무제표 작성

07 (주)굿패션은 대손충당금을 보충법에 의해 설정하고 있으며 매출채권 잔액의 1%로 설정하고 있다. 기말 재무상태표상 매출채권의 순장부가액은 얼마인가?

매출채권	(단위 : 원)			대손충당금	(단위 : 원)	
기 초	50,000	회수 등	200,000	대 손	8,000	기 초	10,000
발 생	500,000					

① 346,500원
② 347,000원
③ 347,500원
④ 348,500원

08 다음 합계잔액시산표상 A, B, C에 들어갈 금액의 합은?

차 변		계정과목	대 변	
잔 액(원)	합 계(원)		합 계(원)	잔 액(원)
10,000	(A)	현 금	240,000	
20,000	(B)	외상매출금	310,000	
	110,000	외상매입금	(C)	10,000
		자본금	500,000	500,000
250,000	250,000	여비교통비		
		이자수익	110,000	110,000

① 560,000원 ② 620,000원
③ 680,000원 ④ 700,000원

09 다음 중 원가에 대한 설명으로 가장 틀린 것은?

① 원가란 재화나 용역을 얻기 위하여 희생된 경제적 자원이다.
② 매몰원가란 경영자가 통제할 수 없는 과거의 의사결정으로 발생한 원가이다.
③ 추적가능한 원가를 직접비라 한다.
④ 직접재료원가와 직접노무원가를 합쳐 가공원가라 한다.

10 다음 중 보조부문원가의 배부방법에 대한 설명으로 옳지 않은 것은?

① 상호배부법은 보조부문 간의 용역제공을 모두 고려하는 가장 정확한 방법이나, 계산과정이 복잡한 단점이 있다.
② 단계배부법은 보조부문의 우선순위가 결정되어야 하며, 배분결과가 오히려 직접배부법보다 왜곡되는 경우도 발생할 수 있다.
③ 직접배부법은 보조부문의 자가용역도 고려하여 일차적으로 배분후 제조부문으로 다시 배분하는 방법이다.
④ 일반적으로 원가배부는 인과관계에 따라 배부하는 것이 가장 합리적이다.

11 평균법으로 종합원가계산을 하고 있다. 기말재공품은 200개(재료비는 공정초기에 모두 투입되고, 가공비는 70%를 투입)이며 만일 완성품환산량 단위당 재료비와 가공비가 각각 350원, 200원이라면 기말재공품의 원가는 얼마인가?

① 96,000원 ② 98,000원
③ 100,000원 ④ 102,000원

12 다음 자료에 의하면 당기 총제조원가는 얼마인가?

• 기초원가 : 1,500,000원	• 직접노무비 : 600,000원
• 간접노무비 : 200,000원	• 공장세금과공과 : 150,000원
• 공장임차료 : 150,000원	• 기계감가상각비 : 100,000원
• 공장전력비 : 100,000원	

① 2,000,000원   ② 2,200,000원

③ 2,600,000원   ④ 3,100,000원

13 다음 중 부가가치세 매입세액으로 공제되는 것은?

① 기계부품 제조업자가 원재료를 매입하고 신용카드매출전표를 수취한 경우
② 농산물(배추) 도매업자가 운송용 트럭을 매입하는 경우
③ 거래처에 접대하기 위하여 선물을 매입하는 경우
④ 비사업자로부터 원재료를 매입하면서 세금계산서 등을 수취하지 않은 경우

14 다음 자료에 의하여 부가가치세신고서상 일반과세사업자가 납부해야 할 부가가치세 금액은?

• 전자세금계산서 교부에 의한 제품매출액 : 28,050,000원(공급대가)
• 지출증빙용 현금영수증에 의한 원재료 매입액 : 3,000,000원(부가가치세 별도)
• 신용카드에 의한 제품운반용 소형화물차 구입 : 15,000,000원(부가가치세 별도)
• 신용카드에 의한 매출거래처 선물구입 : 500,000원(부가가치세 별도)

① 700,000원   ② 750,000원

③ 955,000원   ④ 1,050,000원

15 다음 중 부가가치세법상 면세대상에 해당하지 않는 것은?

① 시내버스의 여객운송용역
② 대통령령으로 정하고 있는 교육용역
③ 수집용 우표
④ 미가공 식료품

실 무 시 험

(주)현재전자는 전자부품을 제조하여 판매하는 중소기업이며, 당기(제17기) 회계기간은 2023.1.1. ~ 2023.12.31.이다. 전산세무회계 수험용 프로그램을 이용하여 다음 물음에 답하시오.

┤ 기본전제 ├

- 문제에서 한국채택국제회계기준을 적용하도록 하는 전제조건이 없는 경우, 일반기업회계기준을 적용하여 회계처리한다.
- 문제의 풀이와 답안작성은 제시된 문제의 순서대로 진행한다.

문제 1 다음은 [기초정보관리]에 대한 자료이다. 각각의 요구사항에 대하여 답하시오. (10점)

[1] 당사는 인테리어 지급비용을 시설장치로 등록하고자 한다. 이를 위해 다음과 같이 계정과목을 추가하시오. (3점)

- 코드 : 217
- 성격 : 1.상각
- 계정과목 : 시설장치
- 현금적요 : 1.인테리어대금 현금지급

[2] 전기분원가명세서(제조)에 입력된 내용 중 수선비가 2,300,000원이 아니라 3,200,000원이고 차량유지비가 3,200,000원이 아니고 2,300,000원이다. 이를 수정하여 입력하시오. (4점)

[3] 다음 내역을 [거래처 등록] 메뉴에 등록하시오. (3점)

- 코드 : 00218
- 유형 : 동시
- 대표자명 : 한주미
- 거래처명 : (주)주미전자
- 사업자번호 : 125-81-12518

문제 2 다음 거래 자료를 [일반전표입력] 메뉴에 추가 입력하시오(일반전표입력의 모든 거래는 부가가치세를 고려하지 말 것). (18점)

┤ 입력 시 유의사항 ├

- 일반적인 적요의 입력은 생략하지만, 타계정 대체거래는 적요번호를 선택하여 입력한다.
- 채권·채무와 관련된 거래는 별도의 요구가 없는 한 반드시 기등록되어 있는 거래처코드를 선택하는 방법으로 거래처명을 입력한다.
- 제조경비는 500번대 계정코드를, 판매비와관리비는 800번대 계정코드를 사용한다.
- 회계처리 시 계정과목은 별도제시가 없는 한 등록되어 있는 계정과목 중 가장 적절한 과목으로 한다.

[1] 8월 27일 영업부 임직원의 안정적인 퇴직금 지급을 위해 제일금융에 확정급여형(DB) 퇴직연금에 가입하고, 9,500,000원을 당사 보통예금 계좌에서 이체하였다. 이 금액 중 100,000원은 운용에 따른 수수료비용이다. (3점)

[2] 9월 11일 상품 매입에 따른 택배요금을 다음의 증빙과 같이 우체국에 현금으로 지급하였다. (3점)

```
발 행 번 호  :  A2023014162706476041

              우편요금 수령증
- - - - - - - - - - - - - - - - - - - - - - - - - - - - -
발 행 일 자  :  2023-09-11
배 달 일 자  :  2023-09-11
수 취 인 명  :
주      소  :
영 수 금 액  :  430,000원
등 기 번 호  :  7899608
수 납 내 역
– 수취부담  :  430,000원
– 반 송 료  :  0원
– 우표첩부  :  0원
*수납대행  :  0원
- - - - - - - - - - - - - - - - - - - - - - - - - - - - -
              서초우체국
           2023-09-11 14:23
- - - - - - - - - - - - - - - - - - - - - - - - - - - - -
올바른 우편번호 사용은 우편물을 빠르고 정확하
게 받으실 수 있습니다.
```

[3] 9월 19일 유전기업에서 원재료 4,000,000원을 구입하면서 계약금으로 지급한 400,000원을 차감한 잔액을 약속어음(3개월 만기)으로 발행하여 지급하다. (3점)

[4] 10월 1일 (주)영리한의 외상매출금 중 10,000,000원은 자기앞수표로 받고, 5,000,000원은 신한은행 보통예금 계좌로 이체받았다. (3점)

[5] 10월 31일 매출처 (주)대현전자의 부도로 외상매출금 잔액 2,000,000원이 회수불가능하여 대손처리하였다. 대손처리하기 전 재무상태표상 대손충당금잔액은 500,000원이다. (3점)

[6] 11월 17일 제품 1개(원가 : 300,000원)를 매출거래처에 견본품으로 무상 제공하였다(견본비 계정으로 처리할 것). (3점)

문제 3 | 다음 거래 자료를 [매입매출전표입력] 메뉴에 입력하시오. (18점)

┤ 입력 시 유의사항 ├

- 일반적인 적요의 입력은 생략하지만, 타계정 대체거래는 적요번호를 선택하여 입력한다.
- 채권·채무와 관련된 거래는 별도의 요구가 없는 한 반드시 기등록되어 있는 거래처코드를 선택하는 방법으로 거래처명을 입력한다.
- 제조경비는 500번대 계정코드를, 판매비와관리비는 800번대 계정코드를 사용한다.
- 회계처리 시 계정과목은 별도제시가 없는 한 등록되어 있는 계정과목 중 가장 적절한 과목으로 한다.
- 입력화면 하단의 분개까지 처리하고, 세금계산서 및 계산서는 전자 여부를 입력하여 반영한다.

[1] 9월 23일 공장에서 사용하는 화물차에 대한 부품을 소망자동차에서 550,000원(부가가치세 포함)에 구입하고, 전자세금계산서를 교부받았다. 대금결제는 다음 달에 하기로 하였으며, 차량유지비로 처리한다. (3점)

전자세금계산서

					승인번호		132428782128			
공 급 자	사업자등록 번호	127-02-66484	종사업장 번호		공 급 받 는 자	사업자등록 번호	130-81-56444	종사업장 번호		
	상 호 (법인명)	소망자동차	성 명 (대표자)	김수연		상 호 (법인명)	(주)현재전자	성 명 (대표자)	김진수	
	사업장주소	서울 강북구 4.19로 23길 37-6				사업장주소	경기도 부천시 원미구 소향로 119			
	업 태	서비스	종 목	차량정비		업 태	제조/도소매	종 목	전자부품	
	이메일					이메일				

작성일자	공급가액	세 액	수정사유			
2023.9.23.	500,000	50,000				
비 고						

월	일	품 목	규 격	수 량	단 가	공급가액	세 액	비 고
9	23	차량부품		1	500,000	500,000	50,000	

합계금액	현 금	수 표	어 음	외상미수금	이 금액을	영수 함
550,000				550,000		청구

[2] 10월 20일 당사는 판매부문에서 사용하기 위하여 창조렌탈에서 복사기를 임차하여 사용하고 있다. 10월분 사용료로 330,000원(부가가치세 포함)을 현금으로 지급하면서 지출증빙용 현금영수증을 발급받았다(회사는 임차료 계정을 사용한다). (3점)

[3] 10월 30일 영업부 건물을 신축하기 위하여 (주)땅나라로부터 토지를 580,000,000원에 매입하고 전자계산서를 발급받았다. 대금 중 300,000,000원은 당좌수표를 발행하여 지급하고, 나머지는 약속어음(만기 3개월)을 발행하여 주었다. (3점)

[4] 11월 2일 당사 제조부는 (주)가야상사에서 반도체 제조를 위한 기계장치를 130,000,000원(부가가치세 별도)에 10개월 할부로 구매하고 전자세금계산서를 발급받았다. 할부대금은 다음 달부터 지급한다. (3점)

[5] 11월 8일   수출대행업체인 거래처 삼미상사의 구매확인서에 의하여 제품 100개를 1개당 500,000원에 납품하고 영세율전자세금계산서를 발행하였다. 대금 중 10%는 자기앞수표로 받고 잔액은 외상으로 하다. (3점)

[6] 12월 2일   (주)상신기업에서 수출용 제품의 원재료를 내국신용장에 의하여 1,500,000원에 구입하고 영세율전자세금계산서를 발급받았다. 대금은 아직 내국신용장 개설은행에서 지급되지 않았다. (3점)

문제 4   [일반전표입력] 및 [매입매출전표입력] 메뉴에 입력된 내용 중 다음과 같은 오류가 발견되었다. 입력된 내용을 확인하여 정정하시오. (6점)

[1] 10월 2일   330,000원(부가가치세 포함)을 현금지급하고 복리후생비로 일반전표에 입력하였으나, 이는 고성식당(일반과세사업자)에서 매출거래처 접대회식비를 지출하고 아래 현금영수증(지출증빙용)으로 수령한 것이다. (3점)

고성식당

사업자번호 114-01-80641   남재안

서울 송파구 송파대로길 1011길 2

TEL : 3289-8085

홈페이지 : http://www.kacpta.or.kr

현금(지출증빙)

구매 2023/10/02/19:06   거래번호 : 0026-0107

상품명	수 량	금 액
식대	1	330,000

2043655000009

	과세물품가액	300,000
	부 가 세	30,000
	합 계	330,000
	받 은 금 액	330,000

[2] 9월 5일   (주)베타전자에서 컴퓨터(비품)를 구입하면서 법인신용카드(국민카드)로 결제한 것을 착오로 법인체크카드(국민은행)로 결제한 것으로 매입매출전표에 회계처리하였다. (3점)

문제 5 결산정리사항은 다음과 같다. 해당 메뉴에 입력하시오. (9점)

[1] 구입 당시 전액 선급비용으로 자산처리했던 영업부의 광고홍보물(공급가액 5,000,000원) 중 기말 잔액이 1,500,000원이다. 소비된 광고홍보물은 광고선전비로 대체한다. (3점)

[2] 장부상 장기차입금 중에는 Anderson사의 장기차입금 11,000,000원(미화 $10,000)이 포함되어 있다. 결산일 현재의 적용환율은 미화 $1당 1,150원이다. (3점)

[3] 신한은행의 보통예금은 마이너스 통장이다. 기말현재 신한은행의 보통예금 잔액 −3,000,000원을 단기차입금 계정으로 대체한다. (3점)

문제 6 다음 사항을 조회하여 답안을 이론문제 답안작성 메뉴에 입력하시오. (9점)

[1] 3월 중 (주)도시바전자에서 회수한 외상매출금은 얼마인가? (3점)

[2] 제1기 부가가치세 예정신고기간(1월 ~ 3월)의 영세율 세금계산서 과세표준 금액은 얼마인가? (3점)

[3] 6월 한 달 동안 판매관리비 발생액은 총 얼마인가? (3점)

[기출이답이다] 전산회계 1급

3

고난이도기출

고난이도기출의 기준

2012년부터 2022년까지 총 10년간의 기출문제 중 합격률이 현저히 낮았던 회차들을 최신화하여 수록하였습니다.

해당 회차들의 난이도는 상당히 높은 수준이며 문제유형 또한 일반적인 출제경향을 벗어나 있는 부분들이 있지만, 전산회계 1급에서 출제될 수 있는 최상위 수준의 문제를 학습할 수 있다는 점에서 보다 완벽하게 시험을 대비할 수 있습니다.

2023년 00월 00일 시행
제000회 전산세무회계자격시험

3교시 | A형

종목 및 등급 : **전산회계 1급**

(15:00 ~ 16:00)

- 제한시간 : 60분
- 페이지수 : 8p

▶ 시험시작 전 페이지를 넘기지 말 것 ◀

① USB 수령	• 감독관으로부터 시험에 필요한 응시종목별 기초백데이타 설치용 USB를 지급받는다. • USB 꼬리표가 **본인 응시종목**인지 확인하고, **뒷면에 수험정보**를 정확히 기재한다.

↓

② USB 설치	(1) USB를 컴퓨터에 정확히 꽂은 후, 인식된 해당 USB드라이브로 이동한다. (2) USB드라이브에서 기초백데이타설치프로그램인 'Tax.exe' 파일을 실행시킨다. [주의] USB는 처음 설치이후, **시험 중 수험자 임의로 절대 재설치(초기화)하지 말 것.**

↓

③ 수험정보입력	• [수험번호(8자리)] - [성명]을 정확히 입력한 후 [설치]버튼을 클릭한다. * 처음 입력한 수험정보는 이후 절대 수정이 불가하니 정확히 입력할 것.

↓

④ 시험지 수령	• 시험지가 본인의 응시종목(급수)인지 여부와 문제유형(A또는B)을 확인한다. • 문제유형(A또는B)을 프로그램에 입력한다. • 시험지의 총 페이지수를 확인한다. • 급수와 페이지수를 확인하지 않은 것에 대한 책임은 수험자에게 있음.

↓

⑤ 시험시작	• 감독관이 불러주는 '**감독관확인번호**'를 정확히 입력하고, 시험에 응시한다.

↓

(시험을 마치면) ⑥ USB 저장	(1) **이론문제의 답**은 메인화면에서 `이론문제 답안작성` 을 클릭하여 입력한다. (2) **실무문제의 답**은 문항별 요구사항을 수험자가 파악하여 각 메뉴에 입력한다. (3) 이론과 실무문제의 **답을 모두입력한 후** `답안저장(USB로 저장)` 을 클릭하여 저장한다. (4) **저장완료** 메시지를 확인한다.

↓

⑦ USB제출	• 답안이 수록된 USB메모리를 빼서, 〈감독관〉에게 제출 후 조용히 퇴실한다.

▶ 본 자격시험은 전산프로그램을 이용한 자격시험입니다. 컴퓨터의 사양에 따라 전산진행속도가 느려질 수도 있으므로 전산프로그램의 진행속도를 고려하여 입력해주시기 바랍니다.

▶ 수험번호나 성명 등을 잘못 입력했거나, 답안을 USB에 저장하지 않음으로써 발생하는 일체의 불이익과 책임은 수험자 본인에게 있습니다.

▶ 타인의 답안을 자신의 답안으로 부정 복사한 경우 해당 관련자는 모두 불합격 처리됩니다.

▶ 타인·본인의 답안을 복사하거나 외부로 반출시키는 행위는 모두 부정행위 처리됩니다.

▶ PC, 프로그램 등 조작미숙으로 시험이 불가하다고 판단될 경우 불합격처리 될 수 있습니다.

▶ 시험진행 중에는 자격검정(KcLep)프로그램을 제외한 다른 프로그램을 사용할 수 없습니다.
  (인터넷, 메모장, 윈도우 계산기 등 사용불가)

`이론문제 답안작성` 을 한번도 클릭하지 않으면 `답안저장(USB로 저장)` 을 클릭해도 답안이 저장되지 않습니다.

 한 국 세 무 사 회

이 론 시 험

다음 문제를 보고 알맞은 것을 골라 이론문제 답안작성 메뉴에 입력하시오. (객관식 문항당 2점)

┤ 기본전제 ├

문제에서 한국채택국제회계기준을 적용하도록 하는 전제조건이 없는 경우 일반기업회계기준을 적용한다.

01 다음 중 재무제표의 작성과 표시의 일반원칙에 관한 내용으로 틀린 것은?

① 재무제표의 작성과 표시에 대한 책임은 경영진에게 있다.
② 재무제표는 기업의 재무상태, 경영성과, 현금흐름 및 자본변동을 공정하게 표시하여야 한다.
③ 중요하지 않은 항목이라 할지라도 성격이나 기능이 유사한 항목과 통합하여 표시할 수 없다.
④ 주식회사의 잉여금은 자본잉여금과 이익잉여금으로 구분하여 표시하여야 한다.

02 다음 중 제조기업의 재무제표를 작성하는 순서로 가장 올바른 것은?

| ㉠ 제조원가명세서 | ㉡ 손익계산서 |
| ㉢ 이익잉여금처분계산서 | ㉣ 재무상태표 |

① ㉠ → ㉡ → ㉢ → ㉣　　　　② ㉡ → ㉢ → ㉣ → ㉠
③ ㉢ → ㉣ → ㉠ → ㉡　　　　④ ㉠ → ㉢ → ㉣ → ㉡

03 다음 중 재고자산의 평가방법에 대한 설명으로 가장 옳지 않은 것은?

① 후입선출법은 실제물량 흐름과 일치하는 평가방법이다.
② 선입선출법을 적용시 기말재고는 최근에 구입한 상품의 원가로 구성된다.
③ 물가가 상승하고 있을 때 선입선출법을 적용하면 평균법에 비해 일반적으로 매출원가가 적게 계상된다.
④ 총평균법은 기초재고자산과 당기에 매입한 상품에 대해 평균 단위당 원가로 기말재고자산가액을 계산하는 것이다.

04 다음은 (주)서초의 신제품 개발을 위한 지출 내역이다. (주)서초의 재무상태표에 계상될 개발비(무형자산)에 포함되지 않는 항목은?

가. 연구활동비
나. 생산 전 모형의 설계 및 제작비용
다. 개발활동에 사용할 기계장치의 취득원가
라. 개발활동에 사용하는 기계장치의 감가상각비
마. 새로운 제품에 대한 여러 대체안의 탐색, 평가비용

---

① 가, 라
② 다, 라
③ 가, 나, 마
④ 가, 다, 마

05 다음 중 자본에 대한 설명으로 옳지 않은 것은?

① 자본금은 발행한 주식의 액면금액에 발행주식수를 곱하여 결정된다.
② 자본은 기업의 소유주인 주주의 몫으로 자산에서 채권자의 지분인 부채를 차감한 것이다.
③ 기타포괄손익누계액은 미실현손익의 성격을 가진 항목으로 당기순이익에 반영된다.
④ 이익잉여금은 법정적립금, 임의적립금 및 미처분이익잉여금으로 구분표시 한다.

06 다음 중 자본조정에 해당하지 않는 항목은?

① 자기주식
② 매도가능증권평가손실
③ 주식(매수)선택권
④ 주식할인발행차금

07 다음 중 손익계산서 작성기준에 대한 설명으로 가장 옳지 않은 것은?

① 수익은 실현주의를 기준으로 계상한다.
② 비용은 수익·비용 대응의 원칙을 적용한다.
③ 수익과 비용은 순액으로 기재함을 원칙으로 한다.
④ 수익과 비용의 인식기준은 발생주의를 원칙으로 한다.

08 다음 자료를 이용하여 상품의 매출원가를 계산하면 얼마인가?

• 총 매입액 : 1,500,000원
• 매입 시 운반비 : 50,000원
• 기초상품재고액 : 30,000원
• 기말상품재고액 : 10,000원

---

① 1,320,000원
② 1,350,000원
③ 1,460,000원
④ 1,570,000원

09 다음 중 당기제품제조원가를 계산함에 있어서 옳지 않은 설명은?

① 당기제품제조원가는 원가3요소에 기말재공품과 기초재공품을 반영하여 계산한다.
② 기말원재료가액이 기초원재료가액보다 작을 경우 직접재료비는 당기매입원재료비보다 커진다.
③ 기말재공품가액이 기초재공품가액보다 작을 경우 당기제품제조원가는 당기총제조원가보다 커진다.
④ 당기말 미지급급여가 전기말 미지급급여보다 작을 경우 당기 발생액은 당기 지급액보다 커진다.

10 다음 자료에 의하여 당기총제조원가를 구하면?

• 당기 원재료재고증가액 : 200,000원	• 당기 재공품재고감소액 : 150,000원
• 당기 원재료매입액 : 2,500,000원	• 당기 직접노무비 : 1,200,000원
• 당기 제조간접비 : 1,800,000원	

① 5,300,000원
② 5,450,000원
③ 5,500,000원
④ 5,600,000원

11 다음 중 종합원가계산의 특징으로 가장 옳은 것은?

① 직접원가와 간접원가로 나누어 계산한다.
② 단일 종류의 제품을 연속적으로 대량 생산하는 경우에 적용한다.
③ 고객의 주문이나 고객이 원하는 형태의 제품을 생산할 때 사용되는 방법이다.
④ 제조간접원가는 원가대상에 직접 추적할 수 없으므로 배부기준을 정하여 배부율을 계산하여야 한다.

12 보조부문원가의 배부방법 중 단계배부법에 대한 설명으로 틀린 것은?

① 최초 배부되는 부문의 경우 자신을 제외한 다른 모든 부문에 배부된다.
② 보조부문간의 배부순서에 따라 순차적으로 다른 보조부문과 제조부문에 배부하는 방법이다.
③ 보조부문의 배부순서에 따라 배부액이 달라질 수 있다.
④ 보조부문 상호 간의 용역수수를 완전히 고려하므로 이론적으로 가장 타당하다.

13 다음 중 부가가치세법상 세금계산서에 대한 설명으로 가장 옳지 않은 것은?

① 원칙적으로 재화 또는 용역의 공급시기에 발급하여야 한다.

② 일정한 경우에는 재화 또는 용역의 공급시기 전에도 세금계산서를 발급할 수 있다.

③ 월합계세금계산서는 예외적으로 재화 또는 용역의 공급일이 속하는 달의 다음 달 14일까지 세금계산서를 발급할 수 있다.

④ 법인사업자는 전자세금계산서를 의무적으로 발급하여야 한다.

14 부가가치세법상 납세지 관할 세무서장은 조기 환급신고에 따른 환급세액을 신고 기한이 지난 후 몇 일 이내에 환급해야 하는가?

① 10일 ② 15일
③ 20일 ④ 25일

15 (주)서초는 2022년 11월 20일 (주)중부에게 기계장치를 11,000,000원(부가가치세 포함)에 공급하고 어음을 교부받았다. 그런데 2023년 2월 10일 (주)중부에 부도가 발생하여 은행으로부터 부도확인을 받았다((주)중부의 재산에 대한 저당권 설정은 없다). (주)서초가 대손세액공제를 받을 수 있는 부가가치세 신고시기와 공제대상 대손세액으로 가장 올바른 것은?

	공제시기	공제대상 대손세액
①	2023년 1기 예정신고	1,000,000원
②	2023년 1기 확정신고	1,100,000원
③	2023년 2기 예정신고	1,100,000원
④	2023년 2기 확정신고	1,000,000원

실 무 시 험

(주)봉천산업은 자동차부품을 제조하여 판매하는 중소기업이며, 당기(제10기) 회계기간은 2023.1.1. ~ 2023.12.31.이다. 전산세무회계 수험용 프로그램을 이용하여 다음 물음에 답하시오.

┤ 기본전제 ├
- 문제에서 한국채택국제회계기준을 적용하도록 하는 전제조건이 없는 경우, 일반기업회계기준을 적용하여 회계 처리한다.
- 문제의 풀이와 답안작성은 제시된 문제의 순서대로 진행한다.

문제 1 다음은 [기초정보관리] 및 [전기분재무제표]에 대한 자료이다. 각각의 요구사항에 대하여 답하시오. (10점)

[1] 전기분원가명세서(제조)의 수선비 3,300,000원 중 450,000원은 제조부문 설비의 수선비가 아니라 영업부문 비품의 수선비이다. 전기분재무제표 중 이와 관련된 부분(전기분원가명세서, 전기분손익계산서, 전기분잉여금처분계산서, 전기분재무상태표)을 모두 수정하시오. (4점)

[2] 다음은 신규 거래처이다. 거래처등록메뉴의 [신용카드] 탭에 추가 등록하시오. (3점)

- 거래처코드 : 99606
- 카드번호 : 9404-1004-4352-5200
- 결제계좌 : 수협은행 54-63352-5432-1
- 거래처명 : 수협카드
- 유형 : 매입
- 카드종류 : 사업용카드

[3] 다음 계정과목에 대하여 적요를 추가적으로 등록하시오. (3점)

- 코드 : 506(제수당)
- 대체적요 : 6. 자격수당 지급
　　　　　　 7. 직책수당 지급

문제 2 다음 거래 자료를 [일반전표입력] 메뉴에 추가 입력하시오(일반전표입력의 모든 거래는 부가가치세를 고려하지 말 것). (18점)

┤ 입력 시 유의사항 ├
- 일반적인 적요의 입력은 생략하지만, 타계정 대체거래는 적요번호를 선택하여 입력한다.
- 채권·채무와 관련된 거래는 별도의 요구가 없는 한 반드시 기등록되어 있는 거래처코드를 선택하는 방법으로 거래처명을 입력한다.
- 제조경비는 500번대 계정코드를, 판매비와관리비는 800번대 계정코드를 사용한다.
- 회계처리 시 계정과목은 별도제시가 없는 한 등록되어 있는 계정과목 중 가장 적절한 과목으로 한다.

[1] 7월 2일 (주)마진상사에 지급할 외상매입금 15,000,000원 중 50%는 3개월 만기 약속어음을 발행하여 지급하고 나머지는 면제받았다. (3점)

[2] 10월 1일 회사는 10월 01일 개최된 이사회에서 현금배당 80,000원의 중간배당을 결의하였다(단, 이익준비금은 고려하지 않는 것으로 한다). (3점)

[3] 11월 12일 기업이 속한 한국자동차 판매자 협회(법으로 정한 단체에 해당함)에 일반회비 250,000원과 대한적십자에 대한 기부금 500,000원을 현금으로 납부하다. (3점)

[4] 11월 28일 8월 1일에 선적하여 '미국 Ace Co.'에 수출한 제품에 대한 외상매출금을 회수하여 원화로 당사 보통예금 계좌에 입금하였다. (3점)

- 외상매출금 : $20,000
- 8월 1일 환율 : 1,100원/ $
- 11월 28일 환율 : 1,070원/ $

[5] 12월 2일 본사 영업부 직원 김부장씨가 출장에서 돌아와 6월 25일에 회사에서 지급한 출장비(가지급금) 500,000원에 대해 실제 사용한 교통비 및 숙박비 475,000원과 정산하고 잔액은 현금으로 회수하였다(단, 가지급금에 대한 거래처를 입력한다). (3점)

[6] 12월 8일 회사가 보유중인 자기주식 모두를 12,000,000원에 처분하고 매각대금은 보통예금으로 입금 되었다. 처분시점의 장부가액은 13,250,000원이다(자기주식처분이익 잔액은 조회할 것). (3점)

문제 3 다음 거래 자료를 [매입매출전표입력] 메뉴에 입력하시오. (18점)

┤ 입력 시 유의사항 ├

- 일반적인 적요의 입력은 생략하지만, 타계정 대체거래는 적요번호를 선택하여 입력한다.
- 채권·채무와 관련된 거래는 별도의 요구가 없는 한 반드시 기등록되어 있는 거래처코드를 선택하는 방법으로 거래처명을 입력한다.
- 제조경비는 500번대 계정코드를, 판매비와관리비는 800번대 계정코드를 사용한다.
- 회계처리 시 계정과목은 별도제시가 없는 한 등록되어 있는 계정과목 중 가장 적절한 과목으로 한다.
- 입력화면 하단의 분개까지 처리하고, 세금계산서 및 계산서는 전자 여부를 입력하여 반영한다.

[1] 8월 17일 (주)천마에 제품을 판매하고 다음과 같이 전자세금계산서를 발급하였다. 대금은 8월 2일에 받은 계약금 1,000,000원을 제외한 나머지 금액 중 50%는 동사발행 당좌수표로 받고, 50%는 2개월 후 받기로 하였다. (3점)

전자세금계산서						승인번호		20230817-1000000-00009329		
공급자	사업자등록번호	106-81-74624		종사업장번호		공급받는자	사업자등록번호	125-85-62258	종사업장번호	
	상 호 (법인명)	(주)봉천산업	성 명 (대표자)		김종국		상 호 (법인명)	(주)천마	성 명 (대표자)	이천용
	사업장주소	서울 관악구 관악로 104(봉천동)					사업장주소	서울 영등포구 경인로 702		
	업 태	제조 외	종 목		자동차부품		업 태	도 매	종 목	전자제품
작성일자		공급가액		세 액			수정사유			
2023.8.17		9,000,000		900,000						
월	일	품 목	규 격	수 량	단 가		공급가액	세 액		비 고
8	17	Y제품		100	90,000		9,000,000	900,000		
합계금액		현 금		수 표		어 음		외상미수금	이 금액을	영수 함
9,900,000		5,450,000						4,450,000		청구

[2] 8월 20일 (주)한국테크로부터 원재료(@2,000원, 1,000개, 부가가치세 별도)를 구입하고 전자세금계산서를 발급받았다. 대금 중 1,500,000원은 약속어음을 발행(만기 : 당기 11.20.)했으며 나머지는 자기앞수표로 지급하였다. (3점)

전자세금계산서						승인번호		20230820-2038000-00005197	
공급자	등록번호	105-81-23608				공급받는자	등록번호	105-81-23608	
	상 호 (법인명)	(주)한국테크	성 명 (대표자)		최한국		상 호 (법인명)	(주)봉천산업	성 명 (대표자)	김종국
	사업장주소	광주시 동구 학동 21					사업장주소	서울 관악구 관악로 104(봉천동)	
	업 태	제조/도소매		종사업장번호			업 태	제조/도소매업	종사업장번호
	종 목	전자제품외					종 목	자동차부품	
비 고						수정사유			
작성일자		공급가액		세 액			수정사유		
2023.8.20		2,000,000		200,000					
월	일	품 목	규 격	수 량	단 가		공급가액	세 액	비 고
8	20	부 품		1,000	2,000		2,000,000	200,000	
합계금액		현 금		수 표		어 음		외상미수금	이 금액을 **청구** 함
2,200,000		700,000				1,500,000			

[3] 9월 3일 　비사업자인 개인 최지유(720105-1254525)에게 제품을 330,000원(부가가치세 포함)에 현금으로 판매하고 주민등록번호로 전자세금계산서를 발급하였다. (3점)

[4] 10월 1일 　구매확인서에 의해 수출용 제품에 대한 원재료(공급가액 30,000,000원)를 (주)봄날로부터 매입하고 영세율전자세금계산서를 발급받았다. 매입대금 중 13,000,000원은 (주)운천으로부터 받아 보관 중인 약속어음을 배서양도하고, 나머지 금액은 6개월 만기의 당사 발행 약속어음으로 지급하였다. (3점)

영세율전자세금계산서					승인번호		20231001-1208900-00014267		
공급자	등록번호	122-81-21323			공급받는자	등록번호	106-81-74624		
	상 호 (법인명)	(주)봄날	성 명 (대표자)	김하범		상 호 (법인명)	(주)봉천산업	성 명 (대표자)	김종국
	사업장주소	서울 관악구 봉천동 458				사업장주소	서울 관악구 관악로 104(봉천동)		
	업 태	제조/도소매	종사업장번호			업 태	제조/도소매업	종사업장번호	
	종 목	전자부품				종 목	자동차부품		
작성일자	공급가액		세 액		수정사유				
2023.10.1.	30,000,000		0						
비 고									

월	일	품 목	규 격	수 량	단 가	공급가액	세 액	비 고
10	1	부 품				30,000,000	0	

합계금액	현 금	수 표	어 음	외상미수금	이 금액을 **청구** 함
30,000,000			13,000,000	17,000,000	

[5] 10월 9일 　영업부 직원의 교육을 위해 도서를 구입하면서 (주)교보문고로부터 다음과 같은 현금영수증을 발급받았다. (3점)

(주)교보문고

사업자번호 114-81-80641　　　　이교문
서울 송파구 문정동 101-2　　TEL : 3289-8085

현금(지출증빙용)

구매 2023/10/09/17:06　거래번호 : 0026-0107

상품명	수 량	금 액
업무처리해설서	1	80,000
재고관리입문서	1	120,000
급여지급지침서	1	100,000
합　계		300,000
받은금액		300,000
현　금	300,000	

[6] 10월 20일 매출거래처 (주)경원으로부터 외상매출금 5,500,000원을 회수하면서 약정 기일보다 10
일 빠르게 회수되어 2%를 할인해 주고, (−)전자세금계산서를 발급하였다(외상매출금 회
수 분개는 생략하고, (−)세금계산서 발급 부분만 매입매출전표에 입력하고 제품매출 계정
에서 직접차감하는 방식으로 분개할 것). (3점)

문제 4 일반전표입력 및 매입매출전표입력 메뉴에 입력된 내용 중 다음과 같은 오류가 발견되었다.
입력된 내용을 확인하여 정정하시오. (6점)

[1] 8월 10일 제조부서 공장건물의 유리창 교체작업을 한 후 400,000원(부가가치세 별도)을 (주)다본
다에 자기앞수표로 지급하고 전자세금계산서를 발급받았다. 본 작업은 수익적지출에 해당
하지만 자본적지출로 잘못 처리하였다. (3점)

[2] 12월 30일 12월 30일 현재 선적이 완료되어 운송 중인 원재료 20,000,000원이 있으며, 이에 대한
전표처리가 누락되어 있음을 발견하였다. 당 원재료의 수입계약은 AmaZon과의 선적지
인도조건이며 대금은 도착 후 1개월 이내에 지급하기로 하였다. (3점)

문제 5 결산정리사항은 다음과 같다. 해당 메뉴에 입력하시오. (9점)

[1] 국일은행으로부터 차입한 장기차입금 중 25,000,000원이 만기가 1년 미만으로 도래하였다. (3점)

[2] 당해 연도 9월 1일에 1년분(2023.9.1. ~ 2024.8.31.)의 판매관리비인 임차료 18,000,000원을 현금
으로 지급하고 비용으로 처리하였다. 월할 계산하시오. (3점)

[3] 기말 결산일 현재 현금과부족 계정의 원인을 발견하지 못하였다. (3점)

문제 6 다음 사항을 조회하여 답안을 [이론문제 답안작성] 메뉴에 입력하시오. (9점)

[1] 제1기 부가가치세 예정신고기간(1월 ~ 3월)의 부가가치세 매입세액 중 공제받지 못할 매입세액은
얼마인가? (3점)

[2] 1월부터 3월까지의 누적현금지급액은 얼마인가? (3점)

[3] 6월말 현재 당좌자산은 전기 말 당좌자산보다 얼마나 증감하였는가? (3점)

제59회 기출문제

시험일자 : 2014.6.1.
합격률 : 24.75%

회사선택 : (주)나은 (회사코드 2059)　　　　　　　　정답 및 해설 p.267

이 론 시 험

다음 문제를 보고 알맞은 것을 골라 이론문제 답안작성 메뉴에 입력하시오. (객관식 문항당 2점)

┤ 기본전제 ├

문제에서 한국채택국제회계기준을 적용하도록 하는 전제조건이 없는 경우 일반기업회계기준을 적용한다.

01 다음 중 나머지 셋과 계정과목의 성격이 다른 하나는?

① 단기매매증권평가손실　　　　　　② 단기매매증권처분손실
③ 매도가능증권평가손실　　　　　　④ 매도가능증권처분손실

02 자본에 대한 설명이다. 틀린 것은?

① 자본금은 우선주자본금과 보통주자본금으로 구분하며, 발행주식수 × 주당 발행가액으로 표시된다.
② 잉여금은 자본잉여금과 이익잉여금으로 구분 표시한다.
③ 주식의 발행은 할증발행, 액면발행 및 할인발행이 있으며, 어떠한 발행을 하여도 자본금은 동일하게 표시된다.
④ 자본은 자본금·자본잉여금·이익잉여금·자본조정 및 기타포괄손익누계액으로 구분 표시한다.

03 연초에 취득하여 영업부서에 사용한 소형승용차(내용연수 5년, 잔존가치 '0')를 정률법으로 감가상각 할 경우, 정액법과 비교하여 1차년도의 당기순이익 및 1차년도 말 유형자산(차량운반구)의 순액에 미치는 영향으로 올바른 것은?

① 당기순이익은 과대계상되고, 유형자산은 과대계상된다.
② 당기순이익은 과대계상되고, 유형자산은 과소계상된다.
③ 당기순이익은 과소계상되고, 유형자산은 과대계상된다.
④ 당기순이익은 과소계상되고, 유형자산은 과소계상된다.

04 다음의 회계등식 중 옳지 않은 것은?

① 기말자산 = 기말부채 + 기초자산 + 이익

② 총비용 + 이익 = 총수익

③ 기말자본 − 기초자본 = 이익

④ 자산 = 부채 + 순자산

05 물가가 상승하는 시기에 있어 재고자산의 기초재고수량과 기말재고수량이 같을 경우 당기순이익과 법인세비용을 가장 높게 하는 재고자산 원가결정방법으로 묶어진 것은?

	당기순이익	법인세비용
①	선입선출법	평균법
②	후입선출법	선입선출법
③	평균법	평균법
④	선입선출법	선입선출법

06 다음 중 유형자산의 취득원가가 아닌 것은?

① 설치장소 준비를 위한 지출   ② 관리 및 기타 일반간접원가

③ 자본화 대상인 차입원가   ④ 설치비

07 (주)관우의 결산 결과 손익계산서에 당기순이익이 100,000원으로 계상되어 있으나, 다음과 같은 사항들을 발견하고 수정하였다. 수정 후의 당기순이익으로 옳은 것은?

> • 손익계산서에 계상된 보험료 중 5,000원은 차기 비용이다.
> • 손익계산서에 계상된 이자수익 중 4,000원은 차기 수익이다.

① 99,000원   ② 100,000원

③ 101,000원   ④ 109,000원

08 재무제표 작성과 표시의 일반원칙으로 가장 틀린 것은?

① 전기 재무제표의 모든 계량정보를 당기와 비교하는 형식으로 표시한다.

② 재무제표의 작성과 표시에 대한 책임은 회계담당자에게 있다.

③ 재무제표는 이해하기 쉽도록 간단하고 명료하게 표시하여야 한다.

④ 재무제표는 기업의 재무상태, 경영성과, 현금흐름 및 자본변동을 공정하게 표시하여야 한다.

09 다음 중 원가회계의 일반적인 특성이 아닌 것은?

① 제품제조원가계산을 위한 원가자료의 제공
② 기업의 외부정보이용자에게 정보제공
③ 기업의 경영통제를 위한 원가자료의 제공
④ 특수의사결정을 위한 원가정보의 제공

10 다음 자료를 활용하여 선입선출법에 의한 재료비와 가공비의 완성품환산량을 계산하면 얼마인가?

- 당기완성품 : 20,000개
- 기말재공품 : 10,000개(완성도 40%)
- 기초재공품 : 5,000개(완성도 20%)
- 당기착수량 : 25,000개
- 재료는 공정초에 전량 투입되고, 가공비는 공정전반에 걸쳐 균등하게 투입된다.

① 재료비 20,000개, 가공비 23,000개
② 재료비 22,000개, 가공비 20,000개
③ 재료비 25,000개, 가공비 23,000개
④ 재료비 30,000개, 가공비 24,000개

11 원가 개념에 대한 설명 중 틀린 것은?

① 간접원가란 특정한 원가대상에 직접 추적할 수 없는 원가이다.
② 회피가능원가는 특정 대안을 선택하지 않음으로써 회피할 수 있는 원가이다.
③ 변동원가는 조업도가 증가할 때마다 원가총액이 비례하여 증가하는 원가이다.
④ 경영자가 미래의 의사결정을 위해서는 과거 지출된 원가의 크기를 고려하여야 함으로 매몰원가 역시 관련원가에 해당한다.

12 다음의 자료를 근거로 매출원가를 계산하면 얼마인가?

- 당기총제조원가 : 2,000,000원
- 기말재공품재고액 : 100,000원
- 기말제품재고액 : 500,000원
- 기초재공품재고액 : 200,000원
- 기초제품재고액 : 400,000원

① 2,000,000원
② 2,100,000원
③ 3,000,000원
④ 3,100,000원

13 다음 중 부가가치세법상 영세율에 대한 설명으로 가장 틀린 것은?

① 수출하는 재화뿐만 아니라 국외에서 제공하는 용역도 영세율이 적용된다.

② 영세율이 적용되는 모든 사업자는 세금계산서를 발급하지 않아도 된다.

③ 영세율이 적용되는 경우에는 조기환급을 받을 수 있다.

④ 영세율이 적용되는 사업자는 부가가치세법상 과세사업자이어야 한다.

14 부가가치세법상 법인사업자가 전자세금계산서를 발급하는 경우 전자세금계산서 발급명세서를 언제까지 국세청장에게 전송하여야 하는가?

① 전자세금계산서 발급일의 다음 날

② 전자세금계산서 발급일의 일주일 이내

③ 전자세금계산서 발급일이 속하는 달의 다음 달 10일 이내

④ 전자세금계산서 발급일이 속하는 예정신고기한 또는 확정신고기한 이내

15 다음 중 부가가치세법상 매입세액공제가 가능한 것은?

① 면세사업에 사용하기 위하여 구입한 기계장치 매입세액(전자세금계산서 수취함)

② 음식점을 영위하는 개인사업자가 계산서 등을 수취하지 아니하고 면세로 구입한 농산물의 의제매입세액

③ 거래처에 선물하기 위한 물품구입 매입세액(세금계산서 등을 수취함)

④ 제조업을 영위하는 사업자가 농민으로부터 면세로 구입한 농산물의 의제매입세액

실 무 시 험

(주)나은은 전자제품을 제조하여 판매하는 중소기업이며, 당기(제11기) 회계기간은 2023.1.1. ~ 2023.12.31.이다. 전산세무회계 수험용 프로그램을 이용하여 다음 물음에 답하시오.

―| 기본전제 |―

• 문제에서 한국채택국제회계기준을 적용하도록 하는 전제조건이 없는 경우, 일반기업회계기준을 적용하여 회계처리한다.

• 문제의 풀이와 답안작성은 제시된 문제의 순서대로 진행한다.

문제 1 다음은 [기초정보관리]에 대한 자료이다. 각각 요구사항에 대하여 답하시오. (10점)

[1] 다음의 거래처를 [거래처등록] 메뉴에 추가로 입력하시오(우편번호입력 생략). (3점)

코 드	상 호	사업자등록번호	대표자	업 태	종 목	사업장 소재지
4100	(주)독도전자	513-81-53773	울릉도	도소매	컴퓨터	대구광역시 달서구 성서4차첨단로 103(대천동)

※ 거래처유형을 '동시'로 선택한다.

[2] 계정과목 적요등록 중 819.임차료 계정의 현금적요 7번에 '법인승용차 리스료 지급'을 등록하시오. (3점)

[3] 회사는 거래처인 (주)서울과 외상매출금 및 외상매입금을 상계한다는 약정이 없음에도 불구하고, 이를 상계하여 전기분재무상태표를 작성하였다. 실제 (주)서울의 외상매출금과 외상매입금 총액은 다음과 같으며, 조회되는 금액과의 차액은 모두 (주)서울의 외상매출금 및 외상매입금이다. 전기분재무상태표 및 거래처별초기이월을 수정하시오. (4점)

> • 외상매출금 : 56,000,000원   • 외상매입금 : 40,000,000원

문제 2 다음 거래 자료를 [일반전표입력] 메뉴에 추가 입력하시오(일반전표입력의 모든 거래는 부가가치세를 고려하지 말 것). (18점)

┤ 입력 시 유의사항 ├

• 일반적인 적요의 입력은 생략하지만, 타계정 대체거래는 적요번호를 선택하여 입력한다.
• 채권·채무와 관련된 거래는 별도의 요구가 없는 한 반드시 기등록되어 있는 거래처코드를 선택하는 방법으로 거래처명을 입력한다.
• 제조경비는 500번대 계정코드를, 판매비와관리비는 800번대 계정코드를 사용한다.
• 회계처리 시 계정과목은 별도제시가 없는 한 등록되어 있는 계정과목 중 가장 적절한 과목으로 한다.

[1] 7월 1일   공장의 기계장치에 대하여 삼일화재보험사에 화재보험(보험기간 2023.7.1. ~ 2024.6.30.)을 가입하고 4,800,000원을 현금지급하였다. 전액 자산으로 회계처리하시오. (3점)

[2] 7월 10일   회사는 전 임직원 퇴직금 지급 보장을 위해 확정급여형(DB) 퇴직연금에 가입하고 6월분 퇴직연금 5,000,000원을 보통예금에서 납부하였다. (3점)

[3] 7월 13일   태안에 공장을 신축하기 위하여 (주)서산산업으로부터 건물이 있는 부지를 구입하고 건물을 철거하였다. 건물이 있는 부지의 구입비로 50,000,000원에 일괄구입 후 대금은 신한은행으로부터 대출(대출기간 3년)을 받아 지불하였다. 또한 건물의 철거비용 3,000,000원과 토지 정지비용 3,200,000원을 당좌수표를 발행하여 지급하였다(하나의 전표로 입력할 것). (3점)

[4] 7월 23일   단기보유목적으로 구입한 (주)태양의 주식 500주(장부금액 8,000,000원)를 10,000,000원에 처분하였으며, 대금은 당사의 보통예금계좌에 입금하였다. (3점)

[5] 8월 25일   매입거래처 (주)화성의 외상매입금 17,000,000원 중 10,000,000원은 3개월 만기 약속어음을 발행하여 지급하고, 나머지는 면제받았다. (3점)

[6] 9월 18일   (주)대우자동차로부터 업무용 승용차를 구입하는 과정에서 취득해야 하는 공채를 구입하면서 대금 300,000원(액면금액)은 보통예금으로 지급하였다. 단, 공채의 현재가치는 260,000원이며 회사는 이를 단기매매증권으로 처리하고 있다. (3점)

문제 3   다음 거래 자료를 [매입매출전표입력] 메뉴에 입력하시오. (15점)

┤ 입력 시 유의사항 ├

- 일반적인 적요의 입력은 생략하지만, 타계정 대체거래는 적요번호를 선택하여 입력한다.
- 채권·채무와 관련된 거래는 별도의 요구가 없는 한 반드시 기등록되어 있는 거래처코드를 선택하는 방법으로 거래처명을 입력한다.
- 제조경비는 500번대 계정코드를, 판매비와관리비는 800번대 계정코드를 사용한다.
- 회계처리 시 계정과목은 별도제시가 없는 한 등록되어 있는 계정과목 중 가장 적절한 과목으로 한다.
- 입력화면 하단의 분개까지 처리하고, 세금계산서 및 계산서는 전자 여부를 입력하여 반영한다.

[1] 7월 17일   (주)대진에 제품 35,000,000원(부가가치세 별도)을 공급하고 전자세금계산서를 발급하였다. 대금 중 5,000,000원은 지난 6월 15일에 받은 계약금으로 대체하고, 나머지는 (주)대진 발행 당좌수표로 받았다. (3점)

[2] 7월 30일   내국신용장에 의하여 (주)한국무역에 제품(외화 $15,000, 환율 1,150원/$)을 공급하고 영세율 전자세금계산서를 발급하였다. 대금 중 6,000,000원은 (주)한국무역 발행 당좌수표로 받고, 나머지는 (주)진서 발행의 3개월 만기 약속어음으로 받았다. (3점)

[3] 10월 18일 생산부에서 사용하고 있는 화물트럭에 사용할 경유를 77,000원(부가세 포함)에 현금으로 구입하고 현금영수증(지출증빙용)을 가락주유소로부터 발급받았다(승인번호 입력은 생략하고 가락주유소는 일반과세사업자이다). (3점)

[4] 11월 25일 공장 신축용 토지를 취득하기 위한 등기대행 용역을 광양컨설팅으로부터 제공받고 수수료 1,600,000원(부가가치세 별도)을 당사 당좌수표를 발행하여 지급하고 전자세금계산서를 발급 받았다. (3점)

[5] 11월 30일 구매확인서에 의해 수출용 제품에 대한 원재료(공급가액 25,000,000원)를 (주)춘천으로 부터 매입하고 영세율 전자세금계산서를 발급받았다. 매입대금 중 5,000,000원은 (주)울산으로부터 받아 보관 중인 약속어음을 배서하여 주고 나머지는 3개월 만기의 당사 발행 약속어음으로 주었다. (3점)

문제 4 [일반전표입력] 및 [매입매출전표입력] 메뉴에 입력된 내용 중 다음과 같은 오류가 발견되었다. 입력된 내용을 확인하여 정정하시오. (9점)

[1] 8월 18일 본사 영업직원의 복리후생비로 처리한 출금거래 1,200,000원은 원재료 매입처 백합상사의 원재료 계약금을 지급한 것으로 확인되었다. (3점)

[2] 9월 10일 영업부서 직원들의 회식대금 220,000원을 순천식당에 현금 지급하고 일반전표에 입력하였다. 이는 제조부서 직원들의 회식대금 220,000원(부가가치세 포함)을 현금영수증(지출증빙용)으로 수령한 것을 잘못 처리한 것이다(순천식당은 일반과세사업자이다). (3점)

[3] 9월 15일 비품을 (주)여수에 처분하면서 현금 4,400,000원(부가가치세 포함)을 받고 전자세금계산서를 발급하였다. 그러나, 감가상각누계액을 고려하지 않고 회계처리하였다(처분일 현재 비품 취득가액은 7,000,000원이고 감가상각누계액은 2,500,000원이다). (3점)

문제 5 결산정리사항은 다음과 같다. 해당 메뉴에 입력하시오. (9점)

[1] 기말재고조사 결과 제품재고 2,000,000원이 부족하여 확인한 결과 매출거래처에 접대비로 제공된 것이다(적요 중 타계정으로 대체액을 사용할 것). (3점)

[2] 기말현재 영업부서에서 구입시 비용(소모품비)처리한 소모품 중 미사용액이 2,800,000원이다(회사는 미사용액에 대하여 자산처리함). (3점)

[3] 당사는 일반기업회계기준에 의하여 퇴직급여충당부채를 설정하고 있으며, 기말 현재 퇴직급여추계액 및 당기 퇴직급여충당부채 설정 전의 퇴직급여충당부채 잔액은 다음과 같다. 결산 시 회계처리하시오. (3점)

부 서	설정전 퇴직급여충당부채잔액	기말 현재 퇴직급여추계액
영 업 부	23,000,000원	27,000,000원
제 조 부	27,000,000원	29,000,000원

문제 6 다음 사항을 조회하여 답안을 저장메뉴에 입력하시오. (9점)

[1] 제1기 예정신고기간(1월 ~ 3월)의 공제받지 못할 매입세액의 공급가액과 세액은 얼마인가? (3점)

[2] 1월부터 3월까지 판매비와관리비가 가장 큰 월과 금액은 얼마인가? (3점)

[3] 4월부터 6월까지 제조경비에 해당되는 복리후생비 발생액은 얼마인가? (3점)

제55회 기출문제

시험일자 : 2013.6.9.
합격률 : 19.6%

회사선택 : (주)해나라 (회사코드 2055)　　　　　정답 및 해설 p.271

이 론 시 험

다음 문제를 보고 알맞은 것을 골라 이론문제 답안작성 메뉴에 입력하시오. (객관식 문항당 2점)

┤ 기본전제 ├

문제에서 한국채택국제회계기준을 적용하도록 하는 전제조건이 없는 경우 일반기업회계기준을 적용한다.

01 다음 주어진 재고자산 자료를 가지고 매출원가를 계산하면 얼마인가?

• 기초재고액 : 300,000원	• 당기총매입액 : 1,200,000원
• 기말재고액 : 200,000원	• 매출환입 : 50,000원
• 매입환출 : 80,000원	• 매입에누리 : 100,000원

① 1,070,000원　　　　　　　　　② 1,120,000원
③ 1,200,000원　　　　　　　　　④ 1,300,000원

02 다음의 자산계정들을 일반기업회계기준에 따라 유동성배열법으로 나열한 경우 맞는 것은?

• 기계장치	• 제 품
• 현금및현금성자산	• 외상매출금

① 외상매출금, 현금및현금성자산, 제품, 기계장치
② 현금및현금성자산, 외상매출금, 기계장치, 제품
③ 현금및현금성자산, 제품, 외상매출금, 기계장치
④ 현금및현금성자산, 외상매출금, 제품, 기계장치

03 결산과정에서 시산표를 작성하였는데, 차변합계는 491,200원이고 대변합계는 588,200원이었다. 다음과 같은 오류만 있다고 가정한다면 시산표의 올바른 합계금액은 얼마인가?

> • 당기 중 소모품비로 지급한 45,500원을 복리후생비로 기입하였다.
> • 미수금 23,500원을 대변에 잘못 기록하였다.
> • 상품재고 50,000원이 누락되었다.

① 588,200원   ② 564,700원
③ 541,200원   ④ 538,200원

04 다음 중 재무상태표에서 해당 자산이나 부채의 차감적 평가항목이 아닌 것은 어느 것인가?

① 감가상각누계액   ② 퇴직급여충당부채
③ 대손충당금   ④ 사채할인발행차금

05 다음 중 나머지 셋과 성격이 다른 하나는?

① 주식발행초과금   ② 감자차익
③ 이익준비금   ④ 자기주식처분이익

06 시장성 있는 (주)A의 주식 10주를 1주당 56,000원에 구입하고, 거래수수료 5,600원을 포함하여 보통예금계좌에서 결제하였다. 당해 주식은 단기매매차익을 목적으로 보유하는 경우이며, 일반기업회계기준에 따라 회계처리하는 경우 발생하는 계정과목으로 적절치 않은 것은?

① 단기매매증권   ② 만기보유증권
③ 수수료비용   ④ 보통예금

07 다음은 유형자산의 취득원가와 관련된 내용이다. 틀린 것은?

① 유형자산은 최초 취득원가로 측정한다.
② 현물출자, 증여, 기타 무상으로 취득한 자산은 공정가치를 취득원가로 한다.
③ 취득원가는 구입원가 또는 경영진이 의도하는 방식으로 자산을 가동하는데 필요한 장소와 상태에 이르게 하는데 지출된 직접원가와 간접원가를 포함한다.
④ 유형자산이 정상적으로 작동되는지 여부를 시험하는 과정에서 발생하는 원가도 취득원가에 포함한다.

08 다음 중 회계상의 거래에 해당되는 것은?

① 광고료 170,000원을 현금으로 지급하다.

② 사무실을 월세 700,000원으로 임대차계약을 맺기로 구두로 약속하다.

③ 제품 3,000,000원의 주문을 받다.

④ 종업원을 월급 2,300,000원으로 채용하다.

09 제조간접비예정배부율은 직접노동시간당 90원이고, 직접노동시간이 43,000시간 발생했을 때 제조간접비 배부차이가 150,000원 과소배부인 경우 제조간접비 실제발생액은 얼마인가?

① 3,720,000원

② 3,870,000원

③ 4,020,000원

④ 4,170,000원

10 원가에 대한 설명 중 가장 옳은 것은?

① 직접재료비는 기초원가와 가공원가 모두 해당된다.

② 매몰원가는 의사결정과정에 영향을 미치는 원가를 말한다.

③ 고정원가는 조업도와 상관없이 일정하게 증가하는 원가를 말한다.

④ 직접원가란 특정한 원가집적대상에 추적할 수 있는 원가를 말한다.

11 다음 자료를 보고 평균법에 의한 가공비의 완성품환산량을 계산하면 얼마인가?

- 기초재공품 : 10,000단위(완성도 : 60%)
- 기말재공품 : 20,000단위(완성도 : 50%)
- 착수량 : 30,000단위
- 완성품수량 : 20,000단위
- 원재료는 공정초에 전량 투입되고, 가공비는 공정전반에 걸쳐 균등하게 발생한다.

---

① 10,000단위

② 20,000단위

③ 24,000단위

④ 30,000단위

12 원가회계와 관련하여 다음 설명 중 가장 적절치 않은 것은 어느 것인가?

① 제품원가에 고정제조간접비를 포함하는지의 여부에 따라 전부원가계산과 종합원가계산으로 구분된다.

② 제품생산의 형태에 따라 개별원가계산과 종합원가계산으로 구분된다.

③ 원가는 제품과의 관련성(추적가능성)에 따라 직접비와 간접비로 구분된다.

④ 원가는 조업도의 증감에 따라 원가총액이 변동하는 변동비와 일정한 고정비로 분류할 수 있다.

13 다음 중 부가가치세 면세대상에 해당하지 않는 것은?

① 시내버스, 택시 여객운송용역

② 대통령령으로 정하고 있는 교육용역

③ 주택임대

④ 미가공 식료품

14 (주)평화는 일반과세사업자이다. 다음 자료에 대한 부가가치세액은 얼마인가? 단, 거래금액에는 부가가치세가 포함되어 있지 않다.

• 외상판매액	20,000,000원
• 사장 개인사유로 사용한 제품(원가 800,000원, 시가 1,200,000원)	800,000원
• 비영업용 소형승용차(2,000CC) 매각대금	1,000,000원
• 화재로 인하여 소실된 제품	2,000,000원
계	23,800,000원

① 2,080,000원　　　　　　　　② 2,120,000원

③ 2,220,000원　　　　　　　　④ 2,380,000원

15 다음 중 자동차를 수입하는 경우 수입세금계산서상의 공급가액에 포함되지 않는 것은?

① 교육세　　　　　　　　② 관 세

③ 개별소비세　　　　　　④ 취득세

실 무 시 험

(주)해나라는 스포츠용품을 제조하여 판매하는 중소기업이며, 당기(제4기) 회계기간은 2023.1.1. ~ 2023.12.31.이다. 전산세무회계 수험용 프로그램을 이용하여 다음 물음에 답하시오.

─┤ 기본전제 ├─

• 문제에서 한국채택국제회계기준을 적용하도록 하는 전제조건이 없는 경우, 일반기업회계기준을 적용하여 회계 처리한다.
• 문제의 풀이와 답안작성은 제시된 문제의 순서대로 진행한다.

문제 1 다음은 [기초정보관리]에 대한 자료이다. 각각의 요구사항에 대하여 답하시오. (10점)

[1] 소매 매출을 위해 삼진카드와 신용카드가맹점 계약을 하였다. 다음의 내용을 거래처등록메뉴에 입력하시오. (3점)

| • 코드 : 99700 | • 거래처명 : 삼진카드 | • 가맹점번호 : 765004501 |

[2] 전기분재무상태표 입력 시 외상매출금과 관련하여 거래처 (주)영서물산으로부터 지난해 12월 중에 외상매출금 2,000,000원을 현금으로 회수한 내용이 누락되어 있다. 이의 영향을 전기분재무제표와 거래처별초기이월에 반영하시오. (3점)

[3] 다음 사업자등록증을 보고 회사등록사항을 정정하시오. (4점)

사 업 자 등 록 증

(법인사업자)

등록번호 : 214-81-29167

법인명(단체명) : (주)해나라
대　　표　　자 : 이철수
개 업 연 월 일 : 2010년 7월 1일
법인등록번호 : 110111-3776387
사업장소재지 : 서울시 서초구 서초동 260-1
사 업 의 종 류 : 업태 제조　종목 스포츠용품
교부사유

2010년 7월 1일

서 초 세 무 서 장

문제 2 다음 거래 자료를 [일반전표입력] 메뉴에 추가 입력하시오(일반전표입력의 모든 거래는 부가가치세를 고려하지 말 것). (18점)

┤ 입력 시 유의사항 ├

- 일반적인 적요의 입력은 생략하지만, 타계정 대체거래는 적요번호를 선택하여 입력한다.
- 채권·채무와 관련된 거래는 별도의 요구가 없는 한 반드시 기등록되어 있는 거래처코드를 선택하는 방법으로 거래처명을 입력한다.
- 제조경비는 500번대 계정코드를, 판매비와관리비는 800번대 계정코드를 사용한다.
- 회계처리 시 계정과목은 별도제시가 없는 한 등록되어 있는 계정과목 중 가장 적절한 과목으로 한다.

[1] 7월 3일   회사에서 보관 중이던 원재료(원가 600,000원, 시가 800,000원)를 영업부 소모품으로 사용하였다(비용으로 처리할 것). (3점)

[2] 7월 8일   만기가 도래하여 거래은행에 추심 의뢰한 (주)영진전자의 받을어음 15,000,000원 중에서 추심수수료 150,000원을 차감한 금액이 보통예금계좌에 입금되었다. (3점)

[3] 7월 10일   5월10일에 제품을 매출하고 (주)동우로부터 수취한 어음 5,000,000원이 부도처리 되었다는 것을 행복은행으로부터 통보받았다(7월 10일자로 회계처리하시오). (3점)

[4] 8월 6일   (주)에이텍으로부터 공장건물 건축용 토지를 60,000,000원에 구입하고, 토지대금 중 40,000,000원과 토지매입에 따른 취득세 등 관련 부대비용 6,000,000원을 보통예금계좌에서 지급하였으며, 나머지는 외상으로 하였다. (3점)

[5] 9월 25일   생산부 직원에 대한 확정기여형(DC) 퇴직연금에 가입하고 8,000,000원을 보통예금계좌에서 지급하였다. 이 금액에는 연금운용에 대한 수수료 500,000원이 포함되어 있다. (3점)

[6] 9월 30일   개인 이시영씨로부터 차입한 자금에 대한 이자비용 1,000,000원이 발생하여 원천징수세액 275,000원을 차감한 나머지 금액 725,000원을 현금으로 지급하였다. (3점)

문제 3 다음 거래 자료를 [매입매출전표입력] 메뉴에 입력하시오. (18점)

┤ 입력 시 유의사항 ├

- 일반적인 적요의 입력은 생략하지만, 타계정 대체거래는 적요번호를 선택하여 입력한다.
- 채권·채무와 관련된 거래는 별도의 요구가 없는 한 반드시 기등록되어 있는 거래처코드를 선택하는 방법으로 거래처명을 입력한다.
- 제조경비는 500번대 계정코드를, 판매비와관리비는 800번대 계정코드를 사용한다.
- 회계처리 시 계정과목은 별도제시가 없는 한 등록되어 있는 계정과목 중 가장 적절한 과목으로 한다.
- 입력화면 하단의 분개까지 처리하고, 세금계산서 및 계산서는 전자 여부를 입력하여 반영한다.

[1] 7월 8일 기현자동차로부터 영업사원의 업무활동을 위하여 승용차(1,998cc) 16,000,000원(부가가치세 별도)을 취득하고 전자세금계산서를 교부받았으며, 대금은 당좌수표를 발행하여 지급하였다. 차량을 인수하는 시점에서 취득세, 번호판부착, 수수료 등 400,000원을 현금으로 지급하였다. 매입매출 전표입력에 하나의 전표로 입력하시오. (3점)

[2] 7월 14일 개인인 비사업자 김철수씨에게 제품을 3,300,000원(VAT 포함)에 현금판매하고 현금영수증을 발급하였다. (3점)

[3] 7월 17일 일본 후지모리상사에 제품 1,000개(@2,000엔)를 직수출하고, 대금은 외상으로 하였다. 단, 선적일 시점의 환율은 100엔당 1,200원이었다. (3점)

[4] 7월 25일 해외거래처로부터 수입한 원재료와 관련하여 김포세관에 부가가치세 2,100,000원(공급가액 21,000,000원)을 현금으로 납부하고 전자수입세금계산서를 교부받았다. (3점)

[5] 7월 30일 진흥빌딩으로부터 당월의 영업부 사무실 임차료에 대한 공급가액 900,000원(VAT 별도)의 세금계산서를 교부받고, 대금은 다음 달에 지급하기로 하였다. 진흥빌딩의 건물주인은 전자세금계산서 발행대상이 아니다. (3점)

[6] 8월 10일 원재료 운송용 트럭(취득가액 28,000,000원, 처분시 감가상각누계액 16,500,000원)을 거래처 (주)세모에 10,000,000원(부가가치세 별도)에 처분하고 전자세금계산서를 발급하였다. 대금은 한 달 후에 받기로 하였다. (3점)

문제 4 입력된 내용 중 다음과 같은 오류가 발견되었다. 입력된 내용을 확인하여 정정하시오. (6점)

[1] 9월 8일 법인카드인 비씨카드로 결제된 차량유지비 110,000원이 일반전표로 처리되어 있다. 이는 용인주유소에서 공장화물자동차에 대한 주유요금 110,000원(부가가치세 포함)으로 매입세액공제요건을 갖춘 카드매출전표를 발급받은 것을 잘못 처리한 것이다(계정과목은 미지급금으로 처리). (3점)

[2] 12월 10일 다음은 영업팀에서 복리후생 목적으로 사용하고자 구입한 현금영수증이다. 해당 일자에 분개된 내용을 조회하여 수정하라. (3점)

(주)하나로푸드

사업자번호 123-52-66527 　　　　김인수
서울 송파구 문정동 101-2
홈페이지 http://www.kacpta.or.kr

현금(지출증빙용)

구매 2023/12/10/17:06 　 거래번호 : 0026-0107

상품명	수량	금액
커피, 음료수	5	22,000
	과세물품가액	20,000
	부 가 세	2,000
합　　계		22,000
받은금액		30,000

문제 5 결산정리사항은 다음과 같다. 해당 메뉴에 입력하시오. (9점)

[1] 당해 연도 7월 1일에 영업부문의 자동차보험료 720,000원(1년분)을 현금으로 납부하면서 모두 자산으로 처리하였다. 단, 보험료는 월할계산하는 것으로 가정한다. (3점)

[2] 당해 연도 12월 31일 현재 부가세예수금 10,706,000원과 부가세대급금 7,616,000원을 정리하고 납부세액은 미지급세금 계정으로 회계처리한다. 당사의 관할 세무서는 서초세무서이다. (3점)

[3] 결산일 현재 재고자산의 기말재고액은 다음과 같다(결산자료입력메뉴를 통해 입력하시오). (3점)

• 원재료 : 3,500,000원	• 재공품 : 4,600,000원	• 제품 : 12,000,000원

문제 6　다음 사항을 조회하여 답안을 저장메뉴에 입력하시오. (9점)

[1] 제1기 부가가치세 확정신고기간(4월 ~ 6월) 중 매출한 거래 중 현금영수증을 발급한 공급대가는 얼마인가? (3점)

[2] 1월부터 3월까지 매출세금계산서 매수가 가장 많은 거래처를 조회하면?(거래처 코드만 입력하시오) (3점)

[3] 1월부터 3월까지 현금으로 지출한 복리후생비는 모두 얼마인가? (3점)

제51회 기출문제

시험일자 : 2012.6.2.
합격률 : 18.32%

회사선택 : (주)튼튼전자 (회사코드 2051)　　　　　　　정답 및 해설 p.276

이 론 시 험

다음 문제를 보고 알맞은 것을 골라 이론문제 답안작성 메뉴에 입력하시오. (객관식 문항당 2점)

┤ 기본전제 ├

문제에서 한국채택국제회계기준을 적용하도록 하는 전제조건이 없는 경우 일반기업회계기준을 적용한다.

---

01 발생주의 회계는 발생과 이연의 개념을 포함한다. 이와 관련된 계정과목이 아닌 것은?

① 미수수익　　　　　　　　　　　② 미지급비용
③ 선수금　　　　　　　　　　　　④ 선급비용

02 다음 중 역사적원가주의와 가장 관련성이 적은 것은?

① 회계정보의 목적적합성과 신뢰성을 모두 높일 수 있다.
② 기업이 계속하여 존재할 것이라는 가정 하에 정당화되고 있다.
③ 취득 후에 그 가치가 변동하더라도 역사적원가는 그대로 유지된다.
④ 객관적이고 검증 가능한 회계정보를 생산하는데 도움이 된다.

03 (주)서울은 유형자산 처분에 따른 미수금 기말잔액 45,000,000원에 대하여 2%의 대손충당금을 설정하려 한다. 기초 대손충당금 400,000원이 있었고 당기 중 320,000원 대손이 발생되었다면 보충법에 의하여 기말 대손충당금 설정 분개로 올바른 것은?

① (차) 대손상각비　　　　　　820,000원　　(대) 대손충당금　　　　　　820,000원
② (차) 기타의 대손상각비　　820,000원　　(대) 대손충당금　　　　　　820,000원
③ (차) 대손상각비　　　　　　900,000원　　(대) 대손충당금　　　　　　900,000원
④ (차) 기타의 대손상각비　　900,000원　　(대) 대손충당금　　　　　　900,000원

04 다음 발생하는 비용 중 영업비용에 해당하지 않는 것은?

① 거래처 사장인 김수현에게 줄 선물을 구입하고 50,000원을 현금 지급하다.

② 회사 상품 홍보에 50,000원을 현금 지급하다.

③ 외상매출금에 대해 50,000원의 대손이 발생하다.

④ 회사에서 국제구호단체에 현금 50,000원을 기부하다.

05 기초재고와 기말재고가 동일하다는 가정하에 물가가 상승하고 있다면 다음 중 어떤 재고평가방법이 가장 높은 순이익과 가장 높은 매출원가를 기록하게 하는가?

	가장 높은 순이익	가장 높은 매출원가
①	선입선출법	후입선출법
②	선입선출법	선입선출법
③	후입선출법	선입선출법
④	후입선출법	후입선출법

06 (주)경기의 4월 기말재고액이 기초재고액 보다 200,000원 증가되었고, 4월 매출액은 2,700,000원으로 매출원가의 20% 이익을 가산한 금액이라 한다면, 당기 매입금액은?

① 2,150,000원 ② 2,250,000원

③ 2,350,000원 ④ 2,450,000원

07 다음 중 이익잉여금 항목에 해당하지 않는 것은?

① 이익준비금 ② 임의적립금

③ 주식발행초과금 ④ 미처분이익잉여금

08 다음 중 수익적지출로 회계처리하여야 할 것으로 가장 타당한 것은?

① 냉난방 장치 설치로 인한 비용

② 파손된 유리의 원상회복으로 인한 교체비용

③ 사용용도 변경으로 인한 비용

④ 증설·확장을 위한 비용

09 (주)흑룡상사는 거래처와 제품 판매계약을 체결하면서 계약금 명목으로 수령한 2,000,000원에 대하여 이를 수령한 시점에서 미리 제품매출로 회계처리하였다. 이러한 회계처리로 인한 효과로 가장 올바른 것은?

① 자산 과대계상   ② 비용 과대계상

③ 자본 과소계상   ④ 부채 과소계상

10 다음 중 제조원가명세서에 대한 설명 중 틀린 것은?

① 제조원가명세서를 통해 당기원재료매입액을 파악할 수 있다.

② 제조원가명세서를 통해 당기총제조비용을 파악할 수 있다.

③ 제조원가명세서를 통해 당기매출원가를 파악할 수 있다.

④ 제조원가명세서를 통해 기말재공품원가를 파악할 수 있다.

11 다음 중 기본원가(prime costs)를 구성하는 것으로 맞는 것은?

① 직접재료비 + 직접노무비

② 직접노무비 + 제조간접비

③ 직접재료비 + 직접노무비 + 제조간접비

④ 직접재료비 + 직접노무비 + 변동제조간접비

12 다음의 자료에 의하여 매출원가를 계산하면 얼마인가?

- 제조지시서 #1 : 제조원가 52,000원   • 제조지시서 #2 : 제조원가 70,000원
- 제조지시서 #3 : 제조원가 50,000원   • 월초제품재고액 : 50,000원
- 월말제품재고액 : 40,000원
- ※ 단, 제조지시서 #3은 미완성품이다.

---

① 182,000원   ② 122,000원

③ 132,000원   ④ 172,000원

13 보조부문비의 배분방법인 직접배분법, 상호배분법 및 단계배분법의 세가지를 서로 비교하는 설명으로 가장 옳지 않은 것은?

① 가장 정확한 계산방법은 상호배분법이다

② 가장 정확성이 부족한 계산방법은 단계배분법이다.

③ 배분순서가 중요한 계산방법은 단계배분법이다.

④ 계산방법이 가장 간단한 배분법은 직접배분법이다.

14 다음 중 부가가치세법상 과세표준의 산정방법이 옳지 않은 것은?

① 재화의 공급에 대하여 부당하게 낮은 대가를 받는 경우 : 자기가 공급한 재화의 시가

② 재화의 공급에 대하여 대가를 받지 아니하는 경우 : 자기가 공급한 재화의 시가

③ 특수관계인에게 용역을 공급하고 부당하게 낮은 대가를 받는 경우 : 자기가 공급한 용역의 시가

④ 특수관계 없는 타인에게 용역을 공급하고 대가를 받지 아니하는 경우 : 자기가 공급한 용역의 시가

15 다음 중 세금계산서 발급의무가 면제되는 경우에 해당되지 않는 항목은?

① 내국신용장 또는 구매확인서에 의하여 공급하는 재화

② 판매목적타사업장 반출을 제외한 간주공급

③ 부동산임대용역 중 간주임대료

④ 택시운송 사업자가 제공하는 용역

실 무 시 험

(주)튼튼전자는 전자제품을 제조하여 판매하는 중소기업이며, 당기(제12기) 회계기간은 2023.1.1. ~ 2023.12.31.이다. 전산세무회계 수험용 프로그램을 이용하여 다음 물음에 답하시오.

┤ 기본전제 ├

• 문제에서 한국채택국제회계기준을 적용하도록 하는 전제조건이 없는 경우, 일반기업회계기준을 적용하여 회계처리한다.

• 문제의 풀이와 답안작성은 제시된 문제의 순서대로 진행한다.

문제 1 다음은 [기초정보관리]에 대한 자료이다. 각각의 요구사항에 대하여 답하시오. (10점)

[1] (주)튼튼전자의 전기(11기) 기말 실제 제품 재고액을 조사해 보니 7,500,000원이었다. 전기 재무상태표의 기말재고와의 차액은 재고자산에 대한 정상감모손실분이다. 이 내용을 반영하여 전기분재무제표와 관련된 내용을 모두 수정하시오. (4점)

[2] 전기말 거래처별 채권, 채무에 대한 거래처와 오류금액을 다음과 같이 수정하시오. (3점)

채권·채무	거래처	금 액
외상매출금	(주)용산테크 → 청계천테크	25,400,000원 → 24,500,000원
	(주)미래컴퓨터 → 다음컴퓨터	35,100,000원 → 31,500,000원
외상매입금	(주)태평반도체 → (주)대서반도체	30,000,000원 → 40,000,000원

[3] 다음의 거래처를 [거래처등록] 메뉴에 추가로 입력하시오. (3점)

코 드	상 호	사업자등록번호	대표자	업 태	종 목	사업장 소재지
1002	(주)제이제이	124-87-09458	박종진	도,소매	컴퓨터	경기도 화성시 향남읍 평리 40

※ 유형은 동시로 등록할 것

문제 2 다음 거래 자료를 [일반전표입력] 메뉴에 추가 입력하시오(일반전표입력의 모든 거래는 부가가치세를 고려하지 말 것). (18점)

┤ 입력 시 유의사항 ├

• 일반적인 적요의 입력은 생략하지만, 타계정 대체거래는 적요번호를 선택하여 입력한다.
• 채권·채무와 관련된 거래는 별도의 요구가 없는 한 반드시 기등록되어 있는 거래코드를 선택하는 방법으로 거래처명을 입력한다.
• 제조경비는 500번대 계정코드를, 판매비와관리비는 800번대 계정코드를 사용한다.
• 회계처리 시 계정과목은 별도제시가 없는 한 등록되어 있는 계정과목 중 가장 적절한 과목으로 한다.

[1] 8월 5일 김해남씨로부터 장기투자목적으로 토지를 취득하면서 6,000,000원은 당좌수표를 발행하여 지급하고, 나머지 1,000,000원은 30일 후에 지급하기로 하였다. 또한 이전등기 하면서 취득세 150,000원을 현금으로 지급하였다. (3점)

[2] 8월 14일 (주)성일기업에 대한 외상매출금 2,700,000원과 외상매입금 3,800,000원을 상계처리하고 나머지 잔액은 당좌수표를 발행하여 (주)성일기업에 지급하였다. (3점)

[3] 8월 26일 구글에 수출(선적일자 6월 25일)한 제품 외상매출금이 보통예금 계좌에 원화로 환전되어 입금되었다. (3점)

• 외상매출금 : 3,000달러   • 6월 25일 환율 : 1,200원/달러   • 8월 26일 환율 : 1,300원/달러

[4] 9월 19일 거래처인 (주)용산전자의 외상매입금 55,000,000원 중 33,000,000원은 당좌수표로 지급하고, 나머지 금액은 면제받았다. (3점)

[5] 9월 26일 제조부 소속 신상용 대리(6년 근속)의 퇴직으로 퇴직금 9,000,000원 중 소득세 및 지방소득세로 230,000원을 원천징수한 후 차인지급액을 전액 믿음은행 보통예금 계좌에서 이체하였다(퇴직 직전 퇴직급여충당부채잔액은 없었다). (3점)

[6] 9월 30일 제2기 부가가치세 예정신고분에 대한 부가가치세 예수금 37,494,500원과 부가가치세 대급금 20,048,400원을 상계처리하고 잔액을 10월 25일 납부할 예정이다. 9월 30일 기준으로 적절한 회계처리를 하시오(미지급세금 계정을 사용할 것). (3점)

문제 3 다음 거래 자료를 [매입매출전표입력] 메뉴에 입력하시오. (18점)

입력 시 유의사항

• 일반적인 적요의 입력은 생략하지만, 타계정 대체거래는 적요번호를 선택하여 입력한다.
• 채권·채무와 관련된 거래는 별도의 요구가 없는 한 반드시 기등록되어 있는 거래처코드를 선택하는 방법으로 거래처명을 입력한다.
• 제조경비는 500번대 계정코드를, 판매비와관리비는 800번대 계정코드를 사용한다.
• 회계처리 시 계정과목은 별도제시가 없는 한 등록되어 있는 계정과목 중 가장 적절한 과목으로 한다.
• 입력화면 하단의 분개까지 처리하고, 세금계산서 및 계산서는 전자 여부를 입력하여 반영한다.

[1] 10월 11일 관리부서는 부활식당에서 회식을 하고 식사대금 550,000원(부가가치세 포함)을 법인카드인 국민카드로 결제하였다(카드매입에 대한 부가가치세 매입세액 공제요건은 충족하였다). (3점)

[2] 10월 15일 성진기업으로부터 내국신용장(Local L/C)에 의하여 원재료 22,000,000원을 공급받고 영세율 전자세금계산서를 발급받았으며, 대금 중 50%는 어음으로 지급하고 나머지 금액은 보통예금에서 이체 지급하였다. (3점)

[3] 10월 17일 직원들의 통근을 위해 (주)산천여객으로부터 시내버스 영업용으로 사용하던 중고버스를 8,000,000원에 구입하면서 전자계산서를 수취하고, 대금은 전액 당좌수표를 발행하여 지급하다. (3점)

[4] 10월 20일 회사 영업부에서 사용하고 있는 5인승 소형승용자동차(2,000cc)에 사용할 경유를 500,000원(부가가치세 별도)에 구입하고, 세금계산서(전자세금계산서가 아님)를 동성주유소로부터 수령하였다. 부가가치세를 포함한 구입대금 전액을 보통예금에서 이체 지급하였다. (3점)

[5] 11월 16일 (주)권선종합상사에 신제품에 대한 광고를 의뢰하고 광고비(공급가액 500,000원, 부가가치세 별도)에 대하여 전자세금계산서를 수취하였다. 광고 대금은 다음 달에 지급하기로 하였다. (3점)

[6] 11월 30일 제조부문의 공장건물 임대인 (주)광원개발로부터 임차료 2,310,000원(부가가치세 포함)
과 공장 전기요금 330,000원(부가가치세 포함)에 대한 전자세금계산서 1매를 교부받고
당좌수표를 발행하여 지급하였다(임대차계약서상 임차료는 매월 30일에 지급하기로 되어
있다). (3점)

문제 4 [일반전표입력] 및 [매입매출전표입력] 메뉴에 입력된 내용 중 다음과 같은 오류가 발견되었
다. 입력된 내용을 확인하여 정정하시오. (6점)

[1] 8월 7일 현금으로 지급한 운반비는 전액 원재료 구입과 관련된 운반비용(부가가치세 포함)으로써
친절용달(일반과세자)로부터 수기로 세금계산서를 발급받은 것이었다. (3점)

[2] 10월 29일 (주)가제트상사에서 당사의 보통예금계좌로 송금한 10,700,000원을 전액 외상매출금을
회수한 것으로 처리하였으나, 10월 29일 현재의 (주)가제트상사의 외상매출금 잔액을 초
과한 금액은 선수금으로 확인되었다. (3점)

문제 5 결산정리사항은 다음과 같다. 해당 메뉴에 입력하시오. (9점)

[1] 장부상 현금잔액은 35,245,450원이나, 실제 보유하고 있는 현금잔액은 35,232,780원으로 현금부족
액에 대한 원인이 밝혀지지 아니하였다. 영업외비용 중 적절한 계정과목에 의하여 회계처리하시오.
(3점)

[2] 전기 말 큰빛은행으로부터 차입한 장기차입금 중 5,000,000원은 2024년 1월 20일 만기가 도래하고
회사는 이를 상환할 계획이다. (3점)

[3] 외상매출금과 받을어음 및 미수금에 대하여 다음 금액을 대손충당금으로 추가 설정하시오. 회사는
미수금에 대한 대손상각비는 영업외비용으로 처리하고 있다. (3점)

• 외상매출금 : 5,694,200원	• 받을어음 : 415,500원	• 미수금 : 20,000원

문제 6 다음 사항을 조회하여 답안을 이론문제 답안작성 메뉴에 입력하시오. (9점)

[1] 부가가치세 제1기 과세기간 최종 3월(4월 ~ 6월)에 (주)금강상사로부터 전자세금계산서를 교부받은 거래의 공급가액은 모두 얼마인가? (3점)

[2] 제1기 과세기간 최종 3월(4월 ~ 6월) 중 영세율 세금계산서를 발행한 금액은 얼마인가? (3점)

[3] 제1기 예정신고기간(1월 ~ 3월) 중 수입세금계산서 수취금액(공급가액)은 얼마인가? (3점)

제50회 기출문제

시험일자 : 2012.4.7.
합격률 : 8.92%

회사선택 : (주)창조테크 (회사코드 2050)　　　정답 및 해설 p.280

이 론 시 험

다음 문제를 보고 알맞은 것을 골라 이론문제 답안작성 메뉴에 입력하시오. (객관식 문항당 2점)

─┤ 기본전제 ├─

문제에서 한국채택국제회계기준을 적용하도록 하는 전제조건이 없는 경우 일반기업회계기준을 적용한다.

01 다음 중 시산표에서 발견할 수 없는 오류가 아닌 것은?

① 대차 양편에 틀린 금액을 같이 전기
② 대차 반대로 전기한 금액
③ 전기를 누락하거나 이중전기
④ 대차 어느 한 쪽의 전기를 누락

02 다음 자료에 의하여 기말외상매입금잔액를 계산하면 얼마인가?

- 기초상품재고액 : 500,000원
- 기중상품매출 : 1,500,000원
- 기초외상매입금 : 400,000원
※ 단, 상품매입은 전부 외상이다.

- 기말상품재고액 : 600,000원
- 매출총이익률 : 30%
- 기중 외상매입금 지급 : 1,200,000원

① 330,000원
② 340,000원
③ 350,000원
④ 360,000원

03 재고자산과 관련한 다음 설명 중 가장 옳지 않은 것은?

① 재고자산의 판매와 관련된 비용은 재고자산의 원가에 포함한다.
② 소매재고법은 실제원가가 아닌 추정에 의한 원가결정방법으로 주로 유통업에서 사용한다.
③ 재고자산의 감모손실은 주로 수량의 감소에 기인한다.
④ 재고자산의 평가손실은 시가의 하락에 기인한다.

04 다음 중 재화의 판매로 인한 수익인식 조건이 아닌 것은?

① 재화의 소유에 따른 유의적인 위험과 보상이 구매자에게 이전된다.
② 수익금액을 신뢰성 있게 측정할 수 있다.
③ 경제적 효익의 유입 가능성이 매우 높다.
④ 판매자는 판매한 재화에 대하여 소유권이 있을 때 통상적으로 행사하는 정도의 관리나 효과적인 통제를 할 수 있다.

05 다음 중 유형자산에 대한 설명 중 잘못된 것은?

① 동일한 업종 내에서 유사한 용도로 사용되고 공정가액이 비슷한 동종자산과의 교환으로 유형자산을 취득하는 경우 당해 자산의 취득원가는 교환으로 제공한 자산의 공정가액으로 한다.
② 현물출자, 증여, 기타 무상으로 취득한 유형자산의 가액은 공정가액을 취득원가로 한다.
③ 건물을 신축하기 위하여 사용중인 기존 건물을 철거하는 경우 그 건물의 장부가액은 제거하여 처분손실로 반영하고, 철거비용은 전액 당기비용으로 처리한다.
④ 유형자산의 취득과 관련하여 국·공채 등을 불가피하게 매입하는 경우 당해 채권의 매입가액과 기업회계기준에 따라 평가한 현재가치와의 차액은 유형자산의 취득원가로 구성된다.

06 유가증권의 취득과 관련된 직접 거래원가에 관한 설명이다. 틀린 것은?

① 기타의 금융부채로 분류하는 경우에는 공정가치에 가산
② 만기보유증권으로 분류하는 경우에는 공정가치에 가산
③ 매도가능증권으로 분류하는 경우에는 공정가치에 가산
④ 단기매매증권으로 분류하는 경우에는 공정가치에 가산

07 결산 시 대손충당금을 과소설정 하였다. 정상적으로 설정한 경우와 비교할 때, 어떠한 차이가 있는가?

① 당기순이익이 많아진다.　　　　② 당기순이익이 적어진다.
③ 자본이 과소표시된다.　　　　　④ 자산이 과소표시된다.

08 주식발행회사가 이익배당을 주식으로 하는 경우(주식배당) 배당 후 상태변화로 가장 옳지 않은 것은?

① 배당 후 이익잉여금은 증가한다.
② 배당 후 자본금은 증가한다.
③ 배당 후 총자본은 불변이다.
④ 배당 후 발행주식수는 증가한다.

09 다음 중 판매비와 관리비에 해당되는 세금과공과 계정과목으로 처리되는 항목은?

① 공장건물 보유 중 재산세를 납부하는 경우
② 영업부 차량 보유 중 자동차세를 납부하는 경우
③ 본사 직원에 대한 급여를 지급하면서 원천징수세액을 납부하는 경우
④ 법인의 소득에 대하여 부과되는 법인세를 납부하는 경우

10 다음 중 제조원가명세서에 포함되지 않는 항목은?

① 당기제조경비   ② 당기제품제조원가
③ 매출원가   ④ 당기총제조원가

11 제조공장에서의 전력비에 대한 자료가 다음과 같을 경우 4월에 발생한 전력비 금액은 얼마인가?

- 4월 지급액 : 1,300,000원
- 4월 선급액 : 230,000원
- 4월 미지급액: 360,000원

① 710,000원   ② 1,170,000원
③ 1,430,000원   ④ 1,890,000원

12 원가자료가 다음과 같을 때 당기의 직접재료비를 계산하면 얼마인가?

- 당기총제조원가는 5,204,000원이다.
- 제조간접비는 직접노무비의 75%이다.
- 제조간접비는 당기총제조원가의 24%이다.

① 2,009,600원   ② 2,289,760원
③ 2,825,360원   ④ 3,955,040원

13 선입선출법에 따른 종합원가계산에 관한 다음 설명 중 가장 옳지 않은 것은?

① 먼저 제조착수된 것이 먼저 완성된다고 가정한다.

② 기초재공품이 없는 경우 제조원가는 평균법과 동일하게 계산된다.

③ 완성품환산량은 당기 작업량을 의미한다.

④ 전기의 성과를 고려하지 않으므로 계획과 통제 및 성과평가목적에는 부합하지 않는다.

14 다음 중 세금계산서 발급의무 면제대상으로 틀린 것은?

① 개인적공급   ② 판매목적타사업장 반출

③ 간주임대료   ④ 폐업 시 잔존재화

15 다음 중 면세대상에 해당하는 것은 모두 몇 개인가?

ⓐ 수돗물	ⓑ 도서, 신문
ⓒ 가공식료품	ⓓ 시내버스운송용역
ⓔ 토지의공급	ⓕ 교육용역(허가, 인가받은 경우에 한함)

① 3개   ② 4개

③ 5개   ④ 6개

실 무 시 험

(주)창조테크는 전자제품을 제조하여 판매하는 중소기업이며, 당기(제12기) 회계기간은 2023.1.1. ~ 2023.12.31.이다. 전산세무회계 수험용 프로그램을 이용하여 다음 물음에 답하시오.

┤ 기본전제 ├

- 문제에서 한국채택국제회계기준을 적용하도록 하는 전제조건이 없는 경우, 일반기업회계기준을 적용하여 회계 처리한다.
- 문제의 풀이와 답안작성은 제시된 문제의 순서대로 진행한다.

문제 1 다음은 [기초정보관리]에 대한 자료이다. 각각의 요구사항에 대하여 답하시오. (10점)

[1] (주)창조테크의 전기분 이익잉여금 처분내용은 다음과 같다. [전기분잉여금처분계산서]를 완성하시오. (3점)

- 사업확장적립금의 이입 : 3,000,000원　　　- 이익준비금 : 2,000,000원
- 현금배당 : 20,000,000원　　　　　　　　　- 주식배당 : 10,000,000원

[2] 매도가능증권(코드 178번)계정과목에 대체적요 7번 '비상장주식 매입으로 인한 보통예금 인출'로 등록하시오. (3점)

[3] 전기분재무상태표 작성 시 담당자의 실수로 장기차입금계정이 누락되었다. 전기분재무상태표, 거래처별초기이월과 거래처등록(금융)에 추가로 입력하시오. (4점)

- 차입은행 : 복지은행(코드 : 98500, 유형 : 기타)
- 계정과목 : 장기차입금
- 금 액 : 100,000,000원

문제 2 다음 거래 자료를 [일반전표입력] 메뉴에 추가 입력하시오(일반전표입력의 모든 거래는 부가가치세를 고려하지 말 것). (18점)

┤ 입력 시 유의사항 ├

• 일반적인 적요의 입력은 생략하지만, 타계정 대체거래는 적요번호를 선택하여 입력한다.
• 채권·채무와 관련된 거래는 별도의 요구가 없는 한 반드시 기등록되어 있는 거래처코드를 선택하는 방법으로 거래처명을 입력한다.
• 제조경비는 500번대 계정코드를, 판매비와관리비는 800번대 계정코드를 사용한다.
• 회계처리 시 계정과목은 별도제시가 없는 한 등록되어 있는 계정과목 중 가장 적절한 과목으로 한다.

[1] 7월 4일   영업점을 이전하면서 임대인(대성빌딩)으로부터 임차보증금 중 임차료 미지급액 6,000,000원을 차감한 나머지 194,000,000원을 보통예금으로 반환받았다(미지급비용 계정과목을 사용하시오). (3점)

[2] 7월 8일   단기간의 매매차익을 목적으로 총액 7,000,000원에 구입한 상장회사 (주)구노물산의 주식 200주 중 80주를 주당 40,000원에 처분하였으며 처분대금은 보통예금에 입금되다. (3점)

[3] 7월 23일   충남상사로부터 전자제품 원재료를 구입하기로 하고, 계약금 1,000,000원을 현금으로 지급하였다. (3점)

[4] 8월 4일   생산라인 증설을 위해 지난 5월 9일 계약금 5,000,000원을 주고 (주)광속테크에 제작 의뢰한 기계장치가 설치완료 되어 잔금 25,000,000원 중 22,000,000원은 보통예금으로 지급하고 나머지는 15일 후에 지급하기로 하다(단, 부가가치세는 고려하지 말것). (3점)

[5] 8월 16일   7월 17일에 발생한 화재로 인하여 소실된 제품(원가 10,000,000원)에 대한 보험금 7,000,000원을 보험회사로부터 보통예금계좌로 입금 받았다(당사는 삼현화재에 화재보험이 가입되어 있다). (3점)

[6] 8월 31일   당해 사업연도 법인세의 중간예납세액 24,000,000원을 현금으로 납부하였다(단, 법인세 납부액은 자산계정으로 처리할 것). (3점)

문제 3 다음 거래 자료를 [매입매출전표입력] 메뉴에 입력하시오. (18점)

┤ 입력 시 유의사항 ├

- 일반적인 적요의 입력은 생략하지만, 타계정 대체거래는 적요번호를 선택하여 입력한다.
- 채권·채무와 관련된 거래는 별도의 요구가 없는 한 반드시 기등록되어 있는 거래처코드를 선택하는 방법으로 거래처명을 입력한다.
- 제조경비는 500번대 계정코드를, 판매비와관리비는 800번대 계정코드를 사용한다.
- 회계처리 시 계정과목은 별도제시가 없는 한 등록되어 있는 계정과목 중 가장 적절한 과목으로 한다.
- 입력화면 하단의 분개까지 처리하고, 세금계산서 및 계산서는 전자 여부를 입력하여 반영한다.

[1] 10월 11일 (주)일진상사에 제품 300개(판매단가 @40,000원, 부가가치세 별도)를 외상으로 납품하면서 전자세금계산서를 발급하였다. 대금은 거래수량에 따라 공급가액 중 전체금액의 5%를 에누리해주기로 하고, 나머지 판매대금은 30일 후 받기로 하였다. (3점)

[2] 10월 15일 매출거래처인 (주)일진상사에 선물로 증정하기 위하여 프린터(공급가액 2,000,000원, 부가가치세 별도)를 (주)오산에서 외상으로 구입하고 전자세금계산서를 수취하였다. (3점)

[3] 10월 17일 본사 신축용 토지 취득을 위한 법률자문 및 등기대행 용역을 제이컨설팅으로부터 제공받고 동 용역에 대한 수수료 2,000,000원(부가가치세 별도)을 현금 지급하였다. 이에 대한 전자세금계산서를 발급받았다. (3점)

[4] 11월 2일 본사 영업부에서 사용하던 4인승 소형승용차(999cc)의 고장으로 (주)해피카센타에서 수리하고, 수리비 200,000원(부가가치세 별도)을 현금으로 지급하고 전자세금계산서를 발급받았다. 차량유지비 계정으로 처리할 것. (3점)

[5] 11월 7일 (주)동우전자에 제품(공급가액 20,000,000원, 부가가치세 별도)을 공급하면서 전자세금계산서를 발급하였다. 판매대금 중 부가가치세에 해당하는 금액은 은행권 자기앞수표로 받았고, 나머지 잔액은 동점발행 약속어음(어음만기 : 2024년 11월 11일)으로 받았다. (3점)

[6] 11월 16일 당사는 제품을 (주)미연상사에 판매하고, 전자세금계산서를 발급하였다. 판매대금은 27,500,000원(부가가치세 별도)이었으며, 부가가치세를 포함한 전액을 (주)미연상사가 발행한 약속어음(어음만기 : 2024년 5월 15일)으로 받았다. 단,(주)미연상사를 거래처코드 2200번으로 등록하시오(사업자등록번호 : 245-82-11479, 대표자 : 김영선, 업태 : 소매, 종목 : 가전제품). (3점)

문제 4 [일반전표입력] 및 [매입매출전표입력] 메뉴에 입력된 내용 중 다음과 같은 오류가 발견되었다. 입력된 내용을 확인하여 정정하시오. (9점)

[1] 9월 27일 영업부서 직원을 위하여 확정기여형 퇴직연금에 가입하고 보통예금에서 8,000,000원을 이체하여 불입하였으나, 회사에서는 확정급여형 퇴직연금을 납부한 것으로 잘못 회계처리되었다. (3점)

[2] 10월 20일 당사는 (주)테크노시스템으로부터 건물의 내용연수를 연장시키는 중앙냉난방장치(건물의 일부임)를 설치하고 전자세금계산서를 발급받았다. 해당 거래에 대하여 당사는 이를 수선비로 처리하였다. 올바르게 수정하시오. (3점)

[3] 10월 29일 보통예금에 입금된 금액은 (주)한우리상사의 외상매출금이 회수된 것이 아니라, 11월 20일까지 (주)다우리상사에 제품을 공급하기로 약속하고 받은 계약금으로 확인되었다. (3점)

문제 5 결산정리사항은 다음과 같다. 해당 메뉴에 입력하시오. (6점)

[1] 당사는 영업부에서는 소모품 구입시 전액 소모품비로 비용화하고 결산 시 미사용분을 자산으로 계상해 오고 있다. 결산 시 영업부로부터 미사용분인 소모품은 1,000,000원으로 통보받았다(단, 금액은 음수로 입력하지 말 것). (3점)

[2] 무형자산으로 처리된 개발비의 당기 무형자산상각액은 12,000,000원이다(단, 판매관리비로 처리하고 직접법으로 상각함). (3점)

문제 6 다음 사항을 조회하여 답안을 [이론문제 답안작성] 메뉴에 입력하시오. (9점)

[1] 5월 한 달 동안의 현금유입액과 현금유출액의 차이는 얼마인가? (3점)

[2] 부가가치세 제1기 예정신고기간(1월 ~ 3월)에 고정자산을 매입한 공급가액은 얼마인가? (3점)

[3] 4월부터 6월까지의 제품제조관련 노무비 발생액은 얼마인가? (3점)

MEMO

4
정답 및 해설

제1장 | 최신기출편 정답 및 해설

제105회 기출문제

이론시험

01	02	03	04	05	06	07	08	09	10	11	12	13	14	15
③	①	④	③	②	②	①	②	③	④	③	②	①	④	④

문 항	해 설
01	주문, 계약 등은 순자산의 변동이 없으므로 회계상 거래가 아니다.
02	계속기업의 가정에 대한 설명이다.
03	①은 유형자산, ②은 유형자산, ③은 투자자산이다. '재고자산'은 정상적인 영업과정에서 판매를 위하여 보유하거나 생산과정에 있는 자산 및 생산 또는 서비스 제공과정에 투입될 원재료나 소모품의 형태로 존재하는 자산을 말한다.
04	새로운 건물을 신축하기 위하여 기존건물을 철거하는 경우 기존건물의 장부가액은 제거하여 처분손실로 하고, 철거비용은 당기 비용(유형자산처분손실)처리한다.
05	특별한 경우를 제외하고는 무형자산의 상각기간은 20년을 초과할 수 없다.
06	주요장부에는 총계정원장과 분개장이 있다.
07	감자차손, 자기주식, 주식할인발행차금은 자본조정항목에 해당한다.
08	• 당기순매입액 = 당기총매입 200,000원 − 매입할인 5,000원 − 매입환출 5,000원 = 190,000원 • 매출원가 = 기초상품 100,000원 + 당기순매입 190,000원 − 기말상품 110,000원 = 180,000원 ∴ 매출총이익 = 순매출액 475,000원 − 매출원가 180,000원 = 295,000원 상품(자산) 기초재고 100,000원 / 매출원가 180,000원 매입액 200,000원 / 기말재고 110,000원 매입할인 (5,000)원 매입환출 (5,000)원 계 290,000원 / 계 290,000원
09	• 총제조간접원가 = 변동제조간접원가 600,000원 ÷ 0.3 = 2,000,000원 ∴ 가공원가 = 직접노무원가 1,600,000원 + 총제조간접원가 2,000,000원 = 3,600,000원
10	해당 그래프는 단위당 원가가 조업도가 증가하면 감소하는 고정비 단위당 원가 그래프이다. ①은 변동원가, ②은 준변동원가, ③은 변동원가에 해당한다.
11	가공원가 완성품환산량 = 당기완성품수량 8,000개 + 기말재공품완성품환산량 3,000개 × 60% = 9,800개
12	종합원가계산은 각 공정별로 원가보고서를 작성한다.
13	부가가치세의 납세의무는 사업목적이 영리인지 비영리인지 무관하다.
14	면세제도는 부가가치세의 역진성완화를 위한 제도로 부분면세제도이며, 면세포기 시 지체없이 등록신청하여야 한다. 나대지의 토지 임대와 일반의약품은 과세대상이다.
15	주사업장총괄납부제도는 둘 이상의 사업장이 있는 사업자가 부가가치세를 주된 사업장에서 총괄하여 납부만 할 수 있도록 하는 제도로 신고는 사업장별로 신고해야 한다.

[문제 1] 기초정보관리 및 전기분재무제표

문 항	기초정보관리 및 전기분재무제표		
1	**[전기분재무상태표]** • 토지 : 20,000,000원을 31,000,000원으로 수정입력 • 건물 : 150,000,000원을 139,000,000원으로 수정입력<table><tr><th colspan="3">수정 전</th><th colspan="3">수정 후</th></tr><tr><td>0201</td><td>토지</td><td>20,000,000</td><td>0201</td><td>토지</td><td>31,000,000</td></tr><tr><td>0202</td><td>건물</td><td>150,000,000</td><td>0202</td><td>건물</td><td>139,000,000</td></tr></table>		
2	**[기초정보관리] – [계정과목및적요등록]**<table><tr><td>0824</td><td>운　　반　　비</td><td>3.경　비</td></tr><tr><td>0825</td><td>교　육　훈　련　비</td><td>3.경　비</td></tr><tr><td>0826</td><td>도　서　인　쇄　비</td><td>3.경　비</td></tr><tr><td>0827</td><td>회　　의　　비</td><td>3.경　비</td></tr><tr><td>0828</td><td>포　　장　　비</td><td>3.경　비</td></tr><tr><td>0829</td><td>사　무　용　품　비</td><td>3.경　비</td></tr></table><table><tr><th>적요NO</th><th>현금적요</th></tr><tr><td>1</td><td>운반비 지급</td></tr><tr><td>2</td><td>상하차비 지급</td></tr><tr><td>3</td><td>배달비 지급</td></tr><tr><td>4</td><td>택배운송비 지급</td></tr></table>		
3	**[거래처별초기이월]** • 외상매출금 : (주)보령전자 12,000,000원을 10,200,000원으로 수정, 　　　　　　　평택전자(주) 3,680,000원을 36,800,000원으로 수정 • 지급어음 : 대덕전자부품(주) 1,000,000원을 10,000,000원으로 수정, 　　　　　　명성전자(주) 20,000,000원을 27,000,000원으로 수정		

[문제 2] 일반전표입력

문 항	일 자	일반전표입력					
		구분	계정과목	거래처	적요	차변	대변
1	8월 16일	차변	0820 수선비			2,800,000	
		대변	0102 당좌예금				2,800,000
		수익적지출은 비용으로 처리하고, 자본적지출은 해당 자산으로 처리한다.					
2	9월 30일	대변	0108 외상매출금	00153 (주)창창기계산업			10,000,000
		차변	0406 매출할인			300,000	
		차변	0103 보통예금			9,700,000	
3	10월 27일	차변	0103 보통예금			25,600,000	
		대변	0331 자본금				20,000,000
		대변	0341 주식발행초과금				5,600,000
4	10월 28일	차변	0153 원재료			2,000,000	
		대변	0103 보통예금				2,000,000
		자산(원재료) 매입 시 부대비용은 해당 자산의 취득원가에 포함한다.					
5	10월 29일	차변	0833 광고선전비			510,000	
		대변	0253 미지급금	99600 국민카드			510,000
6	11월 30일	대변	0114 단기대여금	01200 (주)동행기업			3,000,000
		차변	0115 대손충당금			660,000	
		차변	0954 기타의대손상각비			2,340,000	

[문제 3] 매입매출전표입력

문 항	일자/유형	매입매출전표입력
1	7월 20일 [61.현과]	<table><tr><td>유형</td><td>품목</td><td>수량</td><td>단가</td><td>공급가액</td><td>부가세</td><td>합계</td><td>코드</td><td>공급처명</td><td>사업/주민번호</td><td>전자</td><td>분개</td></tr><tr><td>현과</td><td>문반비</td><td></td><td></td><td>30,000</td><td>3,000</td><td>33,000</td><td>00126</td><td>상록택배</td><td>120-85-78129</td><td></td><td>혼합</td></tr></table> <table><tr><td>구분</td><td colspan=2>계정과목</td><td colspan=2>적요</td><td colspan=2>거래처</td><td>차변(출금)</td><td>대변(입금)</td></tr><tr><td>차변</td><td>0135</td><td>부가세대급금</td><td colspan=2>문반비</td><td>00126</td><td>상록택배</td><td>3,000</td><td></td></tr><tr><td>차변</td><td>0153</td><td>원재료</td><td colspan=2>문반비</td><td>00126</td><td>상록택배</td><td>30,000</td><td></td></tr><tr><td>대변</td><td>0103</td><td>보통예금</td><td colspan=2>문반비</td><td>00126</td><td>상록택배</td><td></td><td>33,000</td></tr></table>
2	9월 30일 [11.과세]	<table><tr><td>유형</td><td>품목</td><td>수량</td><td>단가</td><td>공급가액</td><td>부가세</td><td>코드</td><td>공급처명</td><td>사업/주민번호</td><td>전자</td><td>분개</td></tr><tr><td>과세</td><td>자동차부품</td><td>10</td><td>2,500,000</td><td>25,000,000</td><td>2,500,000</td><td>00165</td><td>(주)청주자동차</td><td>126-87-10121</td><td>여</td><td>혼합</td></tr></table> <table><tr><td>구분</td><td colspan=2>계정과목</td><td>적요</td><td colspan=2>거래처</td><td>차변(출금)</td><td>대변(입금)</td></tr><tr><td>대변</td><td>0255</td><td>부가세예수금</td><td>자동차부품 10X2개</td><td>00165</td><td>(주)청주자동차</td><td></td><td>2,500,000</td></tr><tr><td>대변</td><td>0404</td><td>제품매출</td><td>자동차부품 10X2개</td><td>00165</td><td>(주)청주자동차</td><td></td><td>25,000,000</td></tr><tr><td>차변</td><td>0108</td><td>외상매출금</td><td>자동차부품 10X2개</td><td>00165</td><td>(주)청주자동차</td><td>2,500,000</td><td></td></tr><tr><td>차변</td><td>0110</td><td>받을어음</td><td>자동차부품 10X2개</td><td>00165</td><td>(주)청주자동차</td><td>25,000,000</td><td></td></tr></table>
3	11월 7일 [16.수출]	<table><tr><td>유형</td><td>품목</td><td>수량</td><td>단가</td><td>공급가액</td><td>부가세</td><td>코드</td><td>공급처명</td><td>사업/주민번호</td><td>전자</td><td>분개</td></tr><tr><td>수출</td><td>제품</td><td></td><td></td><td>50,400,000</td><td></td><td>00166</td><td>글로벌인더스트리</td><td></td><td></td><td>외상</td></tr></table> 영세율구분 [1] 직접수출(대행수출 포함) 수출신고번호 [ ] <table><tr><td colspan=2>NO : 50001</td><td colspan=3>(대 체) 전 표</td><td colspan=2>일 자 :</td></tr><tr><td>구분</td><td colspan=2>계정과목</td><td>적요</td><td>거래처</td><td>차변(출금)</td><td>대변(입금)</td></tr><tr><td>차변</td><td>0108</td><td>외상매출금</td><td>제품</td><td>00166 글로벌인더스트리</td><td>50,400,000</td><td></td></tr><tr><td>대변</td><td>0404</td><td>제품매출</td><td>제품</td><td>00166 글로벌인더스트리</td><td></td><td>50,400,000</td></tr></table>
4	12월 7일 [14.건별]	<table><tr><td>유형</td><td>품목</td><td>수량</td><td>단가</td><td>공급가액</td><td>부가세</td><td>코드</td><td>공급처명</td><td>사업/주민번호</td><td>전자</td><td>분개</td></tr><tr><td>건별</td><td>제품</td><td></td><td></td><td>100,000</td><td>10,000</td><td>00160</td><td>강태오</td><td>770101-1012118</td><td></td><td>혼합</td></tr></table> <table><tr><td>구분</td><td colspan=2>계정과목</td><td>적요</td><td colspan=2>거래처</td><td>차변(출금)</td><td>대변(입금)</td></tr><tr><td>대변</td><td>0255</td><td>부가세예수금</td><td>제품</td><td>00160</td><td>강태오</td><td></td><td>10,000</td></tr><tr><td>대변</td><td>0404</td><td>제품매출</td><td>제품</td><td>00160</td><td>강태오</td><td></td><td>100,000</td></tr><tr><td>차변</td><td>0101</td><td>현금</td><td>제품</td><td>00160</td><td>강태오</td><td>110,000</td><td></td></tr></table>
5	12월 20일 [57.카과]	<table><tr><td>유형</td><td>품목</td><td>수량</td><td>단가</td><td>공급가액</td><td>부가세</td><td>코드</td><td>공급처명</td><td>사업/주민번호</td><td>전자</td><td>분개</td></tr><tr><td>카과</td><td>생산부 간식</td><td></td><td></td><td>600,000</td><td>60,000</td><td>00167</td><td>커피프린스</td><td>106-62-61190</td><td></td><td>카드</td></tr></table> 신용카드사 [99601] 신한카드 봉사료 [ ] <table><tr><td colspan=2>NO : 50004</td><td colspan=3>(대 체) 전 표</td><td colspan=2>일 자 :</td></tr><tr><td>구분</td><td colspan=2>계정과목</td><td>적요</td><td>거래처</td><td>차변(출금)</td><td>대변(입금)</td></tr><tr><td>대변</td><td>0253</td><td>미지급금</td><td>생산부 간식</td><td>99601 신한카드</td><td></td><td>660,000</td></tr><tr><td>차변</td><td>0135</td><td>부가세대급금</td><td>생산부 간식</td><td>00167 커피프린스</td><td>60,000</td><td></td></tr><tr><td>차변</td><td>0511</td><td>복리후생비</td><td>생산부 간식</td><td>00167 커피프린스</td><td>600,000</td><td></td></tr></table>
6	12월 30일 [54.불공]	<table><tr><td>유형</td><td>품목</td><td>수량</td><td>단가</td><td>공급가액</td><td>부가세</td><td>코드</td><td>공급처명</td><td>사업/주민번호</td><td>전자</td><td>분개</td></tr><tr><td>불공</td><td>접대</td><td></td><td></td><td>2,000,000</td><td>200,000</td><td>00150</td><td>두리상사</td><td>726-88-00115</td><td>여</td><td>혼합</td></tr></table> 불공제사유 [4] ④접대비 및 이와 유사한 비용 관련 <table><tr><td colspan=2>NO : 50008</td><td colspan=3>(대 체) 전 표</td><td colspan=2>일 자 :</td></tr><tr><td>구분</td><td colspan=2>계정과목</td><td>적요</td><td>거래처</td><td>차변(출금)</td><td>대변(입금)</td></tr><tr><td>차변</td><td>0813</td><td>접대비</td><td>접대</td><td>00150 두리상사</td><td>2,200,000</td><td></td></tr><tr><td>대변</td><td>0103</td><td>보통예금</td><td>접대</td><td>00150 두리상사</td><td></td><td>2,200,000</td></tr></table>

[문제 4] 전표수정

문 항	일 자	전표수정						
1	12월 1일	수정 전	<table><tr><td>구분</td><td colspan=2>계 정 과 목</td><td>거 래 처</td><td>적 요</td><td>차 변</td><td>대 변</td></tr><tr><td>차변</td><td>0294</td><td>임대보증금</td><td>00168 나자비</td><td></td><td>20,000,000</td><td></td></tr><tr><td>대변</td><td>0103</td><td>보통예금</td><td></td><td></td><td></td><td>20,000,000</td></tr></table>
		수정 후	<table><tr><td>구분</td><td colspan=2>계 정 과 목</td><td>거 래 처</td><td>적 요</td><td>차 변</td><td>대 변</td></tr><tr><td>차변</td><td>0232</td><td>임차보증금</td><td>00168 나자비</td><td></td><td>20,000,000</td><td></td></tr><tr><td>대변</td><td>0103</td><td>보통예금</td><td></td><td></td><td></td><td>20,000,000</td></tr></table>

2	12월 9일	수정 전	일반전표 삭제

수정 전

일반전표 삭제

구분	계정과목		차 변	대 변
차변	0822 차량유지비		990,000	
대변	0103 보통예금			990,000

[2]건의 데이터를 선택하였습니다.
선택한 데이터를 삭제하시겠습니까?
예(Y) / 아니오(N)

수정 후

매입매출전표 [51.과세] 입력

유형	품목	수량	단가	공급가액	부가세	코드	공급처명	사업/주민번호	전자	분개
과세	트럭 수리비			900,000	90,000	00143	전의카센터	133-81-26371	여	혼합

구분	계정과목		적요	거래처		차변(출금)	대변(입금)
차변	0135	부가세대급금	트럭 수리비	00143	전의카센터	90,000	
차변	0522	차량유지비	트럭 수리비	00143	전의카센터	900,000	
대변	0103	보통예금	트럭 수리비	00143	전의카센터		990,000

[문제 5] 결산정리사항

문 항	일 자	결산수행
1	12월 31일 일반전표입력	
2	12월 31일 일반전표입력	
3	12월 31일 일반전표입력	

1

구분	계정과목	거래처	적요	차 변	대 변
차변	0255 부가세예수금			62,346,500	
대변	0135 부가세대급금				52,749,000
대변	0261 미지급세금				9,597,500

2

구분	계정과목	거래처	적요	차 변	대 변
차변	0955 외화환산손실			3,000,000	
대변	0260 단기차입금	00169 아메리칸테크(주)			3,000,000

단기차입금 $30,000의 환율 $1당 100원 상승으로 인한 외화환산손실

3

구분	계정과목	거래처	적요	차 변	대 변
차변	0957 단기매매증권평가손실			15,000,000	
대변	0107 단기매매증권				15,000,000

평가손익 = 공정가액 49,000,000원 − 취득가액 64,000,000원 = 15,000,000원(손실)

[문제 6] 장부조회

문 항		장부조회 답안
1	2,500,000원	

[부가세신고서]

조회기간 : 4월 ~ 6월, 11번란의 세액

매 입	세금계산서 수취분	일반매입	10	237,095,000		23,709,500
		수출기업수입분납부유예	10-1			
		고정자산매입	11	25,000,000		2,500,000

2	1,200,000원	

[총계정원장]

기간 : 4월 ~ 6월, 계정과목 : 831.수수료비용, 3개월분(4월, 5월, 6월) 합산

기 간 2023 년 04 월 01 일 ~ 2023 년 06 월 30 일
계정과목 0831 수수료비용 - 0831 수수료비용

코드	계 정 과 목	일자	차 변	대 변	잔 액
0831	수수료비용	[전월이월]	2,805,000		2,805,000
		2023/04	200,000		3,005,000
		2023/05	600,000		3,605,000
		2023/06	400,000		4,005,000

3	송도무역, 108,817,500원	

[거래처원장]

기간 : 1월 1일 ~ 6월 30일, 계정과목 : 108.외상매출금의 모든 거래처 잔액(정렬) 조회

잔 액 / 내 용 / 총괄잔액 / 총괄내용
기 간 2023 년 1 월 1 일 ~ 2023 년 6 월 30 일 계정과목 0108 외상매출금 / 잔액 0 포함 / 미등록 포함
거래처분류 - 거래처 00101 에이텍상사 - 99603 비씨카드(법인)

코드	거 래 처	등록번호	대표자명	전기이월	차 변	대 변	잔 액	(담당)부서/사원
00106	송도무역	130-81-12349	권은경		108,817,500		108,817,500	
00155	(주)수서물산	217-88-01982	이은정		43,560,000	6,160,000	37,400,000	
100000	미등록 거래처			31,320,000			31,320,000	
00104	(주)테크기전	867-87-01233	김대박		25,300,000		25,300,000	

제104회 기출문제

이론시험

01	02	03	04	05	06	07	08	09	10	11	12	13	14	15
③	②	①	②	②	④	②	①	④	②	③	②	②	③	④

문 항	해 설
01	연수합계법은 유형자산 감가상각방법 중 하나이다.
02	현금 1,000,000원 + 우편환증서 50,000원 + 보통예금 500,000원 + 당좌예금 400,000원
03	엘리베이터 설치는 자본적지출에 해당하며, 나머지는 모두 수익적지출에 해당한다.
04	사업결합에서 발생한 영업권은 무형자산에 해당한다.
05	매도가능증권평가손익은 당기손익으로 인식하지 않으며 자본항목(기타포괄손익누계액)으로 인식한다.
06	자기주식처분이익과 감자차익은 자본잉여금으로, 자기주식처분손실은 자본조정으로 계상한다.
07	• 상품매출원가 = 기초상품재고액 10,000,000원 + 당기순매입액 4,300,000원 − 기말상품재고액 4,000,000원 = 10,300,000원 • 당기순매입액 = 당기상품매입액 5,000,000원 − 매입에누리 및 환출 700,000원 = 4,300,000원
08	(차) 수수료비용(연회비) ××× (대) 미지급비용 또는 미지급금 ××× [비용 발생] [부채 증가]
09	기말제품재고액은 재무상태표와 손익계산서에서 확인할 수 있으며 제조원가명세서에서는 확인할 수 없다.
10	통제가능성과 관련된 원가는 통제가능원가와 통제불능원가로 구분된다. 역사적원가와 예정원가는 시점에 따른 분류이다.
11	• 기초원가 = 직접재료비 100,000원 + 직접노무비 200,000원 = 300,000원 • 가공원가 = 직접노무비 200,000원 + 간접재료비 50,000원 + 간접노무비 100,000원 + 제조경비 50,000원 = 400,000원
12	실제발생액 = 예정배부액 4,000,000원(= 50,000시간 × 80원) − 과대배부차이 130,000원 = 3,870,000원
13	사업장별로 사업에 관한 모든 권리와 의무를 포괄적으로 승계하는 경우 재화의 공급으로 보지 않는다.
14	• 재화의 수입에 대한 부가가치세의 과세표준 : 그 재화에 대한 관세의 과세가격과 관세, 개별소비세, 주세, 교육세, 농어촌특별세 및 교통·에너지·환경세를 합한 금액으로 함 • 다음의 금액은 공급가액에 포함하지 아니한다. 1. 재화나 용역을 공급할 때 그 품질이나 수량, 인도조건 또는 공급대가의 결제방법이나 그 밖의 공급조건에 따라 통상의 대가에서 일정액을 직접 깎아 주는 금액 2. 환입된 재화의 가액 3. 공급받는 자에게 도달하기 전에 파손되거나 훼손되거나 멸실한 재화의 가액 4. 재화 또는 용역의 공급과 직접 관련되지 아니하는 국고보조금과 공공보조금 5. 공급에 대한 대가의 지급이 지체되었음을 이유로 받는 연체이자 6. 공급에 대한 대가를 약정기일 전에 받았다는 이유로 사업자가 당초의 공급가액에서 할인해 준 금액
15	임대보증금에 대한 간주임대료의 공급시기는 사업자가 부동산 임대용역을 공급하는 경우로서 예정신고기간 또는 과세기간의 종료일로 한다.

실무시험

[문제 1] 기초정보관리 및 전기분재무제표

문 항	기초정보관리 및 전기분재무제표
1	[기초정보관리] – [거래처등록] – [일반거래처] 탭 01001 (주)보석상사　108-81-13579　동시 1. 사업자등록번호　108-81-13579　사업자등록상태조회 2. 주 민 등 록 번 호　------- -------　주 민 기 재 분 부 0:부 1:여 3. 대 표 자 성 명　송달인 4. 업　　종　업태 제조　종목 금속가공 5. 주　　　소　경기도 여주시 세종로 14(홍문동)
2	[기초정보관리] – [계정과목및적요등록] 811.복리후생비, 대체적요 NO.3, 임직원피복비 미지급 입력
3	아래 순서대로 수정한다. (1) **전기분원가명세서** : 외주가공비 5,500,000원 추가 입력, 당기제품제조원가 74,650,000원이 80,150,000원 　　으로 변경 확인 (2) **전기분손익계산서** : 제품매출원가의 당기제품제조원가 74,650,000원을 80,150,000원으로 수정, 당기순 　　이익 24,030,000원이 18,530,000원으로 변경 확인 (3) **전기분잉여금처분계산서** : 당기순이익 24,030,000원을 18,530,000원으로 수정 입력(F6불러오기), 미처 　　분이익잉여금 42,260,000원이 36,760,000원으로 변경 확인 (4) **전기분재무상태표** : 이월이익잉여금 42,260,000원을 36,760,000원으로 수정 입력, 대차일치 확인

[문제 2] 일반전표입력

문 항	일 자	일반전표입력
1	7월 10일	구분 / 계정과목 / 거래처 / 적요 / 차변 / 대변 차변 0110 받을어음 00134 (주)신흥기전 10,000,000 대변 0108 외상매출금 00157 (주)서창상사 10,000,000 (주)서창상사의 외상매출금을 회수하면서 어음을 배서양도 받은 경우로, 받을어음의 발행자 ((주)신흥기전)로 거래처를 수정해야 함
2	8월 8일	구분 / 계정과목 / 거래처 / 적요 / 차변 / 대변 차변 0254 예수금 220,000 대변 0103 보통예금 200,000 대변 0101 현금 20,000
3	9월 30일	구분 / 계정과목 / 거래처 / 적요 / 차변 / 대변 차변 0961 재해손실 7,200,000 대변 0150 제품 8 타계정으로 대체액 손익 7,200,000
4	10월 20일	구분 / 계정과목 / 거래처 / 적요 / 차변 / 대변 차변 0824 운반비 250,000 대변 0101 현금 250,000 판매 시 운임은 판관비(운반비)로 처리함
5	11월 8일	구분 / 계정과목 / 거래처 / 적요 / 차변 / 대변 대변 0383 자기주식 450,000 차변 0101 현금 390,000 차변 0390 자기주식처분손실 60,000
6	12월 26일	구분 / 계정과목 / 거래처 / 적요 / 차변 / 대변 차변 0953 기부금 3,000,000 대변 0101 현금 3,000,000

[문제 3] 매입매출전표입력

문항	일자/유형	매입매출전표입력
1	8월 25일 [53.면세]	**유형** 면세 **품목** 화환 증정 **수량** 1 **단가** 200,000 **공급가액** 200,000 **부가세** **코드** 00150 **공급처명** 남동꽃도매시장 **사업/주민번호** 105-92-25728 **전자** 여 **분개** 혼합 **구분** 차변 **계정과목** 0813 접대비 **적요** 화환 증정 1X200000 **거래처** 00150 남동꽃도매 **차변(출금)** 200,000 **대변(입금)** **구분** 대변 **계정과목** 0101 현금 **적요** 화환 증정 1X200000 **거래처** 00150 남동꽃도매 **대변(입금)** 200,000
2	9월 5일 [54.불공]	**유형** 불공 **품목** 토지관련 수수료 **수량** **단가** **공급가액** 5,000,000 **부가세** 500,000 **코드** 00153 **공급처명** (주)한화공인중개법인 **사업/주민번호** 110-81-93746 **전자** 여 **분개** 혼합 불공제사유 6 ⑥토지의 자본적 지출 관련 NO : 50001 (대 체) 전 표 일자 : 2023 **구분** 차변 **계정과목** 0201 토지 **적요** 토지관련 수수료 **거래처** 00153 (주)한화공 **차변(출금)** 5,500,000 **대변(입금)** **구분** 대변 **계정과목** 0103 보통예금 **적요** 토지관련 수수료 **거래처** 00153 (주)한화공 **대변(입금)** 5,500,000
3	11월 15일 [22.현과]	**유형** 현과 **품목** 제품 **수량** **단가** **공급가액** 880,000 **부가세** 88,000 **코드** 00143 **공급처명** 이영수 **사업/주민번호** 701011-1358858 **전자** **분개** 혼합 **구분** 대변 **계정과목** 0255 부가세예수금 **적요** 제품 **거래처** 00143 이영수 **차변(출금)** **대변(입금)** 88,000 **구분** 대변 **계정과목** 0404 제품매출 **적요** 제품 **거래처** 00143 이영수 **대변(입금)** 880,000 **구분** 차변 **계정과목** 0101 현금 **적요** 제품 **거래처** 00143 이영수 **차변(출금)** 968,000
4	11월 19일 [11.과세]	**유형** 과세 **품목** 차량 매각 **수량** **단가** **공급가액** 12,500,000 **부가세** 1,250,000 **코드** 00101 **공급처명** (주)연기실업 **사업/주민번호** 204-81-85823 **전자** 여 **분개** 혼합 **구분** 대변 **계정과목** 0255 부가세예수금 **적요** 차량 매각 **거래처** 00101 (주)연기실업 **대변(입금)** 1,250,000 **구분** 대변 **계정과목** 0208 차량운반구 **적요** 차량 매각 **거래처** 00101 (주)연기실업 **대변(입금)** 50,000,000 **구분** 차변 **계정과목** 0209 감가상각누계액 **적요** 차량 매각 **거래처** 00101 (주)연기실업 **차변(출금)** 35,000,000 **구분** 차변 **계정과목** 0103 보통예금 **적요** 차량 매각 **거래처** 00101 (주)연기실업 **차변(출금)** 13,750,000 **구분** 차변 **계정과목** 0970 유형자산처분손실 **적요** 차량 매각 **거래처** 00101 (주)연기실업 **차변(출금)** 2,500,000
5	12월 6일 [51.과세]	**유형** 과세 **품목** 11월 임대료 **수량** **단가** **공급가액** 2,500,000 **부가세** 250,000 **코드** 00108 **공급처명** 하우스랜드 **사업/주민번호** 130-41-27190 **전자** 여 **분개** 혼합 **구분** 차변 **계정과목** 0135 부가세대급금 **적요** 11월 임대료 **거래처** 00108 하우스랜드 **차변(출금)** 250,000 **구분** 차변 **계정과목** 0519 임차료 **적요** 11월 임대료 **거래처** 00108 하우스랜드 **차변(출금)** 2,500,000 **구분** 대변 **계정과목** 0253 미지급금 **적요** 11월 임대료 **거래처** 00108 하우스랜드 **대변(입금)** 2,750,000 하우스랜드의 입장은 임대료이지만, 당사(광주기계)의 입장은 임차료임
6	12월 11일 [12.영세]	**유형** 영세 **품목** 제품 **수량** **단가** **공급가액** 11,000,000 **부가세** **코드** 00105 **공급처명** (주)아카디상사 **사업/주민번호** 127-86-45311 **전자** 여 **분개** 혼합 영세율구분 3 내국신용장 · 구매확인서 서류번호 NO : 50001 (대 체) 전 표 일 자 : 2023 년 1 **구분** 대변 **계정과목** 0404 제품매출 **적요** 제품 **거래처** 00105 (주)아카디상사 **대변(입금)** 11,000,000 **구분** 차변 **계정과목** 0108 외상매출금 **적요** 제품 **거래처** 00105 (주)아카디상사 **차변(출금)** 7,000,000 **구분** 차변 **계정과목** 0110 받을어음 **적요** 제품 **거래처** 00105 (주)아카디상사 **차변(출금)** 4,000,000

[문제 4] 전표수정

문항	일자	전표수정
1	8월 31일	**수정 전** **구분** 차변 **계정과목** 0951 이자비용 **거래처** **적요** 차입금이자비용납부 **차변** 362,500 **대변** **구분** 대변 **계정과목** 0103 보통예금 **거래처** 98002 기업은행 **적요** 차입금이자비용납부 **대변** 362,500 **수정 후** **구분** 차변 **계정과목** 0951 이자비용 **거래처** **적요** 차입금이자비용납부 **차변** 500,000 **대변** **구분** 대변 **계정과목** 0103 보통예금 **거래처** 98002 기업은행 **적요** 차입금이자비용납부 **대변** 362,500 **구분** 대변 **계정과목** 0254 예수금 **거래처** **적요** **대변** 137,500

2	10월 2일	수정 전												

수정 전

유형	품목	수량	단가	공급가액	부가세	코드	공급처명	사업/주민번호	전자	분개
수출	제품			3,600,000		00144	TOMSA			혼합

구분	계정과목	적요		거래처	차변(출금)	대변(입금)
대변	0404 제품매출	제품	00144	TOMSA		3,600,000
차변	0108 외상매출금	제품	00144	TOMSA	3,600,000	

수정 후

유형	품목	수량	단가	공급가액	부가세	코드	공급처명	사업/주민번호	전자	분개
수출	제품			3,750,000		00144	TOMSA			혼합

구분	계정과목	적요		거래처	차변(출금)	대변(입금)
대변	0404 제품매출	제품	00144	TOMSA		3,750,000
차변	0108 외상매출금	제품	00144	TOMSA	3,750,000	

[문제 5] 결산정리사항

문항	일자	결산수행
1	12월 31일 일반전표입력	**(1) [합계잔액시산표]** 기간 : 12월 31일 조회, 소모품 잔액 2,500,000원 확인

(1) [합계잔액시산표]

기간 : 12월 31일 조회, 소모품 잔액 2,500,000원 확인

기간 | 2023 년 | 12 ∨ 월 | 31 일

관리용 | 제출용

차 변		계정과목	대 변	
잔액	합계		합계	잔액
2,500,000	2,500,000	소 모 품		

(2) [일반전표입력]

결산 시 미사용 소모품 1,000,000원이므로, 소모품 사용분 1,500,000원은 비용처리함

구분	계 정 과 목	거 래 처	적 요	차 변	대 변
차변	0830 소모품비			1,500,000	
대변	0173 소모품				1,500,000

2	12월 31일 일반전표입력	

구분	계 정 과 목	거 래 처	적 요	차 변	대 변
차변	0141 현금과부족			570,000	
대변	0259 선수금	00165 (주)건영상사			340,000
대변	0930 잡이익				230,000

3	①과 ② 중 선택하여 입력	

① [결산자료입력]

결산자료입력 메뉴 CF8 퇴직충당 메뉴의 퇴직급여충당부채란에 해당 금액을 입력하면 당기 설정액이 자동계산됨

코드	계정과목명	퇴직급여추계액	설정전 잔액				추가설정액(결산반영) (퇴직급여추계액-설정전잔액)	유형
			기초금액	당기증가	당기감소	잔액		
0508	퇴직급여	35,000,000	30,000,000		10,000,000	20,000,000	15,000,000	제조
0806	퇴직급여	30,000,000	25,000,000		8,000,000	17,000,000	13,000,000	판관

결산반영하여 F3 전표추가 → 일반전표 자동생성

	3) 노 무 비		54,220,000	15,000,000	69,220,000
	1). 임금 외		54,220,000		54,220,000
0504	임금		54,220,000		54,220,000
0508	2). 퇴직급여(전입액)			15,000,000	15,000,000
	4. 판매비와 일반관리비		124,948,650	13,000,000	137,948,650
	1). 급여 외		73,200,000		73,200,000
0801	급여		73,200,000		73,200,000
0806	2). 퇴직급여(전입액)			13,000,000	13,000,000

② [일반전표입력]

일반전표에 직접입력

결차	0508 퇴직급여		1 퇴직충당금 당기분전입액	15,000,000	
결대	0295 퇴직급여충당부채		7 퇴직급여충당부채당기설		15,000,000

결차	0806 퇴직급여		1 퇴직충당금 당기분전입액	13,000,000	
결대	0295 퇴직급여충당부채		7 퇴직급여충당부채당기설		13,000,000

[문제 6] 장부조회

문 항		장부조회 답안
1	200,000원	**[거래처원장]** 기간 : 4월 1일 ~ 4월 30일, 계정과목 : 253.미지급금, 거래처 : 99602.롯데카드 조회하여 대변 금액 확인 기 간 2023 년 4 월 1 일 ~ 2023 년 4 월 30 일 계정과목 0253 미지급금 · 잔액 0 포함 I 거래처분류 ~ 거 래 처 99602 롯데카드 ~ 99602 롯데카드 □ 코드 거 래 처 등록번호 대표자명 전월이월 차 변 대 변 잔 액 일 □ 99602 롯데카드 9430-0306-5452-59 185,000 200,000 385,000
2	7,957,200원	**[월계표]** 조회기간 : 5월 ~ 5월, 판매비와관리비 차변의 합계 일계표 월계표 조회기간 : 2023 년 05 월 ~ 2023 년 05 월 차 변 계정과목 대 변 계 대체 현금 현금 대체 계 7,957,200 5,902,000 2,055,200 5.판 매 비및일반관리비
3	5,000,000원	**[세금계산서합계표]** 조회기간 : 4월 ~ 6월, 매출 탭 조회 조회기간 2023 년 04 ∨ 월 ~ 2023 년 06 ∨ 월 확정 1. 정기신고 ∨ 매 출 매 입 ※ [확인]전송일자가 없는 거래는 전자세금계산서 발급분으로 반영 되므로 국세청 홈택스 전송 세금계산서와 반드시 확인 합니다. 2. 매출세금계산서 총합계 구 분 매출처수 매 수 공급가액 세 액 합 계 14 34 389,830,000 35,673,000 과세기간 종류일 다음달 사업자 번호 발급분 13 31 384,830,000 35,173,000 11일까지전송된 주민등록번호발급분 1 3 5,000,000 500,000 전자세금계산서 발급분 소 계 14 34 389,830,000 35,673,000

제103회 기출문제

이론시험

01	02	03	04	05	06	07	08	09	10	11	12	13	14	15
①	①	③	②	④	④	②	④	③	②	①	④	③	④	④

문 항	해 설
01	재무제표는 재무상태표, 손익계산서, 현금흐름표, 자본변동표, 주석을 포함한다(수입금액조정명세서, 제조원가명세서, 합계잔액시산표, 주주명부는 재무제표에 포함하지 않는다).
02	• 자산총계 = 보통예금 300,000원 + 외상매출금 700,000원 = 1,000,000원 • 자본총계 = 자본금 300,000원 + 이익잉여금 100,000원 = 400,000원 • 부채총계 = 자산총계 1,000,000원 − 자본총계 400,000원 = 600,000원 ∴ 외상매입금 = 부채총계 600,000원 − 미지급금 150,000원 = 450,000원
03	손익계산서상에 영업이익이 과대표시되고, 재무상태표상 비유동자산이 과대표시된다.
04	재무상태표 계정인 선수금(부채), 개발비(자산), 저장품(자산)은 잔액을 차기이월하는 방법을 통하여 장부마감을 하여야 하지만, 손익계산서 계정인 '기부금'은 집합손익 원장에 대체하는 방식으로 장부마감을 하여야 한다.

05	재무정보의 비교가능성은 목적적합성과 신뢰성만큼 중요한 질적특성은 아니나, 목적적합성과 신뢰성을 갖춘 정보가 기업실체 간에 비교가능하거나 또는 기간별 비교가 가능할 경우 재무정보의 유용성이 제고될 수 있다.
06	(차) 현금(자산의 증가) 51,000 (대) 단기대여금(자산의 감소) 50,000 이자수익(수익의 발생) 1,000
07	잉여금은 자본거래에 따라 자본잉여금, 손익거래에 따라 이익잉여금으로 구분한다.
08	주문개발하는 소프트웨어의 대가로 수취하는 수수료는 진행률에 따라 수익을 인식한다. 진행률은 소프트웨어의 개발과 소프트웨어 인도 후 제공하는 지원용역을 모두 포함하여 결정한다.
09	자산의 처분으로 인한 손익은 영업외손익으로 처리한다. 영업부 사무실의 소모품비는 판매관리비 항목이다.
10	보조부문원가 배분방법은 직접배분법, 단계배분법, 상호배분법이다.
11	당기제품제조원가 = 매출원가 1,300,000원 + 기말제품재고 70,000원 − 기초제품재고 90,000원 = 1,280,000원 제 품 <table><tr><td>기초제품재고액</td><td>90,000</td><td>매출원가</td><td>1,300,000</td></tr><tr><td>당기제품제조원가</td><td>1,280,000</td><td>기말제품재고액</td><td>70,000</td></tr></table>
12	정상공손품의 원가는 제품 원가의 일부를 구성한다.
13	공급가액은 금전 외의 대가를 받는 경우 자기가 공급한 재화 또는 용역의 시가로 한다.
14	폐업 시 잔존재화의 경우 공급시기는 폐업하는 때이다.
15	무인자동판매기를 통하여 재화를 공급하는 사업의 납세지는 사업에 관한 업무를 총괄하는 장소로 한다.

실무시험

[문제 1] 기초정보관리 및 전기분재무제표

문 항	기초정보관리 및 전기분재무제표

1	[기초정보관리] − [회사등록]
	사업자등록번호, 사업장주소, 업태 및 종목, 개업연월일 수정
	
	기본사항 추가사항
	1. 회계연도 제 8 기 2023 년 01 월 01 일 ~ 2023 년 12 월 31 일
	2. 사업자등록번호 134-86-81692 3. 법인등록번호 110111-1390212
	4. 대표자명 김일진
	5. 대표자주민번호 700205-1057155 대표자외국인여부 부
	6. 사업장주소 경기도 화성시 송산면 마도북로 40
	                                                 신주소 여
	7. 본점주소 18551 경기도 화성시 송산면 마도북로 40
	                                                 신주소 여
	8. 업태 제조업 9. 종목 자동차특장
	10. 주업종코드 341001 제조업 / 화물 자동차 및 특수 목적용 자동차 제조업
	11. 사업장전화번호 031) 1234 - 5678 12. 팩스 031) 2000 - 3000
	13. 법인구분 내국법인 14. 법인종류별구분 중소기업
	15. 중소기업여부 여 16. 설립연월일 2016-04-30
	17. 개업연월일 2016-05-06 18. 폐업연월일 ____-__-__

2	**[기초정보관리] - [계정과목및적요등록]** 831.수수료비용, 현금적요 No.8, 오픈마켓 결제대행 수수료 입력 표 (계정과목) 0831 수 수 료 비 용 3.경 비 0832 보 관 료 3.경 비 0833 광 고 선 전 비 3.경 비 0834 판 매 촉 진 비 3.경 비 0835 대 손 상 각 비 3.경 비 0836 기 밀 비 3.경 비 0837 건 물 관 리 비 3.경 비 0838 수 출 제 비 용 3.경 비 0839 판 매 수 수 료 3.경 비 표 (현금적요) 적요NO 현금적요 1 전기가스점검수수료 지급 2 기타수수료 지급 3 기장료 지급 4 세무조정료 지급 5 수출품검사 수수료 지급 6 결산공고료 지급 7 기타 세무 자문료 지급 8 오픈마켓 결제대행 수수료
3	아래 순서대로 수정한다. (1) **전기분원가명세서** : 가스수도료 7,900,000원을 8,450,000원으로 수정, 당기제품제조원가 553,935,000원이 554,485,000원으로 변경 확인 (2) **전기분손익계산서** : 제품매출원가의 당기제품제조원가 553,935,000원을 554,485,000원으로 수정, 수도광열비 3,300,000원을 2,750,000원으로 수정, 당기순이익 83,765,000원이 83,765,000원과 동일한 금액 확인(단, 전기분잉여금처분계산서와 전기분재무상태표는 당기순이익이 수정 전과 동일하므로 수정 불필요)

[문제 2] 일반전표입력

문항	일자	일반전표입력
1	7월 30일	구분 / 계정과목 / 거래처 / 적요 / 차변 / 대변 차변 0103 보통예금 — — — 4,970,000 — 차변 0956 매출채권처분손실 — — — 30,000 — 대변 0110 받을어음 00201 (주)초코 — — — 5,000,000 받을어음의 할인료(매각거래)는 '매출채권처분손실'로 처리한다.
2	8월 10일	구분 / 계정과목 / 거래처 / 적요 / 차변 / 대변 차변 0254 예수금 — — — 270,000 — 차변 0517 세금과공과 — — — 180,000 — 차변 0817 세금과공과 — — — 90,000 — 대변 0101 현금 — — — — 540,000
3	9월 26일	구분 / 계정과목 / 거래처 / 적요 / 차변 / 대변 차변 0103 보통예금 — — — 50,423,000 — 차변 0136 선납세금 — — — 77,000 — 대변 0105 정기예금 — — — — 50,000,000 대변 0901 이자수익 — — — — 500,000
4	10월 26일	구분 / 계정과목 / 거래처 / 적요 / 차변 / 대변 차변 0103 보통예금 — — — 60,000,000 — 대변 0331 자본금 — — — — 50,000,000 대변 0381 주식할인발행차금 — — — — 1,000,000 대변 0341 주식발행초과금 — — — — 9,000,000 합계잔액시산표 조회하여 주식할인발행차금 1,000,000원 잔액을 조회하여 우선 상계한다.
5	10월 29일	구분 / 계정과목 / 거래처 / 적요 / 차변 / 대변 차변 0153 원재료 — — — 50,000 — 대변 0101 현금 — — — — 50,000 원재료 매입 시 운임은 취득원가(원재료)에 포함한다.
6	11월 8일	구분 / 계정과목 / 거래처 / 적요 / 차변 / 대변 차변 0202 건물 — — — 15,000,000 — 대변 0103 보통예금 — — — — 15,000,000 건물에 대한 자본적지출은 해당 자산(건물)의 원가에 포함한다.

[문제 3] 매입매출전표입력

문 항	일자/유형	매입매출전표입력

1 · 9월 30일 [57.카과]

유형	품목	수량	단가	공급가액	부가세	코드	공급처명	사업/주민번호	전자	분개
카과	수선비			300,000	30,000	00203	(주)다고쳐	204-19-76690		카드

신용카드사 99602 하나카드   봉사료

(대 체) 전 표   NO : 50001   일 자 : 2023

구분	계정과목	적요	거래처	차변(출금)	대변(입금)
대변	0253 미지급금	수선비	99602 하나카드		330,000
차변	0135 부가세대급금	수선비	00203 (주)다고쳐	30,000	
차변	0520 수선비	수선비	00203 (주)다고쳐	300,000	

2 · 10월 11일 [51.과세]

유형	품목	수량	단가	공급가액	부가세	코드	공급처명	사업/주민번호	전자	분개
과세	화물자동차			6,000,000	600,000	00204	아재자동차	519-15-00319	여	혼합

구분	계정과목	적요	거래처	차변(출금)	대변(입금)
차변	0135 부가세대급금	화물자동차	00204 아재자동차	600,000	
차변	0208 차량운반구	화물자동차	00204 아재자동차	6,000,000	
대변	0110 받을어음	화물자동차	00117 (주)삼진		3,300,000
대변	0253 미지급금	화물자동차	00204 아재자동차		3,300,000

(주)삼진으로부터 받은 어음을 아재자동차에게 양도하므로 거래처를 수정해야 한다.

3 · 10월 15일 [55.수입]

유형	품목	수량	단가	공급가액	부가세	코드	공급처명	사업/주민번호	전자	분개
수입	원재료수입			5,000,000	500,000	00207	인천세관	134-83-04506	여	혼합

구분	계정과목	적요	거래처	차변(출금)	대변(입금)
차변	0135 부가세대급금	원재료수입	00207 인천세관	500,000	
대변	0103 보통예금	원재료수입	00207 인천세관		500,000

수입전자세금계산서를 수취한 거래는 부가가치세 10%만 회계처리한다.

4 · 11월 4일 [51.과세]

유형	품목	수량	단가	공급가액	부가세	코드	공급처명	사업/주민번호	전자	분개
과세	안전용품			1,600,000	160,000	00206	(주)삼양안전	109-81-33618	여	혼합

구분	계정과목	적요	거래처	차변(출금)	대변(입금)
차변	0135 부가세대급금	안전용품	00206 (주)삼양안전	160,000	
차변	0173 소모품	안전용품	00206 (주)삼양안전	1,600,000	
대변	0101 현금	안전용품	00206 (주)삼양안전		300,000
대변	0253 미지급금	안전용품	00206 (주)삼양안전		1,460,000

5 · 11월 14일 [11.과세]

유형	품목	수량	단가	공급가액	부가세	코드	공급처명	사업/주민번호	전자	분개
과세	기계 매각			5,000,000	500,000	00208	인천상사	123-15-12346	여	혼합

구분	계정과목	적요	거래처	차변(출금)	대변(입금)
대변	0255 부가세예수금	기계 매각	00208 인천상사		500,000
대변	0206 기계장치	기계 매각	00208 인천상사		50,000,000
차변	0207 감가상각누계액	기계 매각	00208 인천상사	43,000,000	
차변	0101 현금	기계 매각	00208 인천상사	500,000	
차변	0120 미수금	기계 매각	00208 인천상사	5,000,000	
차변	0970 유형자산처분손실	기계 매각	00208 인천상사	2,000,000	
			합 계	50,500,000	50,500,000

6 · 11월 22일 [54.불공]

유형	품목	수량	단가	공급가액	부가세	코드	공급처명	사업/주민번호	전자	분개
불공	접대비			500,000	50,000	00209	미래마트	123-41-45680	여	혼합

불공제사유 4 ④접대비 및 이와 유사한 비용 관련

(대 체) 전 표   NO : 50001   일 자 : 2023

구분	계정과목	적요	거래처	차변(출금)	대변(입금)
차변	0813 접대비	접대비	00209 미래마트	550,000	
대변	0103 보통예금	접대비	00209 미래마트		550,000

| 최신기출 | 엄선기출 | 고난이도 | 정답 및 해설 |

[문제 4] 전표수정

문 항	일 자	전표수정
1	7월 3일	**수정 전** 	구분	계 정 과 목	거 래 처	적 요	차 변	대 변
차변	0954 기타의대손상각비		미수금 대손	10,000,000	
대변	0120 미수금	00213 (주)한성전자	미수금 대손		10,000,000 | **수정 후** | 구분	계 정 과 목	거 래 처	적 요	차 변	대 변
차변	0954 기타의대손상각비		미수금 대손	9,000,000	
대변	0120 미수금	00214 (주)성한전기	미수금 대손		10,000,000
차변	0121 대손충당금		미수금 대손	1,000,000		
2	11월 29일	**수정 전** 	구분	계 정 과 목	거 래 처	적 요	차 변	대 변
차변	0107 단기매매증권		태평상사 주식취득	1,010,000	
대변	0101 현금		태평상사 주식취득		1,010,000 | **수정 후** | 구분	계 정 과 목	거 래 처	적 요	차 변	대 변
차변	0107 단기매매증권		태평상사 주식취득	1,000,000	
대변	0101 현금		태평상사 주식취득		1,010,000
차변	0984 수수료비용		태평상사 주식취득	10,000		

[문제 5] 결산정리사항

문 항	일 자	결산수행
1	12월 31일 일반전표입력		구분	계 정 과 목	거 래 처	적 요	차 변	대 변
차변	0116 미수수익			300,000	
대변	0901 이자수익				300,000	 당기 기간경과된 이자수익 = 60,000,000원 × 2% × 3개월/12개월 = 300,000원
2	12월 31일 일반전표입력		차변	0830 소모품비			350,000	
대변	0173 소모품				350,000	
3	①과 ② 중 선택하여 입력	① [결산자료입력] 결산자료입력 메뉴 F8 대손상각(외상매출금만 결산반영) 대손율(%) [1.00] 	코드	계정과목명	금액	설정전 충당금 잔액			추가설정액(결산반영) [(금액×대손율)-설정전충당금잔액]	유형
			코드	계정과목명	금액		
0108	외상매출금	137,506,000	0109	대손충당금	123,500	1,251,560	판관 | F3 전표추가 → 일반전표 자동생성 | 0835	5). 대손상각			1,251,560	1,251,560
0108	외상매출금			1,251,560	1,251,560
0110	받을어음	결산분개를 일반전표에 추가하시겠습니까?			
0840	6). 무형자산상각비				
0227	소프트웨어	예(Y) 아니오(N)			
	7). 기타비용		82,940		38,182,940
0811	복리후생비		91,200		7,091,200 | ② [일반전표입력] 일반전표에 직접입력 | 결차	0835 대손상각비				1,251,560	
결대	0109 대손충당금					1,251,560	

[문제 6] 장부조회

문 항	장부조회 답안
1 300,000원	**[매입매출장]** 조회기간 : 4월 1일 ~ 6월 30일, 구분 : 3.매입, 유형 : 54.불공, ①전체 조회기간: 2023 년 04 월 01 일 💬 ~ 2023 년 06 월 30 일 💬 구 분: 3 1.전체 2.매출 3.매입 유형: 54.불공 ∨ ①전체 유형 일자 품목 공급가액 부가세 합계 예정신고 코드 거래처 전자 분개유형 불공 2023-06-23 주유상품권 300,000 30,000 330,000 00107 SK에너지 ○ 혼합 월 계 [1건-매수 1매] 300,000 30,000 330,000 **또는 [부가가치세신고서]** 조회기간 : 4월 1일 ~ 6월 30일, 공제받지못할매입세액 확인
2 3매	**[세금계산서합계표]** 조회기간(4월 ~ 6월) 36매 – 조회기간(1월 ~ 3월) 33매 = 3매
3 40,000,000원	**[총계정원장] 또는 [계정별원장]** 기간 : 4월 1일 ~ 4월 30일, 계정과목 : 108.외상매출금 조회하여 '대변' 금액 확인 기 간 2023 년 04 월 01 💬 일 ~ 2023 년 04 월 30 💬 일 계정과목 0108 💬 외상매출금 ~ 0108 💬 외상매출금 □ 코드 계정 과목 일자 차 변 대 변 잔 액 ■ 0108 외상매출금 [전월이월] 79,080,000 7,700,000 71,380,000 □ 2023/04 4,400,000 40,000,000 35,780,000 □ 합 계 83,480,000 47,700,000

제102회 기출문제

이론시험

01	02	03	04	05	06	07	08	09	10	11	12	13	14	15
③	③	③	④	③	④	④	①	②	④	③	①	③	④	③

문 항	해 설
01	(차) 대여금(자산 증가) ××× (대) 보통예금(자산 감소) ×××
02	기말재고자산 = (50개 × 200원) + (100개 × 300원) = 40,000원
03	무형자산손상차손은 영업외비용에 해당한다.
04	유형자산 중 토지와 건설중인자산은 감가상각을 하지 않으며, 무형자산은 비화폐성자산으로 미래 경제적 효익이 있고 물리적 실체가 없는 자산이다.
05	단기매매증권을 취득할 때 발생한 수수료는 비용 20,000원으로 처리하며, 단기매매증권을 처분할 때 단기매매증권처분이익 10,000원이 발생한다. 결국 해당 거래로 당기순이익은 10,000원 감소한다.
06	우발부채는 부채로 인식하지 않지만, 의무를 이행하기 위하여 자원이 유출될 가능성이 아주 낮지 않은 한, 우발부채를 주석에 기재한다.
07	재무상태표상의 자본의 총액은 주식의 시가총액과는 일치하지 않는 것이 일반적이다.
08	(가)는 '판매관리비'이며, 영업부 종업원의 급여 50,000원과 상거래채권(매출채권)의 대손상각비 20,000원이 이에 해당한다.

09	① 당기총제조원가 = 직접재료비 + 직접노무비 + 제조간접비 ③ 당기제품제조원가 = 기초재공품재고액 + 당기총제조원가 - 기말재공품재고액 ④ 매출원가 = 기초제품재고액 + 당기제품제조원가 - 기말제품재고액
10	정유업, 화학업, 제지업은 종합원가계산이 사용되는 대표적인 산업이다.
11	평균법에 의한 완성품환산량은 기초재공품 수량을 반영하지 않는다. • 재료비 = 300개 + (200개 × 100%) = 500개 • 가공비 = 300개 + (200개 × 50%) = 400개
12	사전에 결정하는 것은 예정배부율법에 해당한다.
13	판매목적 타사업장 반출로서 공급의제되는 재화는 세금계산서를 발급해야 한다.
14	세금계산서 필요적 기재사항(4가지) • 공급하는 사업자의 등록번호, 성명, 명칭 • 공급받는 자의 등록번호 • 공급가액과 부가가치세액 • 작성연월일
15	철도건설법에 따른 고속철도에 의한 여객운송용역은 항공기에 의한 여객운송용역과 경쟁 관계에 있다는 점을 고려하여 과세대상으로 정하고 있다.

실무시험

[문제 1] 기초정보관리 및 전기분재무제표

문 항	기초정보관리 및 전기분재무제표
1	[거래처등록] - [일반거래처] 07171 (주)천천상사 129-86-78690 매출 1. 사업자등록번호 129-86-78690 사업자등록상태조회 2. 주민 등록 번호 _____-_____ 주 민 기 재 분 부 0:부 1:여 3. 대 표 자 성 명 이부천 4. 업 종 업태 도매 종목 전자제품 5. 주 소 인천광역시 계약구 경명대로 1077 로얄프라자 201호(계산동)
2	[거래처별초기이월] • 외상매출금 : (주)목포전자 2,000,000원 추가입력 • 외상매입금 : 저팔계산업 1,200,000원 삭제 또는 0원으로 수정 • 받을어음 : (주)대구전자 600,000원을 300,000원으로 수정
3	아래 순서대로 수정한다. (1) **전기분원가명세서** : 소모품비(530) 3,000,000원을 5,000,000원으로 수정, 당기제품제조원가 305,180,000원이 307,180,000원으로 변경 확인 (2) **전기분손익계산서** : 소모품비(830) 10,000,000원을 8,000,000원으로 수정, 당기제품제조원가 305,180,000원을 307,180,000원으로 수정입력, 당기순이익 144,970,000원이 수정 전과 동일함을 확인(단, 전기분이익잉여금처분계산서와 전기분재무상태표는 당기순이익의 변동이 없으므로 수정 불필요)

[문제 2] 일반전표입력

문 항	일 자	일반전표입력
1	7월 20일	**[합계잔액시산표 조회]** • 178.매도가능증권의 전기말 잔액 28,000,000원 확인 • 전기말 매도가능증권평가이익 잔액 4,000,000원 확인 표 참조 • 매도가능증권처분손익 5,000,000원 = 처분가액 29,000,000원 − 취득가액 24,000,000원
2	9월 26일	표 참조 재고자산(원재료)을 제품제조에 투입하지 않았으므로 적요 8.타계정으로대체 반드시 입력함
3	11월 4일	표 참조
4	11월 5일	표 참조 전기 이전에 이미 대손처리한 채권이 당기에 회수되면 대변에는 무조건 해당 채권의 대손충당금으로 회계처리한다.
5	11월 8일	표 참조
6	11월 30일	표 참조

문항 1 (7월 20일)

구분	계 정 과 목	거 래 처	적 요	차 변	대 변
대변	0178 매도가능증권				28,000,000
차변	0394 매도가능증권평가이익			4,000,000	
차변	0103 보통예금			29,000,000	
대변	0915 매도가능증권처분이익				5,000,000

문항 2 (9월 26일)

구분	계 정 과 목	거 래 처	적 요	차 변	대 변
차변	0520 수선비			550,000	
대변	0153 원재료		8 타계정으로 대체액 원가		550,000

문항 3 (11월 4일)

구분	계 정 과 목	거 래 처	적 요	차 변	대 변
차변	0511 복리후생비			20,000	
대변	0101 현금				20,000

문항 4 (11월 5일)

구분	계 정 과 목	거 래 처	적 요	차 변	대 변
차변	0103 보통예금			500,000	
대변	0109 대손충당금				500,000

문항 5 (11월 8일)

구분	계 정 과 목	거 래 처	적 요	차 변	대 변
차변	0103 보통예금			10,300,000	
대변	0120 미수금				10,300,000

문항 6 (11월 30일)

구분	계 정 과 목	거 래 처	적 요	차 변	대 변
차변	0103 보통예금			2,300,000	
대변	0108 외상매출금	00175 ACE			2,200,000
대변	0907 외환차익				100,000

[문제 3] 매입매출전표입력

문 항	일자/유형	매입매출전표입력
1	10월 16일 [54.불공]	표 참조
2	10월 21일 [11.과세]	표 참조
3	11월 2일 [51.과세]	표 참조

문항 1 (10월 16일, 54.불공)

유형	품목	수량	단가	공급가액	부가세	코드	공급처명	사업/주민번호	전자	분개
불공	노트북(사업무			2,500,000	250,000	00179	(주)한국마트	105-81-23608	여	혼합

불공제사유 2 ⑨사업과 직접 관련 없는 지출

NO : 50001 　　(대 체) 전 표　　일 자 : 2023 년 10 월

구분	계정과목	적요	거래처	차변(출금)	대변(입금)
차변	0134 가지급금	노트북(사업무관)	00180 대표이사 신윤철	2,750,000	
대변	0253 미지급금	노트북(사업무관)	00179 (주)한국마트		2,750,000

문항 2 (10월 21일, 11.과세)

유형	품목	수량	단가	공급가액	부가세	코드	공급처명	사업/주민번호	전자	분개
과세	전자제품			40,000,000	4,000,000	00177	(주)송송유통	110-81-19066	여	혼합

구분	계정과목	적요	거래처	차변(출금)	대변(입금)
대변	0255 부가세예수금	전자제품	00177 (주)송송유통		4,000,000
대변	0404 제품매출	전자제품	00177 (주)송송유통		40,000,000
차변	0110 받을어음	전자제품	00178 지주상사	10,000,000	
차변	0108 외상매출금	전자제품	00177 (주)송송유통	34,000,000	

문항 3 (11월 2일, 51.과세)

유형	품목	수량	단가	공급가액	부가세	코드	공급처명	사업/주민번호	전자	분개
과세	cctv설치			3,000,000	300,000	02000	(주)이에스텍	125-88-12346	여	혼합

구분	계정과목	적요	거래처	차변(출금)	대변(입금)
차변	0135 부가세대급금	cctv설치	02000 (주)이에스텍	300,000	
차변	0471 시설장치	cctv설치	02000 (주)이에스텍	3,000,000	
대변	0101 현금	cctv설치	02000 (주)이에스텍		300,000
대변	0253 미지급금	cctv설치	02000 (주)이에스텍		3,000,000

4	11월 27일 [54.불공]	유형	품목	수량	단가	공급가액	부가세	코드	공급처명	사업/주민번호	전자	분개
		불공	구건물 철거			30,000,000	3,000,000	02001	(주)철거	126-87-12342	여	혼합

불공제사유 6 ⑥토지의 자본적 지출 관련

◈	NO : 50001		(대 체) 전 표			일 자 : 2023 년 11 월
구분	계정과목	적요	거래처	차변(출금)	대변(입금)
차변	0201 토지	구건물 철거	02001 (주)철거	33,000,000	
대변	0103 보통예금	구건물 철거	02001 (주)철거		15,000,000
대변	0253 미지급금	구건물 철거	02001 (주)철거		18,000,000

5	12월 1일 [17.카과]	유형	품목	수량	단가	공급가액	부가세	코드	공급처명	사업/주민번호	전자	분개
		카과	제품			2,400,000	240,000	00143	권지우	850102-1325118		카드

신용카드사 99600 국민카드   봉사료

◈	NO : 50001		(대 체) 전 표			일 자 : 2023 년 12 월
구분	계정과목	적요	거래처	차변(출금)	대변(입금)
차변	0108 외상매출금	제품	99600 국민카드	2,640,000	
대변	0255 부가세예수금	제품	00143 권지우		240,000
대변	0404 제품매출	제품	00143 권지우		2,400,000

분개유형을 '혼합'으로 설정하여 하단 회계처리를 하여도 무방하다.

6	12월 20일 [16.수출]	유형	품목	수량	단가	공급가액	부가세	코드	공급처명	사업/주민번호	전자	분개
		수출	제품			5,925,000		00149	dongho			외상

영세율구분 1 직접수출(대행수출 포함) 수출신고번호

◈	NO : 50001		(대 체) 전 표			일 자 : 2023 년 12 월
구분	계정과목	적요	거래처	차변(출금)	대변(입금)
차변	0108 외상매출금	제품	00149 dongho	5,925,000	
대변	0404 제품매출	제품	00149 dongho		5,925,000

[문제 4] 전표수정

문항	일 자	전표수정						
1	8월 25일	수정 전	구분	계 정 과 목	거 래 처	적 요	차 변	대 변
			차변 0817 세금과공과			1기확정부가세납부	22,759,840	
			대변 0103 보통예금			1기확정부가세납부		22,759,840
		수정 후	구분	계 정 과 목	거 래 처	적 요	차 변	대 변
			차변 0817 세금과공과			1기확정부가세납부	162,750	
			대변 0103 보통예금			1기확정부가세납부		22,759,840
			차변 0261 미지급세금			1기확정부가세납부	22,597,090	

문항 2, 10월 17일

수정 전

일반전표 삭제

구분	계 정 과 목	거 래 처	적 요	차 변	대 변
차변 0146 상품	00144 (주)이플러스	스피커	2,200,000	
대변 0103 보통예금		스피커		2,200,000

[2]건의 데이터를 선택하였습니다.
선택한 데이터를 삭제하시겠습니까?
예(Y) 아니오(N)

수정 후

매입매출전표 [61.현과] 입력

유형	품목	수량	단가	공급가액	부가세	코드	공급처명	사업/주민번호	전자	분개
현과	스피커			2,000,000	200,000	00144	(주)이플러스	126-88-45118		혼합

구분	계정과목	적요	거래처	차변(출금)	대변(입금)
차변 0135 부가세대급금	스피커		00144 (주)이플러	200,000	
차변 0212 비품	스피커		00144 (주)이플러	2,000,000	
대변 0103 보통예금	스피커		00144 (주)이플러		2,200,000

[문제 5] 결산정리사항

문 항	일 자	결산수행
1	12월 31일 일반전표입력	<table><tr><td>구분</td><td colspan="2">계 정 과 목</td><td>거 래 처</td><td>적 요</td><td>차 변</td><td>대 변</td></tr><tr><td>차변</td><td>0955</td><td>외화환산손실</td><td></td><td></td><td>40,000</td><td></td></tr><tr><td>대변</td><td>0251</td><td>외상매입금</td><td>00158 상하이</td><td></td><td></td><td>40,000</td></tr></table> 외화환산손익 = $2,000 × (1,100원 − 1,120원) 　　　　　　　　= 40,000원(외상매입금의 증가는 환산손실)
2	12월 31일 일반전표입력	<table><tr><td>차변</td><td>0133</td><td>선급비용</td><td></td><td></td><td>1,950,000</td><td></td></tr><tr><td>대변</td><td>0521</td><td>보험료</td><td></td><td></td><td></td><td>1,200,000</td></tr><tr><td>대변</td><td>0821</td><td>보험료</td><td></td><td></td><td></td><td>750,000</td></tr></table> • 제조부문 = 2,400,000원 × 6/12 = 1,200,000원 • 영업부문 = 1,500,000원 × 6/12 = 750,000원
3	12월 31일 일반전표입력	<table><tr><td>차변</td><td>0257</td><td>가수금</td><td></td><td></td><td>2,550,000</td><td></td></tr><tr><td>대변</td><td>0108</td><td>외상매출금</td><td>00181 (주)인천</td><td></td><td></td><td>2,530,000</td></tr><tr><td>대변</td><td>0930</td><td>잡이익</td><td></td><td></td><td></td><td>20,000</td></tr></table>

[문제 6] 장부조회

문 항	장부조회 답안
1 61,858,180원	**[총계정원장]** 기간 : 1월 1일 ~ 3월 31일, 계정과목 : 404.제품매출 조회 3월 120,480,000원 − 2월 58,621,820원 = 61,858,180원 기　간 2023 년 01 월 01 일 ~ 2023 년 03 월 31 일 계정과목 0404 제품매출 ~ 0404 제품매출 <table><tr><td>코드</td><td>계 정 과 목</td><td>일자</td><td>차 변</td><td>대 변</td><td>잔 액</td></tr><tr><td>0404</td><td>제품매출</td><td></td><td></td><td></td><td></td></tr><tr><td></td><td>"</td><td>2023/01</td><td></td><td>79,277,273</td><td>79,277,273</td></tr><tr><td></td><td></td><td>2023/02</td><td></td><td>58,621,820</td><td>137,899,093</td></tr><tr><td></td><td></td><td>2023/03</td><td></td><td>120,480,000</td><td>258,379,093</td></tr><tr><td></td><td></td><td>합 계</td><td></td><td>258,379,093</td><td></td></tr></table>
2 3,500,000원	**[부가가치세신고서]** 조회기간 : 1월 1일 ~ 3월 31일, 14.그밖의 공제매입세액의 42.신용카드매출수령금액합계표의 '고정매입'란의 공급가액
3 10,000,000원	**[거래처원장]** 기간 : 6월 1일 ~ 6월 30일, 계정과목 : 108.외상매출금, 거래처 : 167.한일상회 조회하여 대변 금액 기　간 2023 년 6 월 1 일 ~ 2023 년 6 월 30 일 계정과목 0108 외상매출금　　잔액 0 포함 거래처분류 ~ 　거 래 처 00167 한일상회 ~ 00167 한일상회 <table><tr><td>코드</td><td>거 래 처</td><td>등록번호</td><td>대표자명</td><td>전월이월</td><td>차 변</td><td>대 변</td><td>잔 액</td></tr><tr><td>00167</td><td>한일상회</td><td>110-16-50282</td><td>박은수</td><td>13,150,000</td><td>1,452,000</td><td>10,000,000</td><td>4,602,000</td></tr></table>

제101회 기출문제

이론시험

01	02	03	04	05	06	07	08	09	10	11	12	13	14	15
④	④	②	①	④	③	④	④	④	④	③	④	③	③	③

문 항	해 설
01	유형자산처분손실은 영업이익 이후에 차감되는 영업외비용이므로 법인세비용차감전순손익 금액이 감소하는데 영향을 주지만 영업이익 이전에는 영향을 주지 않는다.
02	현금및현금성자산은 통화 및 타인발행수표 등 통화대용증권과 당좌예금, 보통예금 및 큰 거래비용 없이 현금으로 전환이 용이하고 이자율 변동에 따른 가치변동의 위험이 경미한 금융상품으로서 취득 당시 만기일(또는 상환일)이 3개월 이내인 것을 말한다.
03	재고자산을 제외한 다른 자산을 취득하면서, 약속어음을 발행하여 대금을 지급한 경우에는 지급어음이 아니라 미지급금 계정으로 처리한다.
04	감가상각비(제조원가) = 생산부(포터2 더블캡 취득원가 30,000,000원 − 잔존가치 5,000,000원)/5년 　　　　　　　　　　　 = 5,000,000원 영업부의 감가상각비는 판관비에 해당한다.
05	무형자산을 최초로 인식할 때에는 원가로 측정한다.
06	8월 1일 : (차) 단기매매증권　　　　　500,000　　(대) 현 금　　　　　　　　　　500,000 9월 1일 : (차) 현 금　　　　　　　　600,000　　(대) 단기매매증권　　　　　　500,000 　　　　　　　　　　　　　　　　　　　　　　　　　단기매매증권처분이익　　　100,000

07

회계처리 : (차) 급여(비용 발생)　　　2,000,000　　(대) 미지급금(부채 증가)　　1,950,000
　　　　　　　　　　　　　　　　　　　　　　　　　　　　　예수금(부채 증가)　　　　50,000

전기 :

미지급금(부채)		예수금(부채)	
(감 소)	(증 가)	(감 소)	(증 가)
	12/1 급여　1,950,000원		12/1 급여　　50,000원

문 항	해 설
08	자기주식처분이익은 자본잉여금이고, 나머지 항목은 영업외수익이다.
09	제품매출원가는 손익계산서 항목에 해당하는 비용이다.
10	상대적으로 정확한 제품원가계산이 가능한 방법은 개별원가계산 방법이다.
11	당기완성품 수량 800개 + 기말재공품 완성품환산량 20개(기말재공품 수량 50개 × 완성도 40%) = 820개
12	기회원가는 여러 대안에 대한 의사결정을 하였을 때, 선택하지 않은 대안 중 차선의 대안에 대한 기대치이다.
13	세금계산서는 사업자가 부가가치세법 제15조 및 제16조에 따른 재화 또는 용역의 공급시기에 재화 또는 용역을 공급받는 자에게 발급하여야 한다.
14	도서 및 도서대여 용역의 공급에 대하여는 부가가치세를 면제한다. 나머지 ①, ②, ④는 부가가치세가 과세된다.
15	과세표준 = 총매출액 1,000,000원 − 매출에누리 16,000원 − 매출할인 30,000원 = 954,000원 매출할인, 매출에누리, 대가 지급의 지연으로 받는 연체이자는 공급가액에 포함하지 않는다. 판매장려금(금전) 지급액과 대손금은 과세표준에서 공제하지 않는다.

실무시험

[문제 1] 기초정보관리 및 전기분재무제표

문 항	기초정보관리 및 전기분재무제표
1	**[거래처등록]-[신용카드] 탭** 99605 소망카드 654800341 매출 1. 사업자등록번호 ___-__-_____ 2. 가 맹 점 번 호 654800341 직불, 기명식 선불전자지급수단 부
2	**[계정과목및적요등록]** 코드 : 0855, 계정과목 : 인적용역비, 성격 : 3.경비, 대체적요 : NO.1, 사업소득자 용역비 지급

3	**[거래처별초기이월]**
	• 외상매출금 : (주)부산무역 23,000,000원을 49,000,000원으로 수정,
	         (주)영월상사 13,000,000원을 33,000,000원으로 수정
	• 외상매입금 : (주)여주기업 50,000,000원을 51,000,000원으로 수정,
	         (주)부여산업 24,800,000원을 추가 입력

[문제 2] 일반전표입력

문 항	일 자	구분	계 정 과 목	거 래 처	적 요	차 변	대 변
1	9월 18일	차변 대변 대변	0251 외상매입금 0252 지급어음 0918 채무면제이익	00102 (주)강남 00102 (주)강남		2,500,000	 1,300,000 1,200,000
2	10월 13일	차변 대변	0101 현금 0259 선수금	 00170 일만상사		600,000	 600,000
3	10월 15일	차변 차변 대변 대변	0803 상여금 0505 상여금 0254 예수금 0103 보통예금			500,000 900,000	 154,000 1,246,000
4	11월 11일	차변 대변	0265 미지급배당금 0103 보통예금			2,000,000	 2,000,000
5	12월 28일	차변 대변	0212 비품 0253 미지급금	 99603 씨티카드		3,000,000	 3,000,000
6	12월 30일	차변 차변 대변	0186 퇴직연금운용자산 0831 수수료비용 0103 보통예금			5,390,000 110,000	 5,500,000

[문제 3] 매입매출전표입력

문항	일자/유형	매입매출전표입력

1 / 7월 25일 [12.영세]

유형	품목	수량	단가	공급가액	부가세	코드	공급처명	사업/주민번호	전자	분개
영세	제품			10,000,000		00183	(주)정남	185-81-41581	여	혼합

영세율구분 3 📟 내국신용장 · 구매확인서　서류번호

	NO : 50001		(대 체) 전 표			일 자 : 2023
구분	계정과목	적요		거래처	차변(출금)	대변(입금)
대변	0404 제품매출	제품		00183 (주)정남		10,000,000
차변	0259 선수금	제품		00183 (주)정남	2,000,000	
차변	0108 외상매출금	제품		00183 (주)정남	8,000,000	

2 / 9월 20일 [51.과세]

유형	품목	수량	단가	공급가액	부가세	코드	공급처명	사업/주민번호	전자	분개
과세	원재료			1,300,000	130,000	01112	주경상사	109-53-56618	여	혼합

구분	계정과목	적요		거래처	차변(출금)	대변(입금)
차변	0135 부가세대급금	원재료		01112 주경상사	130,000	
차변	0153 원재료	원재료		01112 주경상사	1,300,000	
대변	0101 현금	원재료		01112 주경상사		1,000,000
대변	0252 지급어음	원재료		01112 주경상사		430,000

3 / 10월 26일 [53.면세]

유형	품목	수량	단가	공급가액	부가세	코드	공급처명	사업/주민번호	전자	분개
면세	교육			1,650,000		01114	(주)예인	185-81-44521	여	혼합

구분	계정과목	적요		거래처	차변(출금)	대변(입금)
차변	0825 교육훈련비	교육		01114 (주)예인	1,650,000	
대변	0103 보통예금	교육		01114 (주)예인		1,650,000

4 / 11월 11일 [54.불공]

유형	품목	수량	단가	공급가액	부가세	코드	공급처명	사업/주민번호	전자	분개
불공	수입 승용차			88,000,000	8,800,000	01113	인천세관	128-88-12345	여	혼합

불공제사유 3 📟 ③비영업용 소형승용자동차 구입 · 유지 및 임차

	NO : 50001		(대 체) 전 표			일 자 : 2023
구분	계정과목	적요		거래처	차변(출금)	대변(입금)
차변	0208 차량운반구	수입 승용차		01113 인천세관	8,800,000	
대변	0102 당좌예금	수입 승용차		01113 인천세관		8,800,000

비영업용 소형승용차는 국내외 관계없이 불공이며, 부가가치세는 공제받지 못하므로 차량운반구에 포함하여 회계처리한다. 단, 수입세금계산서의 경우에는 공급가액에 대한 회계처리를 하지 않으므로 수입세금계산서가 불공으로 처리되는 경우에는 회계처리를 주의해야 한다.

5 / 12월 7일 [57.카과]

유형	품목	수량	단가	공급가액	부가세	코드	공급처명	사업/주민번호	전자	분개
카과	회식			400,000	40,000	01120	명랑	875-03-00273		혼합

신용카드사 99604 📟 하나카드　봉사료

	NO : 50001		(대 체) 전 표			일 자 : 2023
구분	계정과목	적요		거래처	차변(출금)	대변(입금)
차변	0135 부가세대급금	회식		01120 명랑	40,000	
차변	0811 복리후생비	회식		01120 명랑	400,000	
대변	0103 보통예금	회식		01120 명랑		440,000

카드거래 시 신용카드(외상)와 체크카드(즉시 결제)를 구분하여 하단부 회계처리를 해야 한다.

6 / 12월 30일 [22.현과]

유형	품목	수량	단가	공급가액	부가세	코드	공급처명	사업/주민번호	전자	분개
현과	제품			6,000,000	600,000	01115	미래회계학원	185-90-14219		혼합

구분	계정과목	적요		거래처	차변(출금)	대변(입금)
대변	0255 부가세예수금	제품		01115 미래회계학원		600,000
대변	0404 제품매출	제품		01115 미래회계학원		6,000,000
차변	0101 현금	제품		01115 미래회계학원	6,600,000	

[문제 4] 전표수정

문항	일자	전표수정						
1	12월 10일	수정 전	매입매출전표 하단부 회계처리 : 건물					
			구분	계정과목	적요	거래처	차변(출금)	대변(입금)
			차변	0135 부가세대급금	유리창 교체	01116 (주)글라스	80,000	
			차변	0202 건물	유리창 교체	01116 (주)글라스	800,000	
			대변	0101 현금	유리창 교체	01116 (주)글라스		880,000
		수정 후	매입매출전표 하단부 회계처리 : 수선비(제조원가)로 수정					
			구분	계정과목	적요	거래처	차변(출금)	대변(입금)
			차변	0135 부가세대급금	유리창 교체	01116 (주)글라스	80,000	
			차변	0520 수선비	유리창 교체	01116 (주)글라스	800,000	
			대변	0101 현금	유리창 교체	01116 (주)글라스		880,000
2	12월 18일	수정 전	구분	계 정 과 목	거 래 처	적 요	차 변	대 변
			출금	0815 수도광열비		수도광열비납부	74,500	(현금)
		수정 후	구분	계 정 과 목	거 래 처	적 요	차 변	대 변
			출금	0516 전력비		수도광열비납부	74,500	(현금)

[문제 5] 결산정리사항

문항	일자	결산수행					
1	12월 31일 일반전표입력	구분	계 정 과 목	거 래 처	적 요	차 변	대 변
		대변	0141 현금과부족				230,000
		차변	0812 여비교통비			230,000	
2	12월 31일 일반전표입력	구분	계 정 과 목	거 래 처	적 요	차 변	대 변
		차변	0305 외화장기차입금	01119 미국 K사		1,500,000	
		대변	0910 외화환산이익				1,500,000
		• 외화장기차입금 기말 평가금액 = $30,000 × 1,150원 = 34,500,000원 • 외화환산손익 = 장부금액 36,000,000원 − 평가금액 34,500,000원 = 1,500,000원(이익)					
3	결산자료입력 → 전표추가 F3	**[결산자료입력]** 결산자료입력 메뉴에 기말재고자산금액을 각각 입력 후 F3 전표추가 ※ 자동결산을 수행하면 5.결산차변과 6.결산대변으로 자동생성됨 기말원재료재고액 4,400,000원, 기말재공품재고액 5,000,000원, 기말제품재고액 5,600,000원 입력					

[문제 6] 장부조회

문항	장부조회 답안
1	**[매입매출장]** 조회기간 : 3월 1일 ~ 3월 31일, 구분 : 2.매출, 유형 : 22.현과 조회기간 : 2023 년 03 월 01 일 ~ 2023 년 03 월 31 일 구 분 : 2 1.전체 2.매출 3.매입 유형 : 22.현과 	유형	일자	품목	공급가액	부가세	합계	예정신고	코드	거
현과	2023-03-20	제품	700,000	70,000	770,000		00112	범한물산
월	계 [	1건-매수 1매]	700,000	70,000	770,000				 **700,000원**
2	**[거래처원장]** 기간 : 1월 1일 ~ 6월 30일, 계정과목 : 108.외상매출금 '대변' 금액 비교 기 간 2023 년 1 월 1 일 ~ 2023 년 6 월 30 일 계정과목 0108 외상매출금 잔액 0 포함 미등록 포함 거래처분류 [ ] ~ [ ] 거 래 처 00101 (주)여주기업 ~ 99613 카카오법인카드 | 코드	거 래 처	등록번호	대표자명	전기이월	차 변	대 변	잔 액	(담당)코	(담당)
00147	삼선상회	135-41-41557	김수경		20,800,000	20,800,000			
00155	(주)전자	217-88-05479	이준경		43,560,000	15,000,000	28,560,000		
00121	(주)유민	220-87-91237	이영애		77,000,000	4,300,000	72,700,000		
00143	(주)가양산업	133-81-26105	박말심		9,064,000	1,540,000	7,524,000			 **삼선상회, 20,800,000원**
3	**[월계표]** 조회기간 : 4월 ~ 4월, 판매비및일반관리비의 도서인쇄비 '차변 현금' 일계표 월계표 조회기간 : 2023 년 04 월 ~ 2023 년 04 월 	차 변			계정과목	대 변		
계	대체	현금		현금	대체	계
7,189,900		7,189,900	5.판 매 비및일반관리비			
5,400,000		5,400,000	급 여			
25,000		25,000	운 반 비			
25,000		25,000	도 서 인 쇄 비				 **25,000원**

제100회 기출문제

이론시험

01	02	03	04	05	06	07	08	09	10	11	12	13	14	15
①	②	④	④	④	④	②	③	③	④	③	④	①	①	①

문항	해 설
01	어떤 항목이 신뢰성 있게 측정되기 위해서 그 측정속성의 금액이 반드시 확정되어 있다는 것을 의미하지는 않으며, 추정에 의한 측정치도 합리적인 근거가 있을 경우 당해 항목의 인식에 이용될 수 있다. 예를 들어, 제품의 보증수리에 소요될 비용을 과거의 보증수리 실적을 토대로 추정하는 것은 합리적 추정치가 될 수 있다.
02	자산을 비용으로 처리하면 자산 과소계상, 비용 과대계상, 순이익 과소계상을 초래하지만 수익에는 영향을 미치지 않는다.
03	기말재고자산 = (500개 × 300원) + (2,000개 × 400원) = 950,000원
04	영업활동에서 사용되는 자산은 유형자산이며, 판매목적의 자산은 재고자산으로 분류하여야 한다.
05	단기매매증권과 매도가능증권은 공정가치로 평가한다. 다만, 매도가능증권 중 시장성이 없는 지분증권의 공정가치를 신뢰성 있게 측정할 수 없는 경우에는 취득원가로 평가한다.

06	1차연도 감가상각비 = (취득원가 60,000,000원 − 잔존가치 6,000,000원) × 3/(1 + 2 + 3) = 27,000,000원
07	판매를 목적으로 취득하는 자산은 재고자산으로 분류된다.
08	매출원가 = 기초상품 5,000,000원 + (당기매입 2,000,000원 − 매입할인 100,000원 + 매입운임 200,000원) − 기말상품 2,000,000원 = 5,100,000원
09	보조부문원가의 배분방법 중 어떤 방법을 선택해도 순이익은 동일하다.
10	당월 발생액 = 전월 선급액 500,000원 + 당월 지급액 200,000원 = 700,000원 산식 : 당월지급액 + 당월미지급액 + 전월선급액 − 당월선급액 − 전월미지급액 = 당월소비액
11	개별원가계산은 다품종 소량생산하는 기업에 적합하며, 특정제조지시서를 사용하고, 종합원가계산에 비해 각 제품별 정확한 원가계산이 가능하다. 종합원가계산은 동일한 종류의 제품을 연속적으로 대량생산하는 기업에 적합하며, 계속제조지시서를 사용한다.
12	예정배부액 = 배부기준의 실제조업도 × 예정배부율
13	영세율은 완전면세제도이다. 면세제도를 부분면세제도(매입세액불공)라고 한다.
14	고용관계에 따라 근로를 제공하는 것은 용역의 공급으로 보지 아니한다. 사업자가 대가를 받지 아니하고 타인에게 용역을 공급하는 것은 용역의 공급으로 보지 아니한다. 다만, 사업자가 특수관계인에게 사업용 부동산의 임대용역 등을 공급하는 것은 용역의 공급으로 본다.
15	법인사업자는 반드시 전자세금계산서를 발급해야 한다. 그러나 개인사업자는 직전 연도 공급가액이 일정금액 이상인 경우에만 전자적 방법으로 세금계산서를 발급하여야 한다.

실무시험

[문제 1] 기초정보관리 및 전기분재무제표

문 항	기초정보관리 및 전기분재무제표
1	[기초정보관리] − [계정과목및적요등록] 코드 : 274, 계정과목명 : 선수임대료, 성격 : 2.일반, 대체적요 : NO.1, 기간미경과 임대료 계상
2	[거래처등록] − [금융기관] 탭 • 코드 : 98004 • 거래처명 : 신한은행(지점을 포함하여 등록한 때에도 정답으로 인정함) • 유형 : 3.정기적금 • 계좌번호 : 413-920-769077 • 계좌개설은행/지점 : 088.신한은행/마곡점 • 계좌개설일 : 2023년 11월 10일
3	[거래처별초기이월] • 받을어음 : (주)하늘정밀 14,300,000원을 13,300,000원으로 수정, 　　　　　 (주)일렉코리아 10,700,000원을 11,700,000원으로 수정 • 지급어음 : (주)프로테크 15,400,000원을 14,500,000원으로 수정, 　　　　　 (주)부흥기업 13,500,000원은 추가로 입력

[문제 2] 일반전표입력

문항	일자	일반전표입력

1 — 7월 4일

구분	계정과목	거래처	적요	차변	대변
차변	0525 교육훈련비			500,000	
대변	0254 예수금				16,500
대변	0103 보통예금				483,500

2 — 7월 11일

구분	계정과목	거래처	적요	차변	대변
차변	0521 보험료			3,000,000	
대변	0103 보통예금				3,000,000

3 — 7월 25일

구분	계정과목	거래처	적요	차변	대변
차변	0103 보통예금			1,500,000	
대변	0903 배당금수익				1,500,000

4 — 8월 16일

구분	계정과목	거래처	적요	차변	대변
차변	0813 접대비			330,000	
대변	0253 미지급금	99603 신한카드			330,000

부가세 10% 매입세액이 있으나 접대비관련 거래이므로 매입세액이 공제불가능하다. 또한 신용카드증빙을 수취한 불공제매입세액은 부가세신고와 무관한 거래로 매입매출전표에 입력하지 않고 일반전표에 입력한다.

5 — 8월 25일

구분	계정과목	거래처	적요	차변	대변
차변	0504 임금			1,900,000	
대변	0254 예수금				174,250
대변	0103 보통예금				1,725,750

6 — 9월 17일

구분	계정과목	거래처	적요	차변	대변
차변	0953 기부금			2,500,000	
대변	0103 보통예금				2,500,000

[문제 3] 매입매출전표입력

문항	일자/유형	매입매출전표입력

1 — 9월 3일 [11. 과세]

유형	품목	수량	단가	공급가액	부가세	코드	공급처명	사업/주민번호	전자	분개
과세	제품	100	60,000	6,000,000	600,000	00137	해피상사	120-35-68795	여	혼합

구분	계정과목	적요	거래처	차변(출금)	대변(입금)
대변	0255 부가세예수금	제품 100X60000	00137 해피상사		600,000
대변	0404 제품매출	제품 100X60000	00137 해피상사		6,000,000
차변	0101 현금	제품 100X60000	00137 해피상사	3,300,000	
차변	0108 외상매출금	제품 100X60000	00137 해피상사	3,300,000	

2 — 9월 25일 [17. 카과]

유형	품목	수량	단가	공급가액	부가세	코드	공급처명	사업/주민번호	전자	분개
카과	제품			5,000,000	500,000	00106	조아무역	109-10-51315		카드

신용카드사 99601 비씨카드   봉사료

NO : 50001   (대 체) 전 표   일 자 : 2023

구분	계정과목	적요	거래처	차변(출금)	대변(입금)
차변	0108 외상매출금	제품	99601 비씨카드	5,500,000	
대변	0255 부가세예수금	제품	00106 조아무역		500,000
대변	0404 제품매출	제품	00106 조아무역		5,000,000

3 — 10월 15일 [51. 과세]

유형	품목	수량	단가	공급가액	부가세	코드	공급처명	사업/주민번호	전자	분개
과세	cctv			5,000,000	500,000	00134	(주)에스콤	110-87-12347	여	혼합

구분	계정과목	적요	거래처	차변(출금)	대변(입금)
차변	0135 부가세대급금	cctv	00134 (주)에스콤	500,000	
차변	0195 설비장치	cctv	00134 (주)에스콤	5,000,000	
대변	0101 현금	cctv	00134 (주)에스콤		500,000
대변	0253 미지급금	cctv	00134 (주)에스콤		5,000,000

4	10월 20일 [55.수입]	유형	품목	수량	단가		공급가액	부가세	코드	공급처명	사업/주민번호	전자	분개

		유형	품목	수량	단가	공급가액	부가세	코드	공급처명	사업/주민번호	전자	분개
4	10월 20일 [55.수입]	수입	원재료수입			10,000,000	1,000,000	00120	인천세관	121-83-00561	여	혼합

구분	계정과목	적요	거래처	차변(출금)	대변(입금)
차변	0135 부가세대급금	원재료수입	00120 인천세관	1,000,000	
대변	0101 현금	원재료수입	00120 인천세관		1,000,000

수입전자세금계산서의 부가가치세만 회계처리한다. 공급가액은 원재료의 수입가격과 관세
등이 포함된 금액으로 하단부에 회계처리하지 않음을 주의해야 함

		유형	품목	수량	단가	공급가액	부가세	코드	공급처명	사업/주민번호	전자	분개
5	11월 30일 [53.면세]	면세	리스			800,000		00136	(주)리스	121-81-41118	여	혼합

구분	계정과목	적요	거래처	차변(출금)	대변(입금)
차변	0819 임차료	리스	00136 (주)리스	800,000	
대변	0253 미지급금	리스	00136 (주)리스		800,000

		유형	품목	수량	단가	공급가액	부가세	코드	공급처명	사업/주민번호	전자	분개
6	12월 12일 [16.수출]	수출	제품			260,000,000		00174	베스트인터내셔날			외상

영세율구분 [1] 직접수출(대행수출 포함) 수출신고번호 [ ]

▶	NO : 50001	(대 체) 전 표	일 자 : 2023	

구분	계정과목	적요	거래처	차변(출금)	대변(입금)
차변	0108 외상매출금	제품	00174 베스트인터내셔날	260,000,000	
대변	0404 제품매출	제품	00174 베스트인터내셔날		260,000,000

[문제 4] 전표수정

문 항	일 자		전표수정
1	8월 19일	수정 전	매입매출전표 하단부 회계처리 : 소모품비(제) 구분|계정과목|적요|거래처|차변(출금)|대변(입금) 차변|0135 부가세대급금|소모품구입|00116 (주)마트|50,000| 차변|0530 소모품비|소모품구입|00116 (주)마트|500,000| 대변|0253 미지급금|소모품구입|99600 삼성카드||550,000
		수정 후	매입매출전표 하단부 회계처리 : 소모품비(판)로 수정 구분|계정과목|적요|거래처|차변(출금)|대변(입금) 차변|0135 부가세대급금|소모품구입|00116 (주)마트|50,000| 차변|0830 소모품비|소모품구입|00116 (주)마트|500,000| 대변|0253 미지급금|소모품구입|99600 삼성카드||550,000
2	11월 19일	수정 전	구분|계 정 과 목|거 래 처|적 요|차 변|대 변 입금|0108 외상매출금|00127 한성공업|외상매출금 입금|(현금)|25,000,000
		수정 후	구분|계 정 과 목|거 래 처|적 요|차 변|대 변 대변|0108 외상매출금|00127 한성공업|외상매출금 입금||25,000,000 차변|0110 받을어음|00127 한성공업|외상매출금 입금|15,000,000| 차변|0101 현금||외상매출금 입금|10,000,000|

[문제 5] 결산정리사항

문 항	일 자		결산수행
1	12월 31일 일반전표입력		구분|계 정 과 목|거 래 처|적 요|차 변|대 변 차변|0133 선급비용|||3,000,000| 대변|0821 보험료||||3,000,000
			선급비용 = 보험료 6,000,000원 × 차기 6월/12월 = 3,000,000원
2	12월 31일 일반전표입력		구분|계 정 과 목|거 래 처|적 요|차 변|대 변 차변|0141 현금과부족|||30,000| 대변|0930 잡이익||||30,000
3	12월 31일 일반전표입력		구분|계 정 과 목|거 래 처|적 요|차 변|대 변 차변|0955 외화환산손실|||300,000| 대변|0251 외상매입금|00175 Rose|||300,000
			외화환산손익 = 외상매입금(평가액 $3,000 × 1,200원) - 장부가액 3,300,000원 = 300,000원(손실)

[문제 6] 장부조회

문항		장부조회 답안
1	65,500,000원	**[총계정원장]** 또는 **[현금출납장]** 기간 : 1월 1일 ～ 6월 30일, 계정과목 : 101.현금 조회하여 출금(대변) 누계액 확인
2	기린전자	**[세금계산서합계표]** 조회기간 : 4월 ～ 6월, [매입] 탭, [과세기간 종료일 다음달 11일까지(전자분)] 탭 확인
3	360,000원	**[매입매출장]** 조회기간 : 1월 1일 ～ 3월 31일, 구분 : 3.매입, 유형 : 57.카과 또는 **[부가가치세신고서]** 조회기간 : 1월 ～ 3월, 41.신용카드매출수령금액합계표 세액란 확인

문항 1 표 내용

기 간 2023년 01월 01일 ～ 2023년 06월 30일
계정과목 0101 현금 ～ 0101 현금

	코드	계 정 과 목		일자	차 변	대 변	잔 액
	0101	현금		[전기이월]	223,000		223,000
				2023/01	28,108,000	15,375,800	12,955,200
				2023/02	20,210,000	3,563,000	29,602,200
				2023/03	10,318,000	18,608,200	21,312,000
				2023/04	81,835,000	12,676,200	90,470,800
				2023/05	25,154,000	13,009,500	102,615,300
				2023/06	6,490,000	2,267,300	106,838,000
				합 계	172,338,000	65,500,000	

문항 2 표 내용

| | 과세기간 종료일 다음달 11일까지 (전자분) | 과세기간 종료일 다음달 12일이후 (전자분), 그외 | 전체데이터 | | 참고사항 : 2012년 7월 이후 변경사 |

No	사업자등록번호	코드	거래처명	매수	공급가액	세 액	대표자성명	업 태	종 목	주류코드
1	113-18-77299	00142	기린전자	5	7,258,000	315,500	황범식	도매	잡화류	
2	134-81-99125	00112	(주)프로테크	2	4,400,000	440,000	김서라	도소매	전자부품	
3	113-22-01234	00124	덕용상사	2	23,795,000	2,379,500	환경식	도소매	금속	

문항 3 표 내용

조회기간: 2023년 01월 01일 ～ 2023년 03월 31일
구 분: 3 1.전체 2.매출 3.매입   유형: 57.카과

유형	일자	품목		공급가액	부가세	합계	예정신고	코드	거래처	전자	분개유형
카과	2023-01-29	식대		100,000	10,000	110,000		00105	신영백화점		혼합
월	계 [	1건-매수	1매]	100,000	10,000	110,000					
누	계 [	1건-매수	1매]	100,000	10,000	110,000					
카과	2023-03-31	재료외		3,500,000	350,000	3,850,000		00161	(주)부흥기업		외상
월	계 [	1건-매수	1매]	3,500,000	350,000	3,850,000					
분	기 계 [	2건-매수	2매]	3,600,000	360,000	3,960,000					

제2장 | 엄선기출편 정답 및 해설

제99회 기출문제

이론시험

01	02	03	04	05	06	07	08	09	10	11	12	13	14	15
②	③	①	①	③	③	②	④	②	②	③	①	①	②	①

문항	해설
01	수익과 비용은 각각 총액으로 보고하는 것을 원칙으로 한다. 다만, 수익과 비용을 상계하도록 요구하는 경우에는 상계하여 표시하고, 허용하는 경우에는 상계하여 표시할 수 있다.
02	만기보유증권은 상각후원가로 평가한다.
03	도매업을 운영하는 회사가 판매 목적으로 보유하는 상품은 재고자산에 해당한다. 제조업을 영위하는 회사가 공장 이전을 위하여 보유하는 토지 및 서비스업을 영위하는 회사가 사옥 이전을 목적으로 보유하는 건물은 모두 유형자산에 해당한다. 부동산매매업을 영위하는 회사가 단기 시세차익을 목적으로 보유하는 유가증권은 투자자산에 해당한다.
04	다른 종류의 자산과의 교환으로 취득한 유형자산의 취득원가는 원칙적으로 교환을 위하여 제공한 자산의 공정가치로 측정한다. 다만, 교환을 위하여 제공한 자산의 공정가치가 불확실한 경우에는 교환으로 취득한 자산의 공정가치를 취득원가로 할 수 있다.
05	• 선입선출법 : (20개 × 120,000원) + (10개 × 110,000원) = 3,500,000원 • 총평균법 : (30개 × 114,000원) = 3,420,000원 ※ 총평균법 단가 = [(10개 × 100,000원) + (30개 × 120,000원) + (10개 × 110,000원)] ÷ 50개 = 114,000원
06	상환기간이 2년이므로 단기차입금이 아닌 장기차입금으로 인식하여야 한다.
07	• 대손충당금 잔액 = 기초 대손충당금 300,000원 − 당기 대손상각액 150,000원 = 150,000원 • 기말 대손충당금 추산액 = 기말 외상매출금 잔액 50,000,000원 × 1% = 500,000원 • 당기 대손충당금 설정액 = 기말 대손충당금 500,000원 − 대손충당금 잔액 150,000원 = 350,000원
08	재평가차익은 기타포괄손익누계액 항목이다.
09	• 당기총제조원가 = 직접재료비 1,000,000원 + 직접노무비 500,000원 + 제조간접비 700,000원 = 2,200,000원 • 당기제품제조원가 = 기초재공품 300,000원 + 당기총제조원가 2,200,000원 − 기말재공품 600,000원 = 1,900,000원
10	• 예정배부액 − 실제발생액 400,000원 = 100,000원(과대배부) ∴ 예정배부액 = 500,000원 • 예정배부율 = 예정배부액 500,000원 ÷ 실제 직접노무시간 2,000시간 = 250원
11	당기 기말제품재고액은 손익계산서에서 매출원가를 산출하는데 필요한 자료이므로 제조원가명세서와는 상관없는 자료이다.

12	의사결정과의 관련이 없는 매몰원가에 대한 설명이다.
13	항공법에 따른 항공기에 의한 여객운송 용역은 부가가치세를 면세하는 여객운송 용역에서 제외한다. 따라서 항공기에 의한 여객운송 용역은 부가가치세 과세 대상이다.
14	공급에 대한 대가의 지급이 지체되었음을 이유로 받는 연체이자는 공급가액에 포함하지 않는다.
15	• 신규로 사업을 시작하려는 자는 사업개시일 이전이라도 사업자등록 신청할 수 있다. • 사업개시일 이전에 사업자등록을 신청한 경우에는 그 신청한 날부터 그 신청일이 속하는 과세기간의 종료일까지로 한다. • 사업자등록의 신청은 사업장 관할세무서장이 아닌 다른 세무서장에게도 가능하다.

실무시험

[문제 1] 기초정보관리 및 전기분재무제표

문 항	기초정보관리 및 전기분재무제표
1	**[계정과목및적요등록]** 계정코드 851번. 차량리스료 입력, 성격 : 3.경비, 현금적요 1. 업무용승용차 리스료 입력
2	**[거래처등록] – [일반거래처] 탭** | 01230 | (주)백세가구 | 128-86-01280 | 동시 | 1. 사업자등록번호 　128-86-01280　 사업자등록상태조회 2. 주민 등록 번호 　------_-------　 주 민 기 재 분 부 0:부 1:여 3. 대 표 자 성 명 　김기백 4. 업 　 종 　업태 도소매　 종목 가구 5. 주 　 소 　경기도 고양시 일산동구 강송로 14(백석동)
3	아래 순서대로 수정한다. (1) **전기분재무상태표** : 재공품 1,500,000원을 2,500,000원으로 수정 (2) **전기분원가명세서** : 기말재공품이 2,500,000원으로 변경되었는지 확인하고 당기제품제조원가 81,320,000원으로 수정됨 확인 (3) **전기분손익계산서** : 제품매출원가의 당기제품제조원가를 81,320,000원으로 수정하여 당기순이익이 122,880,000원으로 수정됨 확인 (4) **전기분이익잉여금처분계산서** : F6불러오기하여 당기순이익이 122,880,000원으로 수정된 것 확인하여 미처분이익잉여금 190,770,000원 수정됨 확인 (5) **전기분재무상태표** : 이월이익잉여금 189,770,000원을 전기분이익잉여금처분계산서에서 확인한 미처분이익잉여금 190,770,000원으로 수정입력하여 대차일치 확인

[문제 2] 일반전표입력

문 항	일 자	일반전표입력					
		구분	계 정 과 목	거 래 처	적 요	차 변	대 변
1	7월 22일	차변	0101 현금			1,350,000	
		대변	0110 받을어음	00143 (주)영동상사			1,350,000
2	8월 3일	차변	0511 복리후생비			1,800,000	
		차변	0811 복리후생비			1,200,000	
		대변	0103 보통예금				3,000,000
3	9월 28일	대변	0901 이자수익				200,000
		차변	0103 보통예금			169,200	
		차변	0136 선납세금			30,800	
4	10월 5일	대변	0101 현금				3,300,000
		차변	0153 원재료			3,300,000	
5	11월 12일	차변	0103 보통예금			200,000,000	
		대변	0331 자본금				100,000,000
		대변	0381 주식할인발행차금				20,000,000
		대변	0341 주식발행초과금				80,000,000
6	11월 16일	차변	0251 외상매입금	00118 (주)한국		1,500,000	
		대변	0110 받을어음	00139 (주)세화			1,500,000

[문제 3] 매입매출전표입력

문 항	일자/유형	매입매출전표입력											
1	7월 15일 [53.면세]	유형	품목	수량	단가	공급가액	부가세	합계	코드	공급처명	사업/주민번호	전자	분개
		면세	화환			220,000		220,000	00111	플라워24	118-90-52396	여	혼합
		구분	계정과목		적요			거래처			차변(출금)	대변(입금)	
		차변	0813 접대비		화환			00111	플라워24		220,000		
		대변	0253 미지급금		화환			00111	플라워24			220,000	
2	8월 1일 [11.과세]	유형	품목	수량	단가	공급가액	부가세	합계	코드	공급처명	사업/주민번호	전자	분개
		과세	트럭 처분			20,000,000	2,000,000	22,000,000	00120	명지기계사	121-41-10128	여	혼합
		구분	계정과목		적요			거래처			차변(출금)	대변(입금)	
		대변	0255 부가세예수금		트럭 처분			00120	명지기계사			2,000,000	
		대변	0208 차량운반구		트럭 처분			00120	명지기계사			35,000,000	
		차변	0209 감가상각누계액		트럭 처분			00120	명지기계사		16,500,000		
		차변	0120 미수금		트럭 처분			00120	명지기계사		22,000,000		
		대변	0914 유형자산처분이익		트럭 처분			00120	명지기계사			1,500,000	
3	10월 22일 [22.현과]	유형	품목	수량	단가	공급가액	부가세	합계	코드	공급처명	사업/주민번호	전자	분개
		현과	제품			500,000	50,000	550,000	00117	김민국	800909-1012344		현금
		구분	계정과목		적요			거래처			차변(출금)	대변(입금)	
		입금	0255 부가세예수금		제품			00117	김민국		(현금)	50,000	
		입금	0404 제품매출		제품			00117	김민국		(현금)	500,000	
4	12월 1일 [54.불공]	유형	품목	수량	단가	공급가액	부가세	합계	코드	공급처명	사업/주민번호	전자	분개
		불공	승용차 랜트			900,000	90,000	990,000	00126	(주)자동차	125-81-57010	여	혼합
		불공제사유	3 ⑨비영업용 소형승용자동차 구입·유지 및 임차										
		구분	계정과목		적요			거래처			차변(출금)	대변(입금)	
		차변	0819 임차료		승용차 랜트			00126	(주)자동차		990,000		
		대변	0103 보통예금		승용차 랜트			00126	(주)자동차			990,000	

| 5 | 12월 9일
[51.과세] | | | | | | | | | | | | | |

유형	품목	수량	단가	공급가액	부가세	합계	코드	공급처명	사업/주민번호	전자	분개
과세	임차료			4,700,000	470,000	5,170,000	00137	(주)동국개발	412-88-01234	여	혼합

구분		계정과목	적요		거래처	차변(출금)	대변(입금)
차변	0135	부가세대급금	임차료	00137	(주)동국개발	470,000	
차변	0519	임차료	임차료	00137	(주)동국개발	4,000,000	
차변	0516	전력비	임차료	00137	(주)동국개발	700,000	
대변	0102	당좌예금	임차료	00137	(주)동국개발		5,170,000

| 6 | 12월 30일
[52.영세] | | | | | | | | | | | | | |

유형	품목	수량	단가	공급가액	부가세	합계	코드	공급처명	사업/주민번호	전자	분개
영세	원재료			50,000,000		50,000,000	00122	(주)한율	387-87-01232	여	혼합

구분		계정과목	적요		거래처	차변(출금)	대변(입금)
차변	0153	원재료	원재료	00122	(주)한율	50,000,000	
대변	0110	받을어음	원재료	00122	(주)한율		25,000,000
대변	0252	지급어음	원재료	00122	(주)한율		25,000,000

[문제 4] 전표수정

문항	일자		전표수정
1	7월 25일	수정 전	<table><tr><td>구분</td><td>계정과목</td><td>거래처</td><td>적요</td><td>차변</td><td>대변</td></tr><tr><td>출금</td><td>0813 접대비</td><td></td><td>결혼축의금 지급</td><td>300,000</td><td>(현금)</td></tr></table>
		수정 후	<table><tr><td>구분</td><td>계정과목</td><td>거래처</td><td>적요</td><td>차변</td><td>대변</td></tr><tr><td>출금</td><td>0511 복리후생비</td><td></td><td>결혼축의금 지급</td><td>300,000</td><td>(현금)</td></tr></table>
2	11월 2일	수정 전	일반전표 삭제 <table><tr><td>구분</td><td>계정과목</td><td>거래처</td><td>적요</td><td>차변</td><td>대변</td></tr><tr><td>차변</td><td>0153 원재료</td><td>00162 중앙전자</td><td>원재료 매입</td><td>132,000</td><td></td></tr><tr><td>대변</td><td>0101 현금</td><td></td><td>원재료 매입</td><td></td><td>132,000</td></tr></table> [2]건의 데이터를 선택하였습니다. 선택한 데이터를 삭제하시겠습니까? 예(Y) 아니오(N)
		수정 후	매입매출전표 [61.현과] 입력 <table><tr><td>유형</td><td>품목</td><td>수량</td><td>단가</td><td>공급가액</td><td>부가세</td><td>합계</td><td>코드</td><td>공급처명</td><td>사업/주민번호</td><td>전자</td><td>분개</td></tr><tr><td>현과</td><td>원재료</td><td></td><td></td><td>120,000</td><td>12,000</td><td>132,000</td><td>00162</td><td>중앙전자</td><td>123-45-12116</td><td></td><td>혼합</td></tr></table> <table><tr><td>구분</td><td>계정과목</td><td>적요</td><td>거래처</td><td>차변(출금)</td><td>대변(입금)</td></tr><tr><td>차변</td><td>0135 부가세대급금</td><td>원재료</td><td>00162 중앙전자</td><td>12,000</td><td></td></tr><tr><td>차변</td><td>0153 원재료</td><td>원재료</td><td>00162 중앙전자</td><td>120,000</td><td></td></tr><tr><td>대변</td><td>0101 현금</td><td>원재료</td><td>00162 중앙전자</td><td></td><td>132,000</td></tr></table>

[문제 5] 결산정리사항

문항	일자		결산수행

1	12월 31일 일반전표입력						

구분	계정과목	거래처	적요	차변	대변
차변	0951 이자비용			150,000	
대변	0262 미지급비용				150,000

2	12월 31일 일반전표입력						

구분	계정과목	거래처	적요	차변	대변
차변	0293 장기차입금	98004 (주)한미은행		30,000,000	
대변	0264 유동성장기부채	98004 (주)한미은행			30,000,000

3	12월 31일 일반전표입력						

구분	계정과목	거래처	적요	차변	대변
차변	0116 미수수익			300,000	
대변	0901 이자수익				300,000

[문제 6] 장부조회

문항		장부조회 답안
1	483,358,000원	**[재무상태표]** 1월 말 조회 : 유동자산 701,000,000원 − 유동부채 217,642,000원 = 483,358,000원
2	• 과세표준 : 297,000,000원 • 납부세액 : 7,621,000원	**[부가가치세 신고서]** 조회기간 : 4월 1일 ~ 6월 30일 조회하여 확인
3	27,000,000원	**[거래처원장]** 기간 : 1월 1일 ~ 5월 31일, 계정과목 : 251.외상매입금, 거래처 : 132.(주)세무가구의 잔액 조회

제96회 기출문제

이론시험

01	02	03	04	05	06	07	08	09	10	11	12	13	14	15
②	③	②	④	①	②	②	②	④	④	④	①	④	③	②

문항	해설
01	재무정보의 질적특성 중 신뢰성에 대한 질문이다. 비교가능성은 신뢰성에 해당하지 않는다.
02	• 전기 주식할인발행차금 미상각 → 자본조정 항목이므로 영향 없음 • 매도가능증권평가손실 미계상 → 자본(기타포괄손익누계액) 항목이므로 당기순이익에 영향 없음 • 기타대손상각비를 대손상각비로 계상 → 영업외비용과 판관비의 차이일뿐 당기순이익 계산에는 영향 없음
03	재고자산의 시가가 장부금액 이하로 하락하여 발생한 평가손실은 재고자산의 차감계정으로 표시하고 매출원가에 가산한다. (차변) 재고자산평가손실 ××× (대변) 재고자산평가충당금 ×××
04	종합부동산세와 재산세는 유형자산의 보유단계에서 발생하는 비용이므로 발생기간의 비용(세금과공과)으로 인식하여야 한다.
05	새로운 지식을 얻고자 하는 활동은 연구단계에 속하는 활동에 해당한다.
06	• 기말 재무상태표 표시될 단기매증권 = 200주 × 12,000원 = 2,400,000원 • 기말 단기매매증권평가이익(영업외수익) = 200주 × (12,000원 − 10,000원) = 400,000원 • 기중 배당금수익(영업외수익) = 200주 × 1,000원 = 200,000원
07	자본조정은 자기주식, 자기주식처분손실, 주식할인발행차금, 감자차손 등이 있다.
08	판매자는 판매한 재화에 대하여, 소유권이 있을 때 통상적으로 행사하는 정도의 관리나 효과적인 통제를 할 수 없다.

09	원가관리회계는 내부 이해관계자들에게 원가정보를 제공한다. 외부 이해관계자들을 위한 회계는 재무회계이다.
10	• 당기제품제조원가 = 기초재공품재고액 100,000원 + 당기총제조원가 350,000원 − 기말재공품재고액 130,000원 = 320,000원 • 매출원가 = 기초제품재고액 300,000원 + 당기제품제조원가 320,000원 − 기말제품재고액 280,000원 = 340,000원
11	보조부문원가를 변동원가와 고정원가로 구분하여 각각 다른 배부기준을 적용하여 배부하는 방법은 이중배부율법이다.
12	종합원가계산은 단일 종류의 제품을 연속적으로 대량 생산하는 경우에 적용하는 방법이다.
13	장기할부판매, 완성도기준지급 또는 중간지급조건부로 재화를 공급하는 경우의 공급시기는 대가의 각 부분을 받기로 한 때이다.
14	신문을 공급하는 경우에는 부가가치세가 면제되지만, 신문광고에 대해서는 부가가치세가 과세된다.
15	세금계산서의 필요적 기재사항이 일부라도 기재되지 않은 경우 그 효력이 인정되지 않는다.

실무시험

[문제 1] 기초정보관리 및 전기분재무제표

문 항	기초정보관리 및 전기분재무제표
1	**[거래처등록] − [신용카드] 탭** 일반거래처　금융기관　신용카드 | No	코드	거래처명	가맹점(카드)번호	유형
---	---	---	---	---
1	99600	국민카드	4540-5810-4510-7842	매입
2	99601	농협카드	124578945	매출
3	99602	비씨카드	4140-0202-3245-9918	매입
4	99603	신한카드	1000-2000-3000-4000	매입
5	99605	시티카드	9410-0900-5580-8352	매입	 1. 사업자등록번호　___-__-_____ 2. 가 맹 점 번 호 3. 카드번호(매입)　9410-0900-5580-8352 4. 카드종류(매입)　3 3.사업용카드
2	**[계정과목및적요등록]** 임차료(코드 : 0819)의 현금적요 7번 및 대체적요 7번 각각 추가 입력
3	아래 순서대로 수정한다. (1) **전기분원가명세서** : 운반비 660,000원을 6,600,000원으로 수정 입력, 당기제품제조원가 300,660,000원에서 306,600,000원으로 수정됨 확인 (2) **전기분손익계산서** : 당기제품제조원가 306,600,000원으로 수정 입력, 당기순이익 99,340,000원에서 93,400,000원으로 수정됨 확인 (3) **전기분잉여금처분계산서** : 당기순이익 93,400,000원으로 수정 입력(또는 F6불러오기), 미처분이익잉여금 122,340,000원에서 116,400,000원으로 수정됨 확인 (4) **전기분재무상태표** : 이월이익잉여금 122,340,000원을 116,400,000원으로 수정입력, 대차일치 확인

[문제 2] 일반전표입력

문항	일자	구분	계정과목	거래처	적요	차변	대변
1	7월 20일	차변	0253 미지급금	00120 (주)섬메이		5,000,000	
		대변	0260 단기차입금	98004 국민은행			5,000,000
2	8월 21일	차변	0202 건물			7,500,000	
		대변	0103 보통예금				7,500,000
		건물의 취득세는 취득원가에 포함한다.					
3	8월 30일	차변	0260 단기차입금	98004 국민은행		5,000,000	
		대변	0103 보통예금				5,000,000
4	9월 10일	차변	0254 예수금			160,000	
		대변	0253 미지급금	99602 비씨카드			160,000
5	10월 22일	차변	0824 운반비			150,000	
		대변	0103 보통예금				150,000
6	11월 1일	차변	0103 보통예금			22,000,000	
		대변	0291 사채				20,000,000
		대변	0313 사채할증발행차금				2,000,000

[문제 3] 매입매출전표입력

문항 1 — 8월 3일 [51. 과세]

유형	품목	수량	단가	공급가액	부가세	합계	코드	공급처명	사업/주민번호	전자	분개
과세	홍보물제작			1,000,000	100,000	1,100,000	00136	(주)블루	110-81-41272	여	혼합

구분	계정과목	적요	거래처	차변(출금)	대변(입금)
차변	0135 부가세대급금	홍보물제작	00136 (주)블루	100,000	
차변	0833 광고선전비	홍보물제작	00136 (주)블루	1,000,000	
대변	0253 미지급금	홍보물제작	00136 (주)블루		1,100,000

문항 2 — 8월 10일 [11. 과세]

유형	품목	수량	단가	공급가액	부가세	합계	코드	공급처명	사업/주민번호	전자	분개
과세	전자부품	10	5,000,000	50,000,000	5,000,000	55,000,000	00137	(주)삼성상회	102-81-42945	여	혼합

구분	계정과목	적요	거래처	차변(출금)	대변(입금)
대변	0255 부가세예수금	전자부품 10X5000000	00137 (주)삼성상회		5,000,000
대변	0404 제품매출	전자부품 10X5000000	00137 (주)삼성상회		50,000,000
차변	0259 선수금	전자부품 10X5000000	00137 (주)삼성상회	11,000,000	
차변	0110 받을어음	전자부품 10X5000000	00137 (주)삼성상회	44,000,000	

문항 3 — 11월 10일 [16. 수출]

유형	품목	수량	단가	공급가액	부가세	합계	코드	공급처명	사업/주민번호	전자	분개
수출	제품			12,500,000		12,500,000	00175	ebay			외상

영세율구분 1 ☑ 직접수출(대행수출 포함) 수출신고번호

구분	계정과목	적요	거래처	차변(출금)	대변(입금)
차변	0108 외상매출금	제품	00175 ebay	12,500,000	
대변	0404 제품매출	제품	00175 ebay		12,500,000

문항 4 — 11월 20일 [62. 현면]

유형	품목	수량	단가	공급가액	부가세	합계	코드	공급처명	사업/주민번호	전자	분개
현면	도서	1		100,000		100,000	00143	(주)설영문고	116-81-80370		현금

구분	계정과목	적요	거래처	차변(출금)	대변(입금)
출금	0826 도서인쇄비	도서 1	00143 (주)설영문고	100,000	(현금)

문항 5 — 11월 30일 [52. 영세]

유형	품목	수량	단가	공급가액	부가세	합계	코드	공급처명	사업/주민번호	전자	분개
영세	원재료			10,000,000		10,000,000	00134	(주)현우	513-81-36546	여	혼합

구분	계정과목	적요	거래처	차변(출금)	대변(입금)
차변	0153 원재료	원재료	00134 (주)현우	10,000,000	
대변	0252 지급어음	원재료	00134 (주)현우		10,000,000

6	12월 7일 [14.건별]		

유형	품목	수량	단가	공급가액	부가세		합계	코드	공급처명	사업/주민번호	전자	분개
건별	제품 선물용			500,000	50,000		550,000					혼합

구분	계정과목		적요		거래처	차변(출금)	대변(입금)
대변	0255 부가세예수금	제품 선물용 사용					50,000
대변	0150 제품	08 타계정으로 대체액 손익계산서 반영					350,000
차변	0813 접대비	제품 선물용 사용				400,000	

제품을 매출처에 선물용으로 제공한 거래는 간주공급(사업상증여)에 해당한다. 상단부 과세
표준은 제품의 시가 500,000원, 하단부 회계처리는 제품의 원가 350,000원(적요8.타계정대
체)을 감소시킨다.

[문제 4] 전표수정

문항	일 자		전표수정
1	8월 3일	수정 전	
		수정 후	
2	12월 20일	수정 전	
		수정 후	

1 - 8월 3일 - 수정 전

구분	계 정 과 목	거 래 처	적 요	차 변	대 변
차변	0835 대손상각비		1 외상매출금의 대손	1,100,000	
대변	0108 외상매출금	00158 (주)네오전자	외상매출금의 대손		1,100,000

1 - 8월 3일 - 수정 후

구분	계 정 과 목	거 래 처	적 요	차 변	대 변
차변	0835 대손상각비		1 외상매출금의 대손	300,000	
대변	0108 외상매출금	00158 (주)네오전자	외상매출금의 대손		1,100,000
차변	0109 대손충당금		외상매출금의 대손	800,000	

2 - 12월 20일 - 수정 전

유형	품목	수량	단가	공급가액	부가세		합계	코드	공급처명	사업/주민번호	전자	분개
불공	모닝(스탠드			11,950,000	1,195,000		13,145,000	00144	기아차 남양주점	208-81-56451	여	현금

불공제사유 3 ③비영업용 소형승용자동차 구입·유지 및 임차

구분	계정과목	적요	거래처	차변(출금)	대변(입금)
출금	0153 원재료	모닝(스탠드)	00144 기아차 남임	13,145,000	(현금)

2 - 12월 20일 - 수정 후

1,000cc이하 승용차는 매입세액 공제가능하므로 유형을 [51.과세]로 수정한다.

유형	품목	수량	단가	공급가액	부가세		합계	코드	공급처명	사업/주민번호	전자	분개
과세	모닝(스탠드			11,950,000	1,195,000		13,145,000	00144	기아차 남양주점	208-81-56451	여	현금

구분	계정과목	적요	거래처	차변(출금)	대변(입금)
출금	0135 부가세대급금	모닝(스탠드)	00144 기아차 남임	1,195,000	(현금)
출금	0208 차량운반구	모닝(스탠드)	00144 기아차 남임	11,950,000	(현금)

[문제 5] 결산정리사항

문항	일 자		결산수행

1 - 12월 31일 일반전표입력

구분	계 정 과 목	거 래 처	적 요	차 변	대 변
차변	0251 외상매입금	00145 ABC Ltd.		125,000	
대변	0910 외화환산이익				125,000

2 - 12월 31일 일반전표입력

구분	계 정 과 목	거 래 처	적 요	차 변	대 변
차변	0904 임대료			21,000,000	
대변	0263 선수수익				21,000,000

임대료 50,400,000원 × 5개월(차기분)/12개월 = 21,000,000원 선수수익

3 - ①과 ② 중 선택하여 입력

① [결산자료입력]
결산자료입력 메뉴의 9.법인세등란에 선납세금과 미지급세금을 아래와 같이 입력한다.

0998	9. 법인세등			10,000,000	10,000,000
0136	1). 선납세금		6,000,000	6,000,000	6,000,000
0998	2). 추가계상액			4,000,000	4,000,000

입력 후 F3전표추가하여 일반전표에 자동생성
② [일반전표입력]
일반전표에 직접 입력

결차	0998 법인세등				6,000,000	
결대	0136 선납세금					6,000,000
결차	0998 법인세등				4,000,000	
결대	0261 미지급세금					4,000,000

[문제 6] 장부조회

문항		장부조회 답안

문항 1

5월,
223,800,000원

[총계정원장]

기간 : 1월 1일 ~ 6월 30일, 계정과목 : 404.제품매출 조회하여 월별 금액 비교

기 간 [2023] 년 [01] 월 [01] 일 ~ [2023] 년 [06] 월 [30] 일
계정과목 [0404] 제품매출 ~ [0404] 제품매출

코드	계 정 과 목	일자	차 변	대 변	잔 액
0404	제품매출				
		2023/01		176,800,000	176,800,000
		2023/02		43,900,000	220,700,000
		2023/03		18,080,000	238,780,000
		2023/04		96,945,455	335,725,455
		2023/05		223,800,000	559,525,455
		2023/06		19,100,000	578,625,455

문항 2

남해백화점,
2,200,000원

[거래처원장]

기간 : 1월 1일 ~ 4월 30일, 계정과목 : 253.미지급금, 거래처 : 전체를 조회하여 잔액 비교

기 간 [2023] 년 [1] 월 [1] 일 ~ [2023] 년 [4] 월 [30] 일 계정과목 [0253] 미지급금   [잔액 0 포함]
거래처분류 [ ] ~ [ ]   거 래 처 [00101] (주)유창택스타일 ~ [99603] 신한카드

코드	거 래 처	등록번호	대표자명	전기이월	차 변	대 변	잔 액
00131	양재상사	113-23-48556	김지인	1,500,000	1,500,000	550,000	550,000
00150	남해백화점	105-11-33160	임성준			2,200,000	2,200,000
99600	국민카드	4540-5810-4510-78			5,500,000	5,500,000	

문항 3

13매,
21,750,000원

[세금계산서합계표]

조회기간 : 1월 ~ 3월, [매입] - [전체데이터] 탭 조회

조회기간 [2023] 년 [01] 월 ~ [2023] 년 [03] 월 1기 예정 [1. 정기신고]
매 출   매 입   ※ [확인]전송일자가 없는 거래는 전자세금계산서 발급분으로 반영 되므로 국세청 홈택스 전송 세금계산서와 반드시 확인 합니다.

2. 매입세금계산서 총합계

구 분		매입처수	매 수	공급가액	세 액
합 계		11	33	266,990,000	24,815,000
과세기간 종료일 다음달 11일까지 전송된 전자세금계산서 발급받은분	사업자 번호 발급받은분	11	33	266,990,000	24,815,000
	주민등록번호발급받은분				
	소 계	11	33	266,990,000	24,815,000
위 전자세금계산서 외의 발급 받은분(종이발급분+과세기간 종료일다음달 12일 이후분)	사업자 번호 발급받은분				
	주민등록번호발급받은분				
	소 계				

과세기간 종료일 다음달 11일까지 (전자분) 과세기간 종료일 다음달 12일이후 (전자분), 그외 **전체데이터**   참고사항 : 2012년 7월 이후 변경사항

No	사업자등록번호	코드	거래처명	매수	공급가액	세 액	대표자성명	업 태	종 목	주류코드
2	106-81-83157	00102	삼화산업(주)	4	89,640,000	8,964,000	김명환	제조.도소	의복 외	
3	106-86-44955	00114	리복 주식회사	2	9,200,000	920,000	김미수	제조.도소매	스포츠의류 외	
4	110-19-82621	00161	컨버스상사	1	3,450,000	345,000	장창민	제조.도.소	의류 외	
5	113-18-67729	00142	삐에로패션	13	21,750,000	433,000	황창규	도매	잡화류	

제95회 기출문제

이론시험

01	02	03	04	05	06	07	08	09	10	11	12	13	14	15
②	③	④	④	①	③	①	③	③	②	③	④	③	④	③

문 항	해 설
01	기말 결산을 위해 가장 먼저 수정전시산표를 작성한다.
02	200,000 + 10,000 + 30,000 + 500,000 = 740,000원 선일자수표, 직원가불금은 현금및현금성자산이 아님
03	대손충당금 차변합계 (5,000원 + 70,000원)에서 전기이월 (50,000원)을 차감하면 12월 31일 대손상각비는 25,000원이다.
04	이자수익, 배당금수익, 로열티수익은 자산을 타인에게 사용하게 함으로써 발생하는 수익의 유형에 해당하나, 상품판매수익은 재화를 구매자에게 이전함에 따라 발생하는 수익에 해당한다.
05	정액법으로 상각하는 경우 (취득원가 – 잔존가치)/내용연수 요소가 필요하다. 생산량은 생산량비례법으로 상각하는 경우에 필요한 요소이다.
06	내부적으로 창출한 브랜드, 고객목록과 이와 실질이 유사한 항목은 무형자산으로 인식할 수 없다.
07	자본조정 항목은 감자차손(200,000원)과 자기주식(400,000원)이다.
08	광고선전비는 판매비와관리비에 해당하여 영업이익에 영향을 미치지만, 유형자산처분손실, 이자비용, 외화환산손실은 영업외비용에 해당하므로 영업이익에는 영향을 미치지 않는다.
09	제품의 생산량이 증가함에 따라 제품 단위당 고정원가는 감소한다.
10	예정배부액 = 실제배부기준 700시간 × 예정배부율 95원 = 66,500원 배부차이 = 예정배부액 66,500원 – 실제발생액 70,000원 = 3,500원(과소배부)
11	상호배부법은 둘 이상의 보조부문이 있을 경우 보조부문 간의 용역수수관계를 완전히 반영하기 때문에 보조부문원가의 배부방법 중 가장 정확하다.
12	평균법에 의한 가공비 완성품 환산량 = 당기완성품수량 1,000개 + 기말재공품 환산량(100개 × 50%) = 1,050개
13	영리목적이 없는 경우에도 사업상 독립적으로 재화를 공급하면 납세의무가 있다.
14	①, ②, ③은 실비변상적이거나 복리후생적인 목적으로 제공해 재화의 공급으로 보지 않는 경우에 해당하며 ④는 재화의 공급으로 간주(사업상증여)하는 경우에 해당한다.
15	③ 공급품목은 임의적 기재사항이다.

실무시험

[문제 1] 기초정보관리 및 전기분재무제표

문항	기초정보관리 입력 및 수정
1	[회사등록] • 법인등록번호 : 110181-0096550을 110181-0095668로 수정 • 종목 : 철근을 운동기구로 수정 • 사업장관할세무서 : 경산세무서를 경주세무서로 수정
2	[계정과목및적요등록] 행사비(코드 : 853) 계정과목 및 대체적요 추가 입력
3	[거래처별초기이월] • 외상매출금 : (주)대원 2,000,000원으로 수정, (주)동백 4,500,000원으로 추가 입력 • 외상매입금 : 비바산업 삭제, 우송유통 43,000,000원으로 수정 입력

[문제 2] 일반전표입력

문항	일자	구분	계정과목	거래처	적요	차변	대변
1	7월 3일	차변	0206 기계장치			15,000,000	
		대변	0103 보통예금				15,000,000
2	7월 5일	차변	0232 임차보증금	00137 태종빌딩		50,000,000	
		대변	0131 선급금	00137 태종빌딩			5,000,000
		대변	0103 보통예금				45,000,000
3	7월 7일	차변	0212 비품			2,250,000	
		대변	0253 미지급금	00120 (주)수연전자			2,000,000
		대변	0103 보통예금				250,000
4	8월 6일	대변	0108 외상매출금	00121 (주)달리자			10,000,000
		차변	0103 보통예금			6,000,000	
		차변	0101 현금			4,000,000	
5	8월 19일	대변	0206 기계장치				35,000,000
		차변	0207 감가상각누계액			31,500,000	
		차변	0970 유형자산처분손실			3,500,000	
6	11월 20일	차변	0831 수수료비용			3,000,000	
		대변	0254 예수금				99,000
		대변	0103 보통예금				2,901,000

[문제 3] 매입매출전표입력

문항	일자/유형	매입매출전표입력
1	8월 7일 [57.카과]	

유형	품목	수량	단가	공급가액	부가세	합계	코드	공급처명	사업/주민번호	전자	분개
카과	생산부 회식			300,000	30,000	330,000	00144	동보성	117-09-52793		혼합

신용카드사	99600	IBK비씨카드		봉사료	

구분	계정과목	적요	거래처	차변(출금)	대변(입금)
차변	0135 부가세대급금	생산부 회식	00144 동보성	30,000	
차변	0511 복리후생비	생산부 회식	00144 동보성	300,000	
대변	0103 보통예금	생산부 회식	00144 동보성		330,000

2 · 10월 1일 [22.현과]

유형	품목	수량	단가	공급가액	부가세	합계	코드	공급처명	사업/주민번호	전자	분개
현과	기계 매각			4,000,000	400,000	4,400,000	00159	(주)재생	122-81-98759		혼합

구분	계정과목	적요	거래처	차변(출금)	대변(입금)
대변	0255 부가세예수금	기계 매각	00159 (주)재생		400,000
대변	0206 기계장치	기계 매각	00159 (주)재생		50,000,000
차변	0207 감가상각누계액	기계 매각	00159 (주)재생	40,000,000	
차변	0101 현금	기계 매각	00159 (주)재생	4,400,000	
차변	0970 유형자산처분손실	기계 매각	00159 (주)재생	6,000,000	

3 · 10월 11일 [11.과세]

유형	품목	수량	단가	공급가액	부가세	합계	코드	공급처명	사업/주민번호	전자	분개
과세	A제품	100	50,000	5,000,000	500,000	5,500,000	00105	희망상사	127-44-61631	여	혼합

구분	계정과목	적요	거래처	차변(출금)	대변(입금)
대변	0255 부가세예수금	A제품 100X50000	00105 희망상사		500,000
대변	0404 제품매출	A제품 100X50000	00105 희망상사		5,000,000
차변	0101 현금	A제품 100X50000	00105 희망상사	3,500,000	
차변	0108 외상매출금	A제품 100X50000	00105 희망상사	2,000,000	

4 · 10월 30일 [51.과세]

유형	품목	수량	단가	공급가액	부가세	합계	코드	공급처명	사업/주민번호	전자	분개
과세	원재료 (반품)	-100	30,000	-3,000,000	-300,000	-3,300,000	00158	(주)한강	484-81-88130	여	외상

구분	계정과목	적요	거래처	차변(출금)	대변(입금)
대변	0251 외상매입금	원재료 (반품) -10	00158 (주)한강		-3,300,000
차변	0135 부가세대급금	원재료 (반품) -10	00158 (주)한강	-300,000	
차변	0153 원재료	원재료 (반품) -10	00158 (주)한강	-3,000,000	

5 · 11월 10일 [51.과세]

유형	품목	수량	단가	공급가액	부가세	합계	코드	공급처명	사업/주민번호	전자	분개
과세	원재료			12,000,000	1,200,000	13,200,000	00162	(주)남서울	106-81-55549	여	혼합

구분	계정과목	적요	거래처	차변(출금)	대변(입금)
차변	0135 부가세대급금	원재료	00162 (주)남서울	1,200,000	
차변	0153 원재료	원재료	00162 (주)남서울	12,000,000	
대변	0131 선급금	원재료	00162 (주)남서울		1,000,000
대변	0103 보통예금	원재료	00162 (주)남서울		12,200,000

6 · 11월 19일 [16.수출]

유형	품목	수량	단가	공급가액	부가세	합계	코드	공급처명	사업/주민번호	전자	분개
수출	제품			22,000,000		22,000,000	00145	미즈노사			혼합

영세율구분 1 ▢ 직접수출(대행수출 포함) 수출신고번호

구분	계정과목	적요	거래처	차변(출금)	대변(입금)
대변	0404 제품매출	제품	00145 미즈노사		22,000,000
차변	0259 선수금	제품	00145 미즈노사	1,055,000	
차변	0108 외상매출금	제품	00145 미즈노사	20,945,000	

※ 아래와 같이 회계처리해도 정답으로 인정해 줌 (공급시기 이전 외화를 원화로 환가한 경우 : 환가일 환율 적용)

구분	계정과목	적요	거래처	차변(출금)	대변(입금)
대변	0404 제품매출	제품	00145 미즈노사		22,000,000
차변	0259 선수금	제품	00145 미즈노사	1,055,000	
차변	0108 외상매출금	제품	00145 미즈노사	20,900,000	
차변	0952 외환차손	제품	00145 미즈노사	45,000	

[문제 4] 전표수정

문항	일자	전표수정

1 · 8월 10일

수정 전 — 일반전표 조회하여 삭제

구분	계정과목	거래처	적요	차변	대변
차변	0822 차량유지비	만능공업사	화물차정비	583,000	
대변	0101 현금	만능공업사	화물차정비		583,000

수정 후 — 매입매출전표 [61.현과] 입력

유형	품목	수량	단가	공급가액	부가세	합계	코드	공급처명	사업/주민번호	전자	분개
현과	자동차 정비			530,000	53,000	583,000	00160	(주)만능공업사	109-81-83286		현금

구분	계정과목	적요	거래처	차변(출금)	대변(입금)
출금	0135 부가세대급금	자동차 정비	00160 (주)만능공업사	53,000	(현금)
출금	0822 차량유지비	자동차 정비	00160 (주)만능공업사	530,000	(현금)

2 · 12월 20일

수정 전

구분	계정과목	거래처	적요	차변	대변
차변	0817 세금과공과	대한적십자사	현금기부	30,000	
대변	0101 현금				30,000

수정 후

구분	계정과목	거래처	적요	차변	대변
차변	0953 기부금	대한적십자사	현금기부	30,000	
대변	0101 현금				30,000

[문제 5] 결산정리사항

문항	일자	결산수행
1	12월 31일 일반전표입력	합계잔액시산표에서 매도가능증권평가이익 2,000,000원 확인하여 우선상계함
2	12월 31일 일반전표입력	당기(2023년) 결산일 기준으로 차기(2024년)에 상환기일이 도래되는 차입금만 유동대체함
3	①과 ② 중 선택하여 입력	① [결산자료입력] 상단 대손상각(F8) 실행하여 외상매출금과 받을어음의 대손충당금 설정액을 확인한다.

문항 1:

구분	계정과목	거래처	적요	차변	대변
대변	0178 매도가능증권				4,000,000
차변	0394 매도가능증권평가이익			2,000,000	
차변	0395 매도가능증권평가손실			2,000,000	

문항 2:

구분	계정과목	거래처	적요	차변	대변
차변	0293 장기차입금	00161 한일물산		25,000,000	
대변	0264 유동성장기부채	00161 한일물산			25,000,000

문항 3 - ① [결산자료입력] 대손상각:

대손율(%) 1.00

코드	계정과목명	금액	코드	계정과목명	금액	추가설정액(결산반영) [(금액×대손율)-설정전충당금잔액]	유형
0108	외상매출금	226,393,000	0109	대손충당금	85,000	2,178,930	판관
0110	받을어음	82,900,000	0111	대손충당금	157,500	671,500	판관
0120	미수금	3,610,000	0121	대손충당금			영업외

결산반영을 선택하여 5)대손상각란에 대손충당금 설정액이 반영되면 F3전표추가하여 일반전표에 자동생성

±	코드	과목	결산반영금액	결산후금액
	0835	5). 대손상각	2,850,430	2,850,430
	0108	외상매출금	2,178,930	2,178,930
	0110	받을어음	671,500	671,500
		7). 기타비용		71,671,475
	0811	복리후생비		6,779,055

결산분개를 일반전표에 추가하시겠습니까? 예(Y) 아니오(N)

② [일반전표입력]
일반전표에 직접 입력

결차	0835 대손상각비				2,850,430	
결대	0109 대손충당금					2,178,930
결대	0111 대손충당금					671,500

〈주의〉 매입매출전표 [6]번 문제의 외상매출금을 20,945,000원으로 회계처리하는 경우 결산일 현재 외상매출금 잔액은 226,393,000원으로 산출된다. 그러나 만약, 외상매출금의 잔액이 다르게 산출되었더라도 1% 보충설정을 제대로 하였다면 설정액에 관계없이 정답으로 인정된다.

[문제 6] 장부조회

문항	장부조회 답안	
1	700,000원	[부가가치세 신고서] 조회기간 : 4월 1일 ~ 6월 30일, [10번]란 세금계산서수취분-일반매입-세액란
2	86,300,000원	[총계정원장] 또는 [월계표] 기간 : 2월 1일 ~ 2월 28일, 계정과목 : 153.원재료 조회

문항 1:

매입				차변		대변
	세금계산서 수취분	일반매입	10	7,000,000		700,000
		수출기업수입분납부유예	10			
		고정자산매입	11	60,000,000		6,000,000
	예정신고누락분		12			

문항 2:

기 간 2023 년 02 월 01 일 ~ 2023 년 02 월 28 일
계정과목 0153 원재료 ~ 0153 원재료

코드	계정과목	일자	차변	대변	잔액
0153	원재료	[전월이월]	43,914,000		43,914,000
		2023/02	86,300,000		130,214,000

3	484,000원	[매입매출장] 조회기간 : 6월 1일 ~ 6월 30일, 구분 : 2.매출, 유형 : 17.카과 합계 조회

조회기간 : 2023 년 06 월 01 일 💬 ~ 2023 년 06 월 30 일 💬
구 분 : 2 1.전체 2.매출 3.매입 유형 : 17.카과 ∨

유형	일자	품목	공급가액	부가세	합계	예정신고
카과	2023-06-16	제품매출	440,000	44,000	484,000	
월	계 [	1건-매수 1매]	440,000	44,000	484,000	

제93회 기출문제

이론시험

01	02	03	04	05	06	07	08	09	10	11	12	13	14	15
③	③	④	②	④	④	④	②	④	④	①	③	③	②	②

문항	해설
01	• 자산과 부채는 유동성이 큰 항목부터 배열 • 자산, 부채, 자본은 총액으로 표기 • 자본항목 중 잉여금은 주주와의 거래인 자본잉여금과 영업활동의 결과인 이익잉여금으로 구분 표시한다.
02	• 자기앞수표, 우편환증서, 보통예금 • 만기가 도래하지 않은 선일자수표는 매출채권/기타채권으로 분류하므로 현금및현금성자산에 포함하지 않음
03	• 발생주의 당기순이익 = 현금주의 당기순이익 300,000원 − 70,000원 + 50,000원 = 280,000원 • 채권의 감소는 현금의 유입을 의미하고, 미지급비용의 감소는 현금의 유출을 의미하므로 현금의 유입 70,000원은 당기순이익에서 차감, 현금의 유출 50,000원은 당기순이익에 가산하여 현금주의 당기순이익을 발생주의에 의한 당기순이익으로 계산한다.
04	부채는 1년을 기준으로 유동부채와 비유동부채를 분류한다. 다만 정상적인 영업주기 내에 소멸할 것으로 예상되는 매입채무와 미지급비용 등은 보고기간 종료일로부터 1년 이내에 결제되지 않더라도 유동부채로 분류한다.
05	• 신뢰성 : 표현의 충실성, 검증가능성, 중립성 • 목적적합성 : 예측가치, 피드백가치, 적시성
06	유형자산의 취득 또는 완성 후의 지출이 자산의 인식기준을 충족하는 경우에는 자본적지출로 처리하고 그렇지 않은 경우에는 발생한 기간의 비용으로 인식한다. 자본적지출은 내용연수를 연장시키거나 자산 가치를 증가시키는 지출을 의미하는 것이다. 그러나 건물벽의 부분도색비용은 수익적지출에 해당한다.
07	시산표상에서 차변과 대변의 금액이 동일하게 잘못된 오류로서 이중기입, 계정과목의 오기 등은 발견할 수 없다.
08	자본잉여금 = 주식발행초과금 300,000원 + 감자차익 250,000원 + 자기주식처분이익 350,000원 = 900,000원
09	취득가액은 두 가지 의사결정 고려 시 전혀 관련성이 없는 매몰원가이다.
10	보조부문의 원가를 변동원가와 고정원가로 구분하여 각각 다른 배분기준을 적용하여 배분하는 방법은 이중배분율법이다.
11	선입선출법과 평균법에 의한 완성품 환산량의 차이는 기초재공품에 대한 완성도로 인해 결정된다. 따라서 기초재공품이 없다면 선입선출법과 평균법에 의한 완성품환산량의 차이는 존재하지 않는다.

12	조업도의 변동에 관계없이 발생원가 총액이 일정한 것은 고정비를 의미하는 것이며, 공장 건물에 대한 화재보험료는 조업도의 수준과 상관없이 일정한 금액이 발생하는 고정비에 해당한다.
13	조기환급기간이 끝난 날부터 25일 이내에 조기환급기간에 대한 과세표준과 환급세액을 신고한다.
14	무인판매기를 이용한 재화의 공급시기는 현금을 꺼내는 때가 재화의 공급시기이다.
15	내국신용장, 구매확인서에 공급하는 재화 등은 영세율이 적용되어도 세금계산서 발급의무가 있으며 수출 등의 공급은 발급의무가 없다.

실무시험

[문제 1] 기초정보관리 및 전기분재무제표

문항	기초정보관리 및 전기분재무제표
1	**[거래처등록] – [일반거래처] 등록** 00350 (주)스마일 403-81-51065 동시 1. 사업자등록번호 403-81-51065 사업자등록상태조회 2. 주민 등록 번호 _____-_____ 주 민 기 재 분 부 0:부 1:여 3. 대 표 자 성 명 곽미경 4. 업 종 업태 도매및소매 종목 대형마트 5. 주 소 강원도 강릉시 동해대로 2336 (운산동)

2	**[거래처별초기이월]**
	• 외상매출금 : (주)국제무역 23,000,000원을 38,000,000원으로 수정 입력,
	       (주)영진상사 13,000,000원을 27,000,000원으로 수정 입력
	• 외상매입금 : (주)한국기업 50,000,000원을 70,000,000원으로 수정 입력,
	       (주)한빛산업 23,500,000원으로 추가 입력

3	아래 순서대로 수정한다. (1) **전기분원가명세서** : 교육훈련비 1,500,000원 추가입력, 당기제품제조원가 73,650,000원에서 75,150,000원으로 수정됨 확인 (2) **전기분손익계산서** : 제품매출원가의 당기제품제조원가 73,650,000원을 75,150,000원으로 수정 입력, 당기순이익 14,730,000원에서 13,230,000원으로 수정됨 확인 (3) **전기분잉여금처분계산서** : 당기순이익 13,230,000원으로 수정 입력(또는 F6불러오기), 미처분이익잉여금 52,620,000원에서 51,120,000원으로 수정됨 확인 (4) **전기분재무상태표** : 이월이익잉여금 52,620,000원을 51,120,000원으로 수정입력, 대차일치 확인

[문제 2] 일반전표입력

문항	일 자	일반전표입력					
		구분	계 정 과 목	거 래 처	적 요	차 변	대 변
1	8월 27일	차변	0131 선급금	00132 (주)풍암산업		1,600,000	
		대변	0102 당좌예금				1,600,000
2	9월 17일	차변	0251 외상매입금	00102 (주)안동		25,000,000	
		대변	0103 보통예금				20,000,000
		대변	0918 채무면제이익				5,000,000

3	10월 25일	구분	계정과목	거래처	적요	차변	대변
		차변	0103 보통예금			50,000,000	
		대변	0331 자본금				25,000,000
		대변	0101 현금				500,000
		대변	0341 주식발행초과금				24,500,000

4	12월 8일	구분	계정과목	거래처	적요	차변	대변
		대변	0134 가지급금	00157 홍길동			1,500,000
		차변	0812 여비교통비			1,250,000	
		차변	0101 현금			250,000	

5	12월 10일	구분	계정과목	거래처	적요	차변	대변
		차변	0254 예수금			206,250	
		차변	0511 복리후생비			123,750	
		차변	0811 복리후생비			82,500	
		대변	0101 현금				412,500

6	12월 18일	구분	계정과목	거래처	적요	차변	대변
		차변	0183 투자부동산			470,000,000	
		대변	0253 미지급금	00115 (주)우주상사			450,000,000
		대변	0103 보통예금				20,000,000

[문제 3] 매입매출전표입력

문항	일자/유형	매입매출전표입력
1	8월 21일 [11.과세]	유형 과세 / 품목 제품(가구) / 공급가액 20,000,000 / 부가세 2,000,000 / 합계 22,000,000 / 코드 00150 (주)소이유통 / 117-81-19863 / 전자 여 / 분개 혼합 대변 0255 부가세예수금 제품(가구) 00150 (주)소이유 대변(입금) 2,000,000 대변 0404 제품매출 제품(가구) 00150 (주)소이유 대변(입금) 20,000,000 차변 0110 받을어음 제품(가구) 00148 우현상사 차변(출금) 12,000,000 차변 0108 외상매출금 제품(가구) 00150 (주)소이유 차변(출금) 10,000,000 받을어음 거래처는 우현상사(어음발행자)로 수정한다.
2	10월 11일 [16.수출]	유형 수출 / 품목 제품 / 공급가액 36,000,000 / 합계 36,000,000 / 코드 00141 (주)필립스 / 분개 외상 영세율구분 1 직접수출(대행수출 포함) 수출신고번호 차변 0108 외상매출금 제품 00141 (주)필립스 차변(출금) 36,000,000 대변 0404 제품매출 제품 00141 (주)필립스 대변(입금) 36,000,000
3	11월 7일 [54.불공]	유형 불공 / 품목 자동차 200 / 공급가액 22,000,000 / 부가세 2,200,000 / 합계 24,200,000 / 코드 00126 전진자동차 / 125-81-57780 / 전자 여 / 분개 혼합 불공제사유 3 ③비영업용 소형승용자동차 구입·유지 및 임차 차변 0208 차량운반구 자동차 2000cc 00126 (주)전진자 차변(출금) 24,200,000 대변 0103 보통예금 자동차 2000cc 00126 (주)전진자 대변(입금) 24,200,000
4	11월 17일 [22.현과]	유형 현과 / 품목 제품 / 공급가액 790,000 / 부가세 79,000 / 합계 869,000 / 코드 00158 오미자 / 분개 혼합 대변 0255 부가세예수금 제품 00158 오미자 대변(입금) 79,000 대변 0404 제품매출 제품 00158 오미자 대변(입금) 790,000 차변 0101 현금 제품 00158 오미자 차변(출금) 869,000
5	12월 15일 [51.과세]	유형 과세 / 품목 자재 / 수량 100 / 단가 23,000 / 공급가액 2,300,000 / 부가세 230,000 / 합계 2,530,000 / 코드 00159 삼춘상사 / 127-35-56169 / 전자 여 / 분개 혼합 차변 0135 부가세대급금 자재 100X23000 00159 삼춘상사 차변(출금) 230,000 차변 0153 원재료 자재 100X23000 00159 삼춘상사 차변(출금) 2,300,000 대변 0101 현금 자재 100X23000 00159 삼춘상사 대변(입금) 1,530,000 대변 0252 지급어음 자재 100X23000 00159 삼춘상사 대변(입금) 1,000,000

6	12월 24일 [57.카과]	유형	품목	수량	단가	공급가액	부가세	합계	코드	공급처명	사업/주민번호	전자	분개
		카과	노트북			6,000,000	600,000	6,600,000	00133	(주)삼양전자	824-85-00607		카드

신용카드사 99602 ▣ 삼성카드 　　　봉사료

구분	계정과목	적요	거래처	차변(출금)	대변(입금)
대변	0253 미지급금	노트북	99602 삼성카드		6,600,000
차변	0135 부가세대급금	노트북	00133 (주)삼양전ⱼ	600,000	
차변	0212 비품	노트북	00133 (주)삼양전ⱼ	6,000,000	

[문제 4] 전표수정

문항	일자		전표수정
1	8월 17일	수정 전	일반전표 삭제 <table><tr><td>구분</td><td>계 정 과 목</td><td>거 래 처</td><td>적 요</td><td>차 변</td><td>대 변</td></tr><tr><td>차변</td><td>0146 상품</td><td>00140 (주)모두판다</td><td>복사기 구입</td><td>2,200,000</td><td></td></tr><tr><td>대변</td><td>0103 보통예금</td><td></td><td>복사기 구입</td><td></td><td>2,200,000</td></tr></table>
		수정 후	매입매출전표 [61.현과] 입력 <table><tr><td>유형</td><td>품목</td><td>수량</td><td>단가</td><td>공급가액</td><td>부가세</td><td>합계</td><td>코드</td><td>공급처명</td><td>사업/주민번호</td><td>전자</td><td>분개</td></tr><tr><td>현과</td><td>비품(복사)</td><td></td><td></td><td>2,000,000</td><td>200,000</td><td>2,200,000</td><td>00140</td><td>(주)모두판다</td><td>119-81-79095</td><td></td><td>혼합</td></tr></table> <table><tr><td>구분</td><td>계정과목</td><td>적요</td><td>거래처</td><td>차변(출금)</td><td>대변(입금)</td></tr><tr><td>차변</td><td>0135 부가세대급금</td><td>비품(복사기)</td><td>00140 (주)모두판ⱼ</td><td>200,000</td><td></td></tr><tr><td>차변</td><td>0212 비품</td><td>비품(복사기)</td><td>00140 (주)모두판ⱼ</td><td>2,000,000</td><td></td></tr><tr><td>대변</td><td>0103 보통예금</td><td>비품(복사기)</td><td>00140 (주)모두판ⱼ</td><td></td><td>2,200,000</td></tr></table>
2	8월 25일	수정 전	<table><tr><td>구분</td><td>계 정 과 목</td><td>거 래 처</td><td>적 요</td><td>차 변</td><td>대 변</td></tr><tr><td>차변</td><td>0103 보통예금</td><td></td><td>외상매출금 회수</td><td>25,000,000</td><td></td></tr><tr><td>대변</td><td>0108 외상매출금</td><td>00106 (주)마산</td><td>외상매출금 회수</td><td></td><td>25,000,000</td></tr></table>
		수정 후	<table><tr><td>구분</td><td>계 정 과 목</td><td>거 래 처</td><td>적 요</td><td>차 변</td><td>대 변</td></tr><tr><td>차변</td><td>0103 보통예금</td><td></td><td>외상매출금 회수</td><td>25,000,000</td><td></td></tr><tr><td>대변</td><td>0108 외상매출금</td><td>00106 (주)마산</td><td>외상매출금 회수</td><td></td><td>15,000,000</td></tr><tr><td>대변</td><td>0110 받을어음</td><td>00106 (주)마산</td><td>외상매출금 회수</td><td></td><td>10,000,000</td></tr></table>

[문제 5] 결산정리사항

문항	일자		결산수행				
1	12월 31일 일반전표입력	<table><tr><td>번호</td><td>구분</td><td>계 정 과 목</td><td>거 래 처</td><td>적 요</td><td>차 변</td><td>대 변</td></tr><tr><td>00001</td><td>차변</td><td>0133 선급비용</td><td></td><td></td><td>1,960,000</td><td></td></tr><tr><td>00001</td><td>대변</td><td>0521 보험료</td><td></td><td></td><td></td><td>1,050,000</td></tr><tr><td>00001</td><td>대변</td><td>0821 보험료</td><td></td><td></td><td></td><td>910,000</td></tr></table> 차기분 보험료 7개월분에 해당하는 보험료는 선급비용으로 대체한다. • 보험료(제) 1,800,000원 × 7개월/12개월 = 1,050,000원 • 보험료(판) 1,560,000원 × 7개월/12개월 = 910,000원					
2	12월 31일 일반전표입력	<table><tr><td>구분</td><td>계 정 과 목</td><td>거 래 처</td><td>적 요</td><td>차 변</td><td>대 변</td></tr><tr><td>차변</td><td>0141 현금과부족</td><td></td><td></td><td>500,000</td><td></td></tr><tr><td>대변</td><td>0108 외상매출금</td><td>00149 (주)영진상사</td><td></td><td></td><td>300,000</td></tr><tr><td>대변</td><td>0930 잡이익</td><td></td><td></td><td></td><td>200,000</td></tr></table>					

3	①과 ② 중 선택하여 입력	① [결산자료입력] 결산자료입력 메뉴에 아래와 같이 입력 후 F3전표추가하여 일반전표에 자동생성 0518. 제조경비-감가상각비-기계장치 1,800,000원

① [결산자료입력]

0518. 제조경비-감가상각비-기계장치 1,800,000원

코드	과 목	결산분개금액	결산전금액	결산반영금액	결산후금액
0518	2). 일반감가상각비			1,800,000	1,800,000
0202	건물				
0206	기계장치			1,800,000	1,800,000
0208	차량운반구				

0818. 판관비-감가상각비-건물 1,000,000원 입력

코드	과 목	결산분개금액	결산전금액	결산반영금액	결산후금액
0818	4). 감가상각비			1,000,000	1,000,000
0202	건물			1,000,000	1,000,000
0206	기계장치				
0208	차량운반구				

② [일반전표입력]

일반전표에 직접 입력

31	00007	결차	0518	감가상각비		1	당기말 감가상	1,800,000	
31	00007	결대	0207	감가상각누계액		4	당기 감가상각		1,800,000
31	00011	결차	0818	감가상각비				1,000,000	
31	00011	결대	0203	감가상각누계액					1,000,000

[문제 6] 장부조회

문항	장부조회 답안
1	**[일계표/월계표]** 조회기간 : 4월 ~ 4월, 차량유지비 현금 지급 조회 **560,000원**
2	**[거래처원장]** 기간 : 1월 1일 ~ 3월 31일, 계정과목 : 108.외상매출금 과목 조회 **(주)유민, 50,700,000원**
3	**[세금계산서합계표]** 조회기간 : 4월 ~ 6월, [매출] 탭, 주민등록번호발급분 조회 **5,000,000원**

[일계표/월계표]

조회기간 : 4월 ~ 4월, 차량유지비 현금 지급 조회

조회기간 : 2023 년 04 월 ~ 2023 년 04 월

차 변			계정과목	대 변		
계	대체	현금		현금	대체	계
7,189,900		7,189,900	5. 판매비밀일반관리비			
5,400,000		5,400,000	급 여			
325,200		325,200	복 리 후 생 비			
16,500		16,500	접 대 비			
80,500		80,500	통 신 비			
52,000		52,000	수 도 광 열 비			
250,000		250,000	임 차 료			
84,000		84,000	수 선 비			
560,000		560,000	차 량 유 지 비			
25,000		25,000	운 반 비			

[거래처원장]

기간 : 1월 1일 ~ 3월 31일, 계정과목 : 108.외상매출금 과목 조회

잔액 / 내용 / 총괄잔액 / 총괄내용

기 간 2023 년 1 월 1 일 ~ 2023 년 3 월 31 일 계정과목 0108 외상매출금 잔액 0 포함 미등록 포함

거래처분류 ~ 거 래 처 00101 화정종합가구 ~ 99613 카카오법인카드

코드	거래처	등록번호	대표자명	전기이월	차 변	대 변	잔 액	(당)코	(담담)
00121	(주)유민	220-67-92541	이영애		55,000,000	4,300,000	50,700,000		
100000	미등록 거래처			29,000,000			29,000,000		

[세금계산서합계표]

조회기간 : 4월 ~ 6월, [매출] 탭, 주민등록번호발급분 조회

조회기간 2023 년 04 월 ~ 2023 년 06 월 1기 확정 1. 정기신고 ※ [확인]전송일자가 없는 거래는 전자세금계산서 발급분으로 반영 되므로 국세청 홈택스 전송 세금계산서와 반드시 확인 합니다.

매출 / 매입

2. 매출세금계산서 총합계

구 분		매출처수	매 수	공급가액	세 액
합	계	12	37	295,385,909	29,538,591
과세기간 종료일 다음달 11일까지전송된 전자세금계산서 발급분	사업자 번호 발급분	11	36	290,385,909	29,038,591
	주민등록번호발급분	1	1	5,000,000	500,000
	소 계	12	37	295,385,909	29,538,591

제91회 기출문제

이론시험

01	02	03	04	05	06	07	08	09	10	11	12	13	14	15
②	①	①	③	④	②	④	④	①	③	④	②	①	②	③

문항	해설
01	재고수량의 결정방법 중 계속기록법을 적용하면 매출 수량이 정확하게 계산되고, 실지재고조사법을 적용하면 기말재고자산 수량이 정확하게 계산된다.
02	㉠은 매출채권처분손실, ㉡은 거래 아님, ㉢은 대손충당금(또는 대손상각비), ㉣은 매입할인에 해당한다. 이 중 매출채권처분손실은 영업외비용에 영향을 준다.
03	• 보충법에 의해 12월 31일 매출채권 5,500,000원 × 2% - 기말잔액 30,000원 = 80,000원 추가 설정 　(차) 대손상각비　　　　　　　　　80,000원　　(대) 대손충당금　　　　　　　　　80,000원 • 가수금에 대한 원인이 파악되지 않았으므로 　(차) 가수금　　　　　　　　　　　50,000원　　(대) 잡이익　　　　　　　　　　　50,000원 • 따라서 당기순이익 30,000원(= 80,000원 - 50,000원)을 감소시킨다.
04	미지급배당금은 유동부채이며, 자기주식, 미교부주식배당금, 감자차손은 자본조정에 해당한다.
05	유가증권처분 시 발생하는 증권거래 수수료 등의 비용은 처분가액에서 차감하여 회계처리한다.
06	유형자산의 감가상각방법에는 정액법, 체감잔액법(예를 들면, 정률법 등), 연수합계법, 생산량비례법 등이 있다. 정액법은 자산의 내용연수 동안 일정액의 감가상각액을 인식하는 방법이다. 체감잔액법과 연수합계법은 자산의 내용연수 동안 감가상각액이 매기간 감소하는 방법이다. 생산량비례법은 자산의 예상조업도 혹은 예상생산량에 근거하여 감가상각액을 인식하는 방법이다. 감가상각방법은 해당 자산으로부터 예상되는 미래경제적 효익의 소멸형태에 따라 선택하고, 소멸형태가 변하지 않는 한 매기 계속 적용한다. 또한, 감가상각비는 다른 자산의 제조와 관련된 경우 관련자산의 제조원가로 계상한다.
07	수익과 비용은 각각 총액으로 보고하는 것을 원칙으로 한다. 다만, 수익과 비용을 상계하도록 요구하는 경우에는 상계하여 표시하고, 허용하는 경우에는 상계하여 표시할 수 있다.
08	액면이자율보다 시장이자율이 더 크다면 사채는 할인발행 된다.
09	매몰원가는 과거 의사결정의 결과로 이미 발생된 원가로서 현재 또는 미래의 의사결정과 관련이 없는 비관련원 가이다. 기계의 장부가액(= 취득원가 - 감가상각누계액)인 1,500,000원은 이미 지출된 비용으로서 향후 의사 결정에 영향을 미치지 않으므로 기계장치의 처분여부와 관련 없는 매몰원가이다.
10	기초제품재고액은 손익계산서의 제품매출원가를 산출하기 위해 필요한 항목이다.
11	㉠ A부문 → Y부문 배부액 : 300,000원 × 40% = 120,000원 ㉡ A부문 → B부문 배부액 : 300,000원 × 40% = 120,000원 ㉢ B부문 → Y부문 배부액 : (㉡ 120,000원 + 400,000원) × 50%/80% = 325,000원 ∴ Y부문에 배부되는 보조부문의 총액 = ㉠ + ㉢ = 120,000원 + 325,000원 = 445,000원
12	원가행태에 따라 변동원가와 고정원가로 분류한다.
13	택시에 의한 여객운송용역은 면세에 해당하지 아니하며, 식용으로 제공되는 임산물은 면세에 해당된다.
14	주사업장총괄납부 시 종된 사업장은 부가가치세 납부의무가 없으나 신고는 각 사업장별로 해야 한다. 따라서 종된 사업장도 부가가치세 신고는 해야 한다.
15	상속의 경우에는 정정사유에 해당하며, 증여로 인하여 사업자의 명의가 변경되는 경우에는 정정사유가 아닌 폐업사유가 된다.

실무시험

[문제 1] 기초정보관리 및 전기분재무제표

문 항	기초정보관리 및 전기분재무제표
1	**[거래처등록] – [일반거래처]** 02020 (주)유미상사 609-85-18769 매출 1. 사업자등록번호 609-85-18769 ▦ 사업자등록상태조회 2. 주민 등록 번호 _____-_____ 주 민 기 재 분 부 0:부 1:여 3. 대 표 자 성 명 김유미 4. 업 종 업태 도소매 종목 가전 5. 주 소 ▦ 서울시 강남구 테헤란로 275
2	**[계정과목및적요등록]** 811. 복리후생비, 현금적요 9, 대체적요 3 각각 입력
3	아래 순서대로 수정한다. (1) **전기분재무상태표** : 원재료 6,000,000원을 5,000,000원으로 수정입력(대차차액은 현단계에서는 일단 무시한다. 이후 단계별 수정과정을 거쳐 마지막(5)단계에서 대차 일치되는 것을 확인) (2) **전기분원가명세서** : 기말원재료 5,000,000원으로 자동반영 확인, 당기제품제조원가 299,000,000원이 300,000,000원으로 수정됨 확인 (3) **전기분손익계산서** : 당기제품제조원가 299,000,000원을 300,000,000원으로 수정입력, 당기순이익 101,000,000원에서 100,000,000원으로 수정됨 확인 (4) **전기분잉여금처분계산서** : 당기순이익 100,000,000원으로 수정 입력(또는 F6불러오기), 미처분이익잉여금 124,000,000원에서 123,000,000원으로 수정됨 확인 (5) **전기분재무상태표** : 이월이익잉여금 124,000,000원을 123,000,000원으로 수정 입력하고 여기서 대차일치 확인

[문제 2] 일반전표입력

문 항	일 자	일반전표입력
1	7월 4일	<table><tr><td>구분</td><td>계 정 과 목</td><td>거 래 처</td><td>적 요</td><td>차 변</td><td>대 변</td></tr><tr><td>차변</td><td>0252 지급어음</td><td>00132 성남전자</td><td></td><td>13,000,000</td><td></td></tr><tr><td>대변</td><td>0102 당좌예금</td><td></td><td></td><td></td><td>13,000,000</td></tr></table>
2	8월 5일	<table><tr><td>구분</td><td>계 정 과 목</td><td>거 래 처</td><td>적 요</td><td>차 변</td><td>대 변</td></tr><tr><td>차변</td><td>0107 단기매매증권</td><td></td><td></td><td>900,000</td><td></td></tr><tr><td>차변</td><td>0984 수수료비용</td><td></td><td></td><td>30,000</td><td></td></tr><tr><td>대변</td><td>0103 보통예금</td><td></td><td></td><td></td><td>930,000</td></tr></table>
3	8월 13일	<table><tr><td>구분</td><td>계 정 과 목</td><td>거 래 처</td><td>적 요</td><td>차 변</td><td>대 변</td></tr><tr><td>대변</td><td>0108 외상매출금</td><td>00175 ABC MART</td><td></td><td></td><td>11,000,000</td></tr><tr><td>차변</td><td>0103 보통예금</td><td></td><td></td><td>10,500,000</td><td></td></tr><tr><td>차변</td><td>0952 외환차손</td><td></td><td></td><td>500,000</td><td></td></tr></table>
4	9월 10일	<table><tr><td>구분</td><td>계 정 과 목</td><td>거 래 처</td><td>적 요</td><td>차 변</td><td>대 변</td></tr><tr><td>차변</td><td>0103 보통예금</td><td></td><td></td><td>14,880,000</td><td></td></tr><tr><td>대변</td><td>0331 자본금</td><td></td><td></td><td></td><td>10,000,000</td></tr><tr><td>대변</td><td>0381 주식할인발행차금</td><td></td><td></td><td></td><td>2,000,000</td></tr><tr><td>대변</td><td>0341 주식발행초과금</td><td></td><td></td><td></td><td>2,880,000</td></tr></table> 주식할인발행차금잔액을 우선 상계한 뒤 차액을 주식발행초과금으로 인식함
5	10월 15일	<table><tr><td>구분</td><td>계 정 과 목</td><td>거 래 처</td><td>적 요</td><td>차 변</td><td>대 변</td></tr><tr><td>차변</td><td>0520 수선비</td><td></td><td></td><td>300,000</td><td></td></tr><tr><td>대변</td><td>0153 원재료</td><td></td><td>8 타계정으로 대체액 원가</td><td></td><td>300,000</td></tr></table>
6	10월 28일	<table><tr><td>구분</td><td>계 정 과 목</td><td>거 래 처</td><td>적 요</td><td>차 변</td><td>대 변</td></tr><tr><td>차변</td><td>0523 경상연구개발비</td><td></td><td></td><td>1,000,000</td><td></td></tr><tr><td>대변</td><td>0102 당좌예금</td><td></td><td></td><td></td><td>1,000,000</td></tr></table>

[문제 3] 매입매출전표입력

문항	일자/유형	매입매출전표입력

1. 8월 4일 [53.면세]

유형	품목	수량	단가	공급가액	부가세	합계	코드	공급처명	사업/주민번호	전자	분개
면세	화분 (거래			110,000		110,000	00126	(주)건우농원	202-81-00978	여	혼합

구분	계정과목	적요	거래처	차변(출금)	대변(입금)
차변	0813 접대비	화분 (거래처선물)	00126 (주)건우농	110,000	
대변	0101 현금	화분 (거래처선물)	00126 (주)건우농		110,000

2. 8월 16일 [54.불공]

유형	품목	수량	단가	공급가액	부가세	합계	코드	공급처명	사업/주민번호	전자	분개
불공	2000cc 승용			19,000,000	1,900,000	20,900,000	00122	(주)카싱	110-85-24854	여	혼합

불공제사유 3 ⑨비영업용 소형승용자동차 구입·유지 및 임차

구분	계정과목	적요	거래처	차변(출금)	대변(입금)
차변	0208 차량운반구	2000cc 승용차	00122 (주)카싱	20,900,000	
대변	0253 미지급금	2000cc 승용차	00122 (주)카싱		20,900,000

3. 9월 25일 [51.과세]

유형	품목	수량	단가	공급가액	부가세	합계	코드	공급처명	사업/주민번호	전자	분개
과세	원재료 A	1,000	25,000	25,000,000	2,500,000	27,500,000	00104	(주)용산	220-81-19591	여	혼합

구분	계정과목	적요	거래처	차변(출금)	대변(입금)
차변	0135 부가세대급금	원재료 A 1000X25000	00104 (주)용산	2,500,000	
차변	0153 원재료	원재료 A 1000X25000	00104 (주)용산	25,000,000	
대변	0110 받을어음	원재료 A 1000X25000	00110 (주)개포		10,000,000
대변	0252 지급어음	원재료 A 1000X25000	00104 (주)용산		17,500,000

4. 10월 2일 [61.현과]

유형	품목	수량	단가	공급가액	부가세	합계	코드	공급처명	사업/주민번호	전자	분개
현과	A4용지			250,000	25,000	275,000	00116	꽃비문구센터	109-14-87811		현금

구분	계정과목	적요	거래처	차변(출금)	대변(입금)
출금	0135 부가세대급금	A4용지	00116 꽃비문구센	25,000	(현금)
출금	0830 소모품비	A4용지	00116 꽃비문구센	250,000	(현금)

5. 11월 18일 [12.영세]

유형	품목	수량	단가	공급가액	부가세	합계	코드	공급처명	사업/주민번호	전자	분개
영세	제품			25,000,000		25,000,000	00173	(주)케이상사	104-81-16860	여	혼합

영세율구분 3 내국신용장·구매확인서 서류번호

구분	계정과목	적요	거래처	차변(출금)	대변(입금)
대변	0404 제품매출	제품	00173 (주)케이상		25,000,000
차변	0101 현금	제품	00173 (주)케이상	10,000,000	
차변	0108 외상매출금	제품	00173 (주)케이상	15,000,000	

6. 12월 11일 [11.과세]

유형	품목	수량	단가	공급가액	부가세	합계	코드	공급처명	사업/주민번호	전자	분개
과세	냉장고 처분			1,000,000	100,000	1,100,000	00135	(주)민국	409-81-53509	여	혼합

구분	계정과목	적요	거래처	차변(출금)	대변(입금)
대변	0255 부가세예수금	냉장고 처분	00135 (주)민국		100,000
대변	0212 비품	냉장고 처분	00135 (주)민국		3,200,000
차변	0213 감가상각누계액	냉장고 처분	00135 (주)민국	1,600,000	
차변	0101 현금	냉장고 처분	00135 (주)민국	1,100,000	
차변	0970 유형자산처분손실	냉장고 처분	00135 (주)민국	600,000	

[문제 4] 전표수정

문항	일 자	전표수정
1	8월 17일	**수정 전** 일반전표 삭제 	구분	계정과목	거래처	적요	차변	대변
차변	0520 수선비		공장유리 수선비	440,000	
대변	0253 미지급금	99603 신한카드	공장유리수선비 결제		440,000 | [2]건의 데이터를 선택하였습니다. 선택한 데이터를 삭제하시겠습니까? 예(Y) 아니오(N) | 합 계				440,000	440,000 | **수정 후** 매입매출전표 [57.카과] 입력 | 유형	품목	수량	단가	공급가액	부가세	합계	코드	공급처명	사업/주민번호	전자	분개
카과	유리수선			400,000	40,000	440,000	00141	대한유리	101-10-30806		카드	 신용카드사 99603 신한카드 봉사료 	구분	계정과목	적요	거래처	차변(출금)	대변(입금)
대변	0253 미지급금	유리수선	99603 신한카드		440,000
차변	0135 부가세대급금	유리수선	00141 대한유리	40,000	
차변	0520 수선비	유리수선	00141 대한유리	400,000		
2	10월 15일	**수정 전** 	유형	품목	수량	단가	공급가액	부가세	합계	코드	공급처명	사업/주민번호	전자	분개
과세	선물용품	100	50,000	5,000,000	500,000	5,500,000	00148	둘둘마트	110-85-30735		혼합
구분	계정과목	적요	거래처	차변(출금)	대변(입금)
차변	0135 부가세대급금	선물용품 100X500	00148 둘둘마트	500,000	
차변	0811 복리후생비	선물용품 100X500	00148 둘둘마트	5,000,000	
대변	0102 당좌예금	선물용품 100X500	00148 둘둘마트		5,500,000	 **수정 후** 	유형	품목	수량	단가	공급가액	부가세	합계	코드	공급처명	사업/주민번호	전자	분개
불공	선물용품	100	50,000	5,000,000	500,000	5,500,000	00148	둘둘마트	110-85-30735	여	혼합	 불공제사유 4 ④접대비 및 이와 유사한 비용 관련 	구분	계정과목	적요	거래처	차변(출금)	대변(입금)
차변	0813 접대비	선물용품 100X500	00148 둘둘마트	5,500,000	
대변	0102 당좌예금	선물용품 100X500	00148 둘둘마트		5,500,000	

[문제 5] 결산정리사항

문항	일 자	결산수행
1	12월 31일 일반전표입력		구분	계정과목	거래처	적요	차변	대변
차변	0904 임대료			1,050,000	
대변	0263 선수수익				1,050,000	 1,800,000원 × 7개월 ÷ 12개월 = 1,050,000원 차기에 해당하는 수익
2	①과 ② 중 선택하여 입력	① [결산자료입력] 결산자료입력 상단 대손상각(F8) 실행하여 외상매출금과 받을어음의 대손충당금 설정액을 확인한다. 대손율(%) 1.00 	코드	계정과목명	금액	코드	계정과목명	금액	추가설정액(결산반영) [(금액x대손율)-설정전충당금잔액]	유형
				설정전 충당금 잔액			
0108	외상매출금	249,322,000	0109	대손충당금	300,000	2,193,220	판관
0110	받을어음	48,700,000	0111	대손충당금	130,000	357,000	판관 | 결산반영을 선택하여 5)대손상각란에 대손충당금 설정액이 반영되면 F3전표추가하여 일반전표에 자동생성 ② [일반전표입력] 일반전표에 직접 입력 | 00011	결차	0835 대손상각비			2,550,220	
00011	결대	0109 대손충당금				2,193,220
00011	결대	0111 대손충당금				357,000	

<table>
<tr><td rowspan="2">3</td><td rowspan="2">①과 ② 중
선택하여 입력</td><td>① [결산자료입력]
결산자료입력 메뉴의 제조경비-기계장치-감가상각비 2,000,000원, 제조경비-차량운반구
-감가상각비 3,500,000원, 판관비-비품-감가상각비 1,000,000원 입력 후 F3전표추가하
여 일반전표에 자동생성</td></tr>
</table>

코드	과 목	결산분개금액	결산전금액	결산반영금액	결산후금액
0518	2). 일반감가상각비			5,500,000	5,500,000
0202	건물				
0206	기계장치			2,000,000	2,000,000
0208	차량운반구			3,500,000	3,500,000

코드	과 목	결산분개금액	결산전금액	결산반영금액	결산후금액
0818	4). 감가상각비			1,000,000	1,000,000
0202	건물				
0206	기계장치				
0208	차량운반구				
0212	비품			1,000,000	1,000,000

② [일반전표입력]
일반전표에 직접 입력

00005	결차	0518	감가상각비			1 당기말 감가상각비 계상	2,000,000	
00005	결대	0207	감가상각누계액			4 당기 감가상각누계액 설		2,000,000
00006	결차	0518	감가상각비			1 당기말 감가상각비 계상	3,500,000	
00006	결대	0209	감가상각누계액			4 당기 감가상각누계액 설		3,500,000
00010	결차	0818	감가상각비				1,000,000	
00010	결대	0213	감가상각누계액					1,000,000

[문제 6] 장부조회

문 항		장부조회 답안
1	70,000원	**[월계표]** 조회기간 : 5월 ~ 5월 조회 영업외수익 200,000원 - 영업외비용 130,000원 = 70,000원

				6.영 업 외 수 익		200,000	200,000
				이 자 수 익		200,000	200,000
130,000		130,000		7.영 업 외 비 용			
130,000		130,000		이 자 비 용			

2	10,000,000원	**[거래처원장]** 기간 : 3월 1일 ~ 3월 31일, 계정과목 : 251.외상매입금, 거래처 : 112.(주)대한전자 차변 결제금액

기 간 2023 년 3 월 1 일 ~ 2023 년 3 월 31 일 계정과목 0251 외상매입금 · · · · 잔액 0 포함
거래처분류 · · ~ · · 거 래 처 00112 (주)대한전자 ~ 00112 (주)대한전자

코드	거 래 처	등록번호	대표자명	전월이월	차 변	대 변	잔 액
00112	(주)대한전자	136-81-20250	박서현		10,000,000	11,460,000	1,460,000

3	550,000원	**[부가세신고서]** 조회기간 : 1월 1일 ~ 3월 31일, F4과표명세의 면세사업수입금액 조회

면세사업수입금액			
업태	종목	코드	금액
80 제조, 도소매,부동산업	전자제품, 임대	321001	550,000
81			
82 수입금액제외			
83 합계			550,000

제88회 기출문제

이론시험

01	02	03	04	05	06	07	08	09	10	11	12	13	14	15
②	①	③	③	①	③	①	②	①, ②	④	②	④	④	③	①

문항	해설
01	재고자산 외 자산을 처분하면서 상대방이 발행한 약속어음을 받는 경우, 비매출채권에 해당되기 때문에 약속어음의 수취는 '미수금'으로 처리해야 한다. 또한 타인이 발행한 당좌수표는 '현금'으로 처리해야 한다. <table><tr><td>(차) 현 금</td><td>3,500,000원</td><td>(대) 투자부동산</td><td>6,000,000원</td></tr><tr><td>미수금</td><td>3,500,000원</td><td>투자자산처분이익</td><td>1,000,000원</td></tr></table>
02	단기매매증권평가이익 = 기말평가액(21,000원 × 100주) − 취득가액(20,000원 × 100주) = 100,000원 ※ 단기매매증권의 취득부대비용은 기간 비용으로 처리
03	토지는 감가상각을 하지 않고, 건설중인자산, 영업활동에 사용하지 않는 투자자산은 현재 정상적인 영업활동에 사용되지 않고 있기 때문에 감가상각 회계처리 대상에서 제외된다.
04	무형자산은 물리적 형체는 없지만 식별가능하고 기업이 통제하고 있으며 미래 경제적 효익이 있는 비화폐성자산이다.
05	외상매출금에 대하여 대손충당금을 설정할 경우, 차변에 대손상각비(판매비와관리비)로 처리되므로 영업이익 금액이 감소된다.
06	재무상태표 계정은 차기이월 방식을 통하여 장부마감을 하여야 하며, 손익계산서 계정은 집합손익 원장에 대체하는 방식으로 장부마감을 하여야 한다. 따라서 자산 계정인 개발비만 차기이월을 통하여 장부마감을 하여야 한다. 광고선전비, 접대비, 기부금은 모두 비용 계정이다.
07	투자부동산 − 투자자산, 임차권리금 − 무형자산, 임차보증금, 전세권 − 기타비유동자산
08	자기주식은 자본조정으로 분류되며, 자기주식처분이익, 주식발행초과금, 감자차익은 자본잉여금으로 분류한다.
09	원재료구입비는 바로 제조원가로 분류되지 않고 재고자산으로 분류되었다가 원재료를 공정에 투입(사용)했을 때 제조원가인 재료비로 발생된다. 차량(자산)의 처분과 관련된 손익은 영업외손익으로 처리한다.
10	• 원재료비 = 100,000원 + 500,000원 − 100,000원 = 500,000원 • 당기총제조원가 = 500,000원 + 3,500,000원 + (4,000,000원 × 20%) = 4,800,000원
11	다 → 가 → 나 → 라 (직접비부터 우선 계산하고 간접비는 이후에 집계하여 배부함)
12	재료비의 경우 공정초에 전량 투입될지, 공정 전반에 걸쳐 균등하게 투입될지에 따라 당기완성품과 기말재공품의 완성품환산량은 차이가 발생한다.
13	역진성의 문제를 해결하기 위하여 면세제도를 도입하고 있다.
14	중간지급조건부(6개월 이상) 재화공급이므로 공급시기는 대가의 각 부분을 받기로 한 날이다.
15	공급연월일은 임의적 기재사항이며, 작성연월일이 필요적 기재사항이다.

실무시험

[문제 1] 기초정보관리 및 전기분재무제표

문항	기초정보관리 및 전기분재무제표
1	아래 순서대로 수정한다. (1) **전기분손익계산서** : 수도광열비 5,600,000원을 6,500,000원으로 수정입력, 당기순이익 23,600,000원 　　으로 변동(감소)확인 (2) **전기분잉여금처분계산서** : 당기순이익 23,600,000원으로 수정 입력(또는 F6불러오기), 미처분이익잉여금 　　47,335,000원으로 수정됨 확인 (3) **전기분재무상태표** : 이월이익잉여금 48,235,000원을 47,335,000원으로 수정입력, 대차일치 확인
2	[거래처등록] 일반거래처 등록 : 50001 (주)한진캐피탈, 50002 (주)성우중기
3	[계정과목및적요등록] 511.복리후생비 계정과목 대체전표 적요 3번에 '공장 직원 일본뇌염 예방접종비' 입력

[문제 2] 일반전표입력

문항	일 자	일반전표입력
1	7월 25일	<table><tr><td>구분</td><td colspan=2>계 정 과 목</td><td>거 래 처</td><td>적 요</td><td>차 변</td><td>대 변</td></tr><tr><td>차변</td><td>0261</td><td>미지급세금</td><td></td><td></td><td>35,000,000</td><td></td></tr><tr><td>차변</td><td>0831</td><td>수수료비용</td><td></td><td></td><td>350,000</td><td></td></tr><tr><td>대변</td><td>0253</td><td>미지급금</td><td>99601 비씨카드</td><td></td><td></td><td>35,350,000</td></tr></table>
2	8월 20일	<table><tr><td>구분</td><td colspan=2>계 정 과 목</td><td>거 래 처</td><td>적 요</td><td>차 변</td><td>대 변</td></tr><tr><td>차변</td><td>0253</td><td>미지급금</td><td>00110 (주)토즈상사</td><td></td><td>18,000,000</td><td></td></tr><tr><td>대변</td><td>0256</td><td>당좌차월</td><td>98002 기업은행</td><td></td><td></td><td>18,000,000</td></tr></table>
3	9월 10일	<table><tr><td>구분</td><td colspan=2>계 정 과 목</td><td>거 래 처</td><td>적 요</td><td>차 변</td><td>대 변</td></tr><tr><td>차변</td><td>0201</td><td>토지</td><td></td><td></td><td>40,000,000</td><td></td></tr><tr><td>대변</td><td>0917</td><td>자산수증이익</td><td></td><td></td><td></td><td>40,000,000</td></tr></table>
4	10월 12일	<table><tr><td>구분</td><td colspan=2>계 정 과 목</td><td>거 래 처</td><td>적 요</td><td>차 변</td><td>대 변</td></tr><tr><td>대변</td><td>0120</td><td>미수금</td><td>00101 (주)봄꽃상사</td><td></td><td></td><td>2,000,000</td></tr><tr><td>차변</td><td>0121</td><td>대손충당금</td><td></td><td></td><td>800,000</td><td></td></tr><tr><td>차변</td><td>0954</td><td>기타의대손상각비</td><td></td><td></td><td>1,200,000</td><td></td></tr></table>
5	11월 3일	<table><tr><td>구분</td><td colspan=2>계 정 과 목</td><td>거 래 처</td><td>적 요</td><td>차 변</td><td>대 변</td></tr><tr><td>차변</td><td>0114</td><td>단기대여금</td><td>00149 (주)울진</td><td></td><td>10,000,000</td><td></td></tr><tr><td>대변</td><td>0101</td><td>현금</td><td></td><td></td><td></td><td>10,000,000</td></tr></table>
6	11월 10일	<table><tr><td>구분</td><td colspan=2>계 정 과 목</td><td>거 래 처</td><td>적 요</td><td>차 변</td><td>대 변</td></tr><tr><td>차변</td><td>0295</td><td>퇴직급여충당부채</td><td></td><td></td><td>8,000,000</td><td></td></tr><tr><td>대변</td><td>0186</td><td>퇴직연금운용자산</td><td></td><td></td><td></td><td>8,000,000</td></tr></table> 합계잔액시산표 조회하여 퇴직급여충당부채 잔액 10,000,000원 확인한다. 또한 확정급여형 퇴직연금에 가입되어 있는 경우 해당 계좌에서 퇴직금을 지급한다.

[문제 3] 매입매출전표입력

문항	일자/유형	매입매출전표입력

1 — 9월 2일 [51.과세]

유형	품목	수량	단가	공급가액	부가세	코드	공급처명	사업/주민번호	전자	분개
과세	원재료	500	50,000	25,000,000	2,500,000	00145	(주)제주	120-85-26000	여	혼합

구분	계정과목	적요	거래처	차변(출금)	대변(입금)
차변	0135 부가세대급금	원재료 500X50000	00145 (주)제주	2,500,000	
차변	0153 원재료	원재료 500X50000	00145 (주)제주	25,000,000	
대변	0110 받을어음	원재료 500X50000	00103 (주)마포		10,000,000
대변	0251 외상매입금	원재료 500X50000	00145 (주)제주		17,500,000

2 — 9월 4일 [11.과세]

유형	품목	수량	단가	공급가액	부가세	코드	공급처명	사업/주민번호	전자	분개
과세	기계장치 매각			8,000,000	800,000	00134	(주)민영기업	223-85-02248	여	혼합

구분	계정과목	적요	거래처	차변(출금)	대변(입금)
대변	0255 부가세예수금	기계장치 매각	00134 (주)민영기업		800,000
대변	0206 기계장치	기계장치 매각	00134 (주)민영기업		20,000,000
차변	0207 감가상각누계액	기계장치 매각	00134 (주)민영기업	9,000,000	
차변	0103 보통예금	기계장치 매각	00134 (주)민영기업	8,800,000	
차변	0970 유형자산처분손실	기계장치 매각	00134 (주)민영기업	3,000,000	

3 — 10월 31일 [57.카과]

유형	품목	수량	단가	공급가액	부가세	코드	공급처명	사업/주민번호	전자	분개
카과	컴퓨터			1,980,000	198,000	00144	(주)프라엘전자	132-85-26930		카드

신용카드사 99601 [] 비씨카드   봉사료

구분	계정과목	적요	거래처	차변(출금)	대변(입금)
대변	0253 미지급금	컴퓨터	99601 비씨카드		2,178,000
차변	0135 부가세대급금	컴퓨터	00144 (주)프라엘전자	198,000	
차변	0212 비품	컴퓨터	00144 (주)프라엘전자	1,980,000	

4 — 11월 10일 [11.과세]

일반전표(8월 1일)에서 선수금 잔액(1,000,000원) 확인

유형	품목	수량	단가	공급가액	부가세	코드	공급처명	사업/주민번호	전자	분개
과세	제품	150	100,000	15,000,000	1,500,000	00155	동해상사	130-33-68798	여	혼합

구분	계정과목	적요	거래처	차변(출금)	대변(입금)
대변	0255 부가세예수금	제품 150X100000	00155 동해상사		1,500,000
대변	0404 제품매출	제품 150X100000	00155 동해상사		15,000,000
차변	0259 선수금	제품 150X100000	00155 동해상사	1,000,000	
차변	0103 보통예금	제품 150X100000	00155 동해상사	15,500,000	

5 — 12월 1일 [14.건별]

유형	품목	수량	단가	공급가액	부가세	코드	공급처명	사업/주민번호	전자	분개
건별	제품 선물			80,000	8,000	00102	(주)우진	211-81-37576		혼합

구분	계정과목	적요	거래처	차변(출금)	대변(입금)
대변	0255 부가세예수금	제품 선물	00102 (주)우진		8,000
대변	0150 제품	08 타계정으로 대체	00102 (주)우진		50,000
차변	0813 접대비	제품 선물	00102 (주)우진	58,000	

6 — 12월 10일 [51.과세]

유형	품목	수량	단가	공급가액	부가세	코드	공급처명	사업/주민번호	전자	분개
과세	통관수수료외			470,000	47,000	00156	(주)에이스국제운송	229-81-28156	여	혼합

구분	계정과목	적요	거래처	차변(출금)	대변(입금)
차변	0135 부가세대급금	통관수수료외	00156 (주)에이스국제운	47,000	
차변	0153 원재료	통관수수료외	00156 (주)에이스국제운	470,000	
대변	0101 현금	통관수수료외	00156 (주)에이스국제운		517,000

원재료를 미착품(수입하고 있으므로)으로 처리하여도 정답처리함

[문제 4] 전표수정

문 항	일 자									

1 / 10월 25일

수정 전

번호	구분	계 정 과 목	거 래 처	적 요	차 변	대 변
00007	차변	0817 세금과공과		차량 취득세 납부	3,000,000	
00007	대변	0103 보통예금	98004 국민은행	차량 취득세 납부		3,000,000

수정 후

번호	구분	계 정 과 목	거 래 처	적 요	차 변	대 변
00007	차변	0208 차량운반구		차량 취득세 납부	3,000,000	
00007	대변	0103 보통예금	98004 국민은행	차량 취득세 납부		3,000,000

2 / 11월 2일

수정 전

번호	구분	계 정 과 목	거 래 처	적 요	차 변	대 변
00004	차변	0114 단기대여금	00146 박성실	대여금(상환기간 2년)	3,000,000	
00004	대변	0101 현금		대여금(상환기간 2년)		3,000,000

수정 후

번호	구분	계 정 과 목	거 래 처	적 요	차 변	대 변
00004	차변	0179 장기대여금	00146 박성실	대여금(상환기간 2년)	3,000,000	
00004	대변	0101 현금		대여금(상환기간 2년)		3,000,000

[문제 5] 결산정리사항

1 / 12월 31일 일반전표입력

번호	구분	계 정 과 목	거 래 처	적 요	차 변	대 변
00001	차변	0251 외상매입금	00157 만리상사		40,000	
00001	대변	0910 외화환산이익				40,000

외화환산이익 = $2,000 × (1,180원 - 1,200원) = 40,000원

2 / ①과 ② 중 선택하여 입력

① [결산자료입력]
결산자료입력 상단 대손상각(F8) 실행하여 외상매출금과 받을어음의 대손충당금 설정액을 확인한다.

대손율(%) 1.00

코드	계정과목명	금액	코드	계정과목명	금액	추가설정액(결산반영) [(금액x대손율)-설정전충당금잔액]	유형
				설정전 충당금 잔액			
0108	외상매출금	277,260,000	0109	대손충당금	700,000	2,072,600	판관
0110	받을어음	47,750,000	0111	대손충당금	150,000	327,500	판관

결산반영을 선택하여 5)대손상각란에 대손충당금 설정액이 반영되면 F3 전표추가하여 일반전표에 자동생성

② [일반전표입력]
일반전표에 직접 입력

결차	0835 대손상각비				2,400,100	
결대	0109 대손충당금					2,072,600
결대	0111 대손충당금					327,500

3 / ①과 ② 중 선택하여 입력

① [결산자료입력]
결산자료입력 메뉴의 제조경비-기계장치-감가상각비 9,200,000원, 판관비-차량운반구-감가상각비 2,100,000원 입력 후 F3 전표추가하여 일반전표에 자동생성

0518	2). 일반감가상각비				9,200,000
0202	건물				
0206	기계장치				9,200,000
0208	차량운반구				
0818	4). 감가상각비				2,100,000
0202	건물				
0206	기계장치				
0208	차량운반구				2,100,000

② [일반전표입력]
일반전표에 직접 입력

결차	0518 감가상각비		1 당기말 감가상각비 계상	9,200,000	
결대	0207 감가상각누계액		4 당기 감가상각누계액 설		9,200,000
결차	0818 감가상각비			2,100,000	
결대	0209 감가상각누계액				2,100,000

[문제 6] 장부조회

문항	장부조회 답안
1	**[매입매출장]** 조회기간 : 1월 1일 ~ 6월 30일, 구분 : 3.매입 유형 : 53.면세 조회 조회기간 : 2023 년 01 월 01 일 ~ 2023 년 06 월 30 일 구 분 : 3 1.전체 2.매출 3.매입 유형 : 53.면세 ⊙전체 **800,000원** (유형 면세 2023-01-21 전문도서구입, 공급가액 800,000, 합계 800,000, 코드 00130 올리브상사) 월 계 [1건-매수 1매] 800,000 / 800,000 분 기 계 [1건-매수 1매] 800,000 / 800,000 반 기 계 [1건-매수 1매] 800,000 / 800,000 누 계 [1건-매수 1매] 800,000 / 800,000
2	**221,000원** **[월계표]** 조회기간 : 6월 ~ 6월, 판관비의 복리후생비 차변의 현금 일계표	월계표 조회기간 : 2023 년 06 월 ~ 2023 년 06 월 차변 계 19,011,800 / 현금 19,011,800 5.판매비및일반관리비 8,000,000 / 8,000,000 급 여 221,000 / 221,000 복 리 후 생 비
3	**12,000,000원** **[부가세신고서]** 조회기간 : 1월 1일 ~ 3월 31일, F4과표명세란의 31.수입금액 제외 금액 과세표준명세 28 제조,도.소매 / 전자제품 / 515070 / 271,119,094 31 수입금액제외 / / 515070 / 12,000,000 32 합계 / / / 283,119,094

제86회 기출문제

이론시험

01	02	03	04	05	06	07	08	09	10	11	12	13	14	15
③	①	④	③	①	③	②	③	④	②	①	④	②	②	①

문항	해설
01	거래식별 → 분개 → 전기 → 수정전시산표 → 기말수정분개 → 수정후시산표 → 수익·비용계정 마감 → 집합손익계정의 마감 → 자산·부채·자본계정 마감 → 재무제표 작성
02	단기매매증권의 취득 시 발생한 부대비용은 취득원가에 포함하지 않고 영업외비용으로 처리한다.
03	상거래에서 발생한 매출채권에 대한 대손상각비는 판매비와관리비로 처리하고, 기타채권에서 발생한 대손상각비는 영업외비용으로 처리한다.
04	제품을 30만원에 현금으로 매출한 거래는 자산(현금)증가와 수익(매출)발생이다.

05	유효이자율법 적용 시 사채할증발행차금 상각액, 사채할인발행차금 상각액은 모두 매년 증가한다.
06	대손충당금은 수취채권의 차감계정 성격이므로 부채가 아니다.
07	100,000원 이익준비금 최소 적립액 = 현금배당액의 10%
08	상품권매출수익은 상품권을 판매 시 선수금 등으로 처리한 후, 상품권을 회수할 때(물품 등을 제공하거나 판매한 때)를 수익인식시기로 한다.
09	① 가공원가에도 포함됨(가공원가 = 직접노무비 + 제조간접비) ② 직접재료비는 기초원가에 해당되고 가공원가에는 해당되지 않음(기초원가 = 직접재료비 + 직접노무비) ③ 매몰원가는 의사결정과정에 영향을 미치지 않는 원가를 말함
10	기초제품재고액 250,000원 + 당기제품제조원가 = 기말제품재고액 120,000원 + 매출원가 840,000원 ∴ 당기제품제조원가 = 710,000원
11	보조부문원가를 배부하는 어떤 방법을 선택해도 순이익은 동일하다.
12	종합원가계산은 완성품환산량을 기준으로 원가를 완성품과 기말재공품에 배부하며, 개별원가계산은 작업원가표에 의해 원가를 배부한다.
13	부가가치세는 전단계세액공제법을 채택하고 있다.
14	현물출자는 재화의 실질공급에 해당된다.
15	상가에 부수되는 토지의 임대는 과세대상이다.

실무시험

[문제 1] 기초정보관리 및 전기분재무제표

문 항	기초정보관리 및 전기분재무제표
1	아래 순서대로 수정한다. (1) **전기분재무상태표** : 원재료 7,000,000원을 9,500,000원으로 수정 입력(대차차액은 현단계에서는 일단 무시한다. 이후 단계별 수정과정을 거쳐 마지막 (5)단계에서 대차 일치되는 것을 확인) (2) **전기분원가명세서** : 원재료비의 기말원재료재고액이 9,500,000원으로 반영 확인, 당기제품제조원가 158,501,000원으로 수정됨 확인 (3) **전기분손익계산서** : 당기제품제조원가 161,001,000원을 158,501,000원으로 수정 입력, 당기순이익 45,374,000원에서 47,874,000원으로 수정됨 확인 (4) **전기분잉여금처분계산서** : 당기순이익 47,874,000원으로 수정 입력(또는 F6불러오기), 미처분이익잉여금 46,574,000원에서 49,074,000원으로 수정됨 확인 (5) **전기분재무상태표** : 이월이익잉여금 46,574,000원을 49,074,000원으로 수정입력, 대차일치 확인
2	**[거래처별초기이월]** • 단기대여금 : (주)세움상사 500,000원에서 5,000,000원으로 수정, (주)사랑상사 4,800,000원 추가입력 • 외상매입금 : (주)미래엔상사 4,300,000원에서 2,500,000원으로 수정, (주)아이필 2,500,000원에서 4,300,000원으로 수정
3	**[거래처등록] - [신용카드] 탭**

[문제 2] 일반전표입력

문 항	일 자	일반전표입력					
		구분	계 정 과 목	거 래 처	적 요	차 변	대 변
1	7월 14일	차변	0107 단기매매증권			3,500,000	
		차변	0984 수수료비용			5,000	
		대변	0103 보통예금				3,505,000
2	7월 31일	대변	0108 외상매출금	01033 (주)금호전자			2,700,000
		차변	0109 대손충당금			2,700,000	
3	9월 11일	차변	0103 보통예금			4,400,000	
		대변	0293 장기차입금	01054 홋카이상사			4,400,000
4	9월 25일	차변	0201 토지			1,000,000	
		대변	0331 자본금				500,000
		대변	0341 주식발행초과금				500,000
5	10월 2일	차변	0110 받을어음	01039 (주)평화산업		10,000,000	
		차변	0101 현금			5,000,000	
		대변	0108 외상매출금	01020 동아전자			15,000,000
6	11월 14일	차변	0811 복리후생비			2,500,000	
		대변	0253 미지급금	99603 신한카드			2,500,000

[문제 3] 매입매출전표입력

문 항	일자/유형	매입매출전표입력										
1	8월 1일 [11. 과세]	유형	품목	수량	단가	공급가액	부가세	코드	공급처명	사업/주민번호	전자	분개
		과세	제품(마이크)	300	50,000	15,000,000	1,500,000	01069	(주)진영상사	217-81-16055	여	혼합
		구분	계정과목		적요			거래처		차변(출금)	대변(입금)	
		대변	0255 부가세예수금		제품(마이크) 300X50000		01069	(주)진영상			1,500,000	
		대변	0404 제품매출		제품(마이크) 300X50000		01069	(주)진영상			15,000,000	
		차변	0101 현금		제품(마이크) 300X50000		01069	(주)진영상		2,200,000		
		차변	0108 외상매출금		제품(마이크) 300X50000		01069	(주)진영상		14,300,000		
2	8월 20일 [51. 과세]	유형	품목	수량	단가	공급가액	부가세	코드	공급처명	사업/주민번호	전자	분개
		과세	화물차			19,000,000	1,900,000	01022	(주)기현자동차	137-81-56538	여	혼합
		구분	계정과목		적요			거래처		차변(출금)	대변(입금)	
		차변	0135 부가세대급금		화물차		01022	(주)기현자동차		1,900,000		
		차변	0208 차량운반구		화물차		01022	(주)기현자동차		19,000,000		
		대변	0253 미지급금		화물차		01022	(주)기현자동차			20,900,000	
3	10월 10일 [54. 불공]	유형	품목	수량	단가	공급가액	부가세	코드	공급처명	사업/주민번호	전자	분개
		불공	건물 철거			1,000,000	100,000	01024	(주)방배	398-88-00017	여	혼합

불공제사유   6   ⑥토지의 자본적 지출 관련

문 항	일자/유형	구분	계정과목		적요			거래처		차변(출금)	대변(입금)	
		차변	0201 토지		건물 철거		01024	(주)방배		1,100,000		
		대변	0102 당좌예금		건물 철거		01024	(주)방배			1,100,000	

취득한 건물은 철거예정이므로 토지의 취득원가에 포함되며 토지 관련 매입세액은 불공임

문 항	일자/유형	매입매출전표입력										
4	10월 18일 [61. 현과]	유형	품목	수량	단가	공급가액	부가세	코드	공급처명	사업/주민번호	전자	분개
		현과	소모품			50,000	5,000	02100	(주)슬라임	208-81-56451		혼합
		구분	계정과목		적요			거래처		차변(출금)	대변(입금)	
		차변	0135 부가세대급금		소모품		02100	(주)슬라임		5,000		
		차변	0122 소모품		소모품		02100	(주)슬라임		50,000		
		대변	0101 현금		소모품		02100	(주)슬라임			55,000	

5	11월 2일 [12.영세]	유형	품목	수량	단가	공급가액	부가세	코드	공급처명	사업/주민번호	전자	분개
		영세	제품			22,000,000		00101	(주)정연	407-18-01471	여	혼합

영세율구분 3 💬 내국신용장 · 구매확인서   서류번호

구분	계정과목	적요	거래처	차변(출금)	대변(입금)
대변	0404 제품매출	제품	00101 (주)정연		22,000,000
차변	0259 선수금	제품	00101 (주)정연	3,000,000	
차변	0108 외상매출금	제품	00101 (주)정연	19,000,000	

6	11월 28일 [54.불공]	유형	품목	수량	단가	공급가액	부가세	코드	공급처명	사업/주민번호	전자	분개
		불공	접대			300,000	30,000	02200	(주)동양마트	105-81-23608	여	혼합

불공제사유 4 💬 ④접대비 및 이와 유사한 비용 관련

구분	계정과목	적요	거래처	차변(출금)	대변(입금)
차변	0813 접대비	접대	02200 (주)동양마트	330,000	
대변	0101 현금	접대	02200 (주)동양마트		330,000

[문제 4] 전표수정

문항	일자	전표수정

| 1 | 11월 10일 | 수정 전 | | | | | | | | | | | |

수정 전

유형	품목	수량	단가	공급가액	부가세	코드	공급처명	사업/주민번호	전자	분개
카면	주유			330,000			01023	(주)오일정유	131-86-03998		카드

신용카드사 99602 💬 축협카드   봉사료

구분	계정과목	적요	거래처	차변(출금)	대변(입금)
대변	0253 미지급금	주유	99602 축협카드		330,000
차변	0522 차량유지비	주유	01023 (주)오일정유	330,000	

수정 후

[58.카면]을 [57.카과]로 수정

유형	품목	수량	단가	공급가액	부가세	코드	공급처명	사업/주민번호	전자	분개
카과	주유			300,000	30,000	01023	(주)오일정유	131-86-03998		카드

신용카드사 99602 💬 축협카드   봉사료

구분	계정과목	적요	거래처	차변(출금)	대변(입금)
대변	0253 미지급금	주유	99602 축협카드		330,000
차변	0135 부가세대급금	주유	01023 (주)오일정유	30,000	
차변	0522 차량유지비	주유	01023 (주)오일정유	300,000	

2	11월 23일	수정 전						

수정 전

차변	0806 퇴직급여			퇴직연금 지급	1,500,000	
대변	0103 보통예금			퇴직연금 지급		1,500,000

수정 후

차변	0186 퇴직연금운용자산			퇴직연금 지급	1,500,000	
대변	0103 보통예금			퇴직연금 지급		1,500,000

[문제 5] 결산정리사항

문항	일자	결산수행
1	①과 ② 중 선택하여 입력	① [결산자료입력] 결산자료입력 메뉴의 제조경비-기계장치-감가상각비 2,000,000원, 판관비-비품-감가상각비 450,000원, 무형자산-개발비 300,000원 입력 후 F3전표추가하여 일반전표에 자동생성 [표] 0518 2). 일반감가상각비 2,000,000 / 2,000,000 · 0202 건물 · 0206 기계장치 2,000,000 / 2,000,000 · 0208 차량운반구 0818 4). 감가상각비 2,500,000 / 450,000 / 2,950,000 · 0202 건물 · 0206 기계장치 · 0208 차량운반구 · 0212 비품 450,000 / 450,000 0840 6). 무형자산상각비 300,000 / 300,000 · 0218 영업권 · 0226 개발비 300,000 / 300,000 ② [일반전표입력] 일반전표에 직접 입력 결차 0518 감가상각비 1 당기말 감가상각비 계상 2,000,000 결대 0207 감가상각누계액 4 당기 감가상각누계액 설 2,000,000 결차 0818 감가상각비 450,000 결대 0213 감가상각누계액 450,000 결차 0840 무형자산상각비 300,000 결대 0226 개발비 300,000
2	①과 ② 중 선택하여 입력	① [결산자료입력] 결산자료입력 메뉴의 9.법인세등란에 선납세금과 미지급세금을 아래와 같이 입력한다. 0998 9. 법인세등 12,500,000 / 12,500,000 · 0136 1). 선납세금 6,000,000 / 6,000,000 / 6,000,000 · 0998 2). 추가계상액 6,500,000 / 6,500,000 입력 후 F3전표추가하여 일반전표에 자동생성 ② [일반전표입력] 일반전표에 직접 입력 결차 0998 법인세등 6,000,000 결대 0136 선납세금 6,000,000 결차 0998 법인세등 6,500,000 결대 0261 미지급세금 6,500,000
3	①과 ② 중 선택하여 입력	① [결산자료입력] 결산자료입력 상단 대손상각(F8)실행하여 외상매출금과 받을어음의 대손충당금 설정액을 확인한다. < 주의> 추가설정액이 △인 경우 대손충당금환입(판관비차감)으로 처리해야 함 대손율(%) 1.00 표: 코드/계정과목명/금액/설정전 충당금 잔액(코드/계정과목명/금액)/추가설정액(결산반영)[(금액x대손율)-설정전충당금잔액]/유형 0108 외상매출금 330,600,000 0109 대손충당금 3,700,000 -394,000 판관 0110 받을어음 138,000,000 0111 대손충당금 1,500,000 -120,000 판관 결산반영을 선택하여 5)대손상각란에 대손충당금 설정액이 반영되면 F3전표추가하여 일반전표에 자동생성시킨다. 단, 생성된 전표를 아래와 같이 반드시 수정한다. • 수정 : (차) 대손충당금(109) 394,000원 (대) 대손충당금환입(판) 394,000원 • 수정 : (차) 대손충당금(111) 120,000원 (대) 대손충당금환입(판) 120,000원 ② [일반전표입력] 일반전표에 직접 입력 결차 0109 대손충당금 394,000 결대 0851 대손충당금환입 394,000 결차 0111 대손충당금 120,000 결대 0851 대손충당금환입 120,000

[문제 6] 장부조회

문 항		장부조회 답안
1	13,200,000원	**[매입매출장]** 조회기간 : 4월 1일 ~ 6월 30일, 구분 : 2.매출, 유형 : 17.카과 공급대가 조회 	유형	일자	품목	공급가액	부가세	합계	예정신고	코드	거래처
---	---	---	---	---	---	---	---	---
카과	2023-04-30	제품	10,000,000	1,000,000	11,000,000		01029	(주)다우전자
	월 계 [1건-매수 1매]		10,000,000	1,000,000	11,000,000			
	누 계 [1건-매수 1매]		10,000,000	1,000,000	11,000,000			
카과	2023-06-30	제품	2,000,000	200,000	2,200,000		01063	(주)리빙전자
	월 계 [1건-매수 1매]		2,000,000	200,000	2,200,000			
	분 기 계 [2건-매수 2매]		12,000,000	1,200,000	13,200,000				
2	2,400,000원	**[부가세신고서]** 조회기간 : 4월 1일 ~ 6월 30일, 14.그밖의공제매입세액-신용카드매출수령금액합계표 42. 고정매입 |	그 밖의 공제매입세액	14		3,900,000		390,000			재활용폐자원등매입세액			
---	---	---	---	---	---	---	---	---	---	---	---	---
세	합계(10)-(10-1)+(11)+(12)+(13)+(14)	15		16,400,000		1,840,000	타	과세사업전환매입세액			
액	공제받지못할매입세액	16					분	재고매입세액			
	차감계 (15-16)	17		16,400,000	ⓓ	1,840,000		변제대손세액			
납부(환급)세액(매출세액ⓑ-매입세액ⓓ)					ⓔ	13,835,872		외국인관광객에대한환급/			
경감	그 밖의 경감 공제세액	18						합계			
공제	신용카드매출전표등 발행공제등	19		13,200,000			**14. 그 밖의 공제매입세액**				
세액	합계	20			ⓕ		신용카드매출	일반매입	41	1,500,000	150,000
소규모 개인사업자 부가가치세 감면세액		20			ⓖ		수령금액합계표	고정매입	42	2,400,000	240,000
예정신고미환급세액		21			ⓗ							
3	85,000,000원	**[재무상태표]** 기간 : 6월, 차량운반구 장부가액(= 취득원가 – 감가상각누계액) 조회 기간 **2023** 년 **06 ∨** 월 관리용 제출용 표준용 	과 목	제 12(당)기 2023년1월1일 ~ 2023년6월30일		제 11(전)기 2022년1월1일 ~ 2022년12월31일	
---	---	---	---	---
	금액		금액	
차량운반구	110,000,000		45,000,000	
감가상각누계액	25,000,000	85,000,000	25,000,000	20,000,000	

제83회 기출문제

이론시험

01	02	03	04	05	06	07	08	09	10	11	12	13	14	15
④	②	③	④	④	②	④	①	④	②	③	①	③	①	①

문 항	해 설
01	재무제표는 재무상태표, 손익계산서, 현금흐름표, 자본변동표 및 주석으로 구분하여 작성하며, 다음의 사항을 각 재무제표의 명칭과 함께 기재한다(주의. 회계기간은 손익계산서에 기재사항이다). (1) 기업명 (2) 보고기간종료일 또는 회계기간 (3) 보고통화 및 금액단위

02	현금성자산은 ㉠ 취득 당시 만기 3개월 이내 금융자산, ㉡ 이자율 변동에 따른 가치변동 위험이 없는 자산 두 가지 조건을 모두 충족해야 함으로, '배당금지급통지표'와 '타인발행 자기앞수표'만 현금 및 현금성자산에 해당된다. 따라서 배당금지급통지표 50,000원 + 타인발행 자기앞수표 100,000원 = 150,000원이 현금 및 현금성자산에 해당된다.
03	주식발행초과금은 자본잉여금이다.
04	무형자산을 창출하기 위한 내부 프로젝트를 연구단계와 개발단계로 구분할 수 없는 경우에는 그 프로젝트에서 발생한 지출은 모두 연구단계에서 발생한 것으로 본다.
05	기초잔액 + 외상매입금 순매입액 4,000,000원 = 외상매입금 지급액 5,000,000원 + 기말외상매입금 1,400,000원 ∴ 기초잔액 = 2,400,000원
06	재고자산 외의 자산을 취득하면서 약속어음을 발행하는 경우, 비매입채무에 해당되기 때문에 약속어음의 발행은 '미지급금'으로 처리해야 한다. 또한 타인이 발행한 당좌수표는 '현금'으로 처리해야 하며, 계약금을 지급한 경우에는 '선급금'으로 처리해야 한다. 따라서 제시된 거래에 대한 회계처리는 다음과 같다. (차) 투자부동산　　　　　　　　7,000,000원　　(대) 선급금　　　　　　　　　　700,000원 　　　　　　　　　　　　　　　　　　　　　　　　현　금　　　　　　　　　3,150,000원 　　　　　　　　　　　　　　　　　　　　　　　　미지급금　　　　　　　　3,150,000원
07	결의했던 현금배당을 지급하는 것은 [부채의 감소 / 자산의 감소]로 자본총계에 변동이 없다.
08	(주)한강 : 당기 취득가액 200,000원 - 공정가액 150,000원 = 평가손실 50,000원 발생 (주)금강 : 당기 취득가액 150,000원 - 공정가액 200,000원 = 평가이익 50,000원 발생
09	준고정비에 대한 설명이다.
10	단계배부법에 대한 설명이다.
11	<table><tr><th>구 분</th><th>종합원가계산</th><th>개별원가계산</th></tr><tr><td>핵심과제</td><td>완성품환산량 계산</td><td>제조간접비 배분</td></tr><tr><td>업 종</td><td>식료품 제조업</td><td>조선업</td></tr><tr><td>원가집계</td><td>공정 및 부문별 집계</td><td>개별작업별 집계</td></tr><tr><td>장 점</td><td>경제성 및 편리함</td><td>정확한 원가계산</td></tr></table>
12	• 재료비 완성품환산량 = 1,700개 + (500개 × 100%) = 2,200개 • 가공비 완성품환산량 = 1,700개 + (500개 × 50%) = 1,950개
13	간주공급으로 보는 거래는 면세사업에 전용하는 재화, 영업 외의 용도로 사용하는 개별소비세 과세대상 차량과 그 유지를 위한 재화, 판매 목적으로 다른 사업장에 반출하는 재화, 개인적 공급, 사업을 위한 증여, 폐업 시 남아있는 재화가 있다.
14	항공법에 따른 항공기에 의한 여객운송 용역은 과세대상이다.
15	법인사업자는 반드시 발급하여야 하며, 개인사업자는 일정규모 이상일 때 전자세금계산서를 발급하여야 한다.

실무시험

[문제 1] 기초정보관리 및 전기분재무제표

문 항	기초정보관리 입력 및 수정
1	[거래처등록] - [일반거래처] 코드 03022 (주)한국식품 거래처등록을 한다.
2	[거래처별초기이월] • 단기대여금 : (주)대구 잔액을 4,540,000원에서 5,450,000원으로 수정 • 선급금 : (주)천안 잔액을 8,500,000원에서 5,800,000원으로 수정 • 단기차입금 : (주)부안 잔액을 13,500,000원에서 15,300,000원으로 수정
3	아래 순서대로 수정한다. (1) **전기분손익계산서** : 보험료 5,600,000원을 4,500,000원으로 수정 입력, 당기순이익 56,300,000원에서 57,400,000원으로 수정됨 확인 (2) **전기분잉여금처분계산서** : 당기순이익 57,400,000원으로 수정 입력(또는 F6불러오기), 미처분이익잉여금 132,500,000원에서 133,600,000원으로 수정됨 확인 (3) **전기분재무상태표** : 이월이익잉여금 132,500,000원에서 133,600,000원으로 수정입력, 선급비용 540,000원을 1,640,000원으로 수정입력, 대차일치 확인

[문제 2] 일반전표입력

문 항	일 자	일반전표입력					
		구분 / 계정과목	거래처	적요	차변	대변	
1	7월 19일	차변 0103 보통예금 대변 0108 외상매출금	 03005 (주)대도상사		22,000,000 	 22,000,000	
2	8월 10일	차변 0186 퇴직연금운용자산 대변 0103 보통예금			9,800,000 	 9,800,000	
3	9월 25일	차변 0181 만기보유증권 대변 0102 당좌예금 대변 0103 보통예금			20,100,000 	 20,000,000 100,000	
		만기보유증권은 결산일로부터 1년을 초과하므로 비유동자산의 투자자산으로 분류(181번 코드)하며, 취득 시 부대비용은 자산의 취득원가에 포함					
4	10월 5일	차변 0254 예수금 대변 0103 보통예금			153,870 	 153,870	
5	11월 12일	대변 0110 받을어음 차변 0103 보통예금 차변 0956 매출채권처분손실	01101 (주)대전 		 4,950,000 50,000	5,000,000 	
6	11월 15일	차변 0811 복리후생비 대변 0150 제품		 8 타계정으로 대체액 손익	1,000,000 	 1,000,000	

[문제 3] 매입매출전표입력

문항 1 — 7월 15일 [11.과세]

유형	품목	수량	단가	공급가액	부가세	코드	공급처명	사업/주민번호	전자	분개
과세	제품			12,000,000	1,200,000	03010	상원상사	203-01-23142	여	혼합

구분	계정과목	적요	거래처	차변(출금)	대변(입금)
대변	0255 부가세예수금	제품	03010 상원상사		1,200,000
대변	0404 제품매출	제품	03010 상원상사		12,000,000
차변	0101 현금	제품	03010 상원상사	1,200,000	
차변	0110 받을어음	제품	03010 상원상사	12,000,000	

문항 2 — 7월 25일 [16.수출]

유형	품목	수량	단가	공급가액	부가세	코드	공급처명	사업/주민번호	전자	분개
수출	제품			120,000,000		03013	중국 라이라이			외상

영세율구분 1 직접수출(대행수출 포함) 수출신고번호

구분	계정과목	적요	거래처	차변(출금)	대변(입금)
차변	0108 외상매출금	제품	03013 중국 라이라이	120,000,000	
대변	0404 제품매출	제품	03013 중국 라이라이		120,000,000

문항 3 — 8월 25일 [54.불공]

유형	품목	수량	단가	공급가액	부가세	코드	공급처명	사업/주민번호	전자	분개
불공	토지 수수료			1,500,000	150,000	03012	은희건축사사무소	205-53-65109	여	혼합

불공제사유 6 ⑥토지의 자본적 지출 관련

구분	계정과목	적요	거래처	차변(출금)	대변(입금)
차변	0201 토지	토지 수수료	03012 은희건축사	1,650,000	
대변	0103 보통예금	토지 수수료	03012 은희건축사		1,650,000

문항 4 — 9월 5일 [61.현과]

유형	품목	수량	단가	공급가액	부가세	코드	공급처명	사업/주민번호	전자	분개
현과	주유비			100,000	10,000	03014	알뜰주유소	135-09-48787		혼합

구분	계정과목	적요	거래처	차변(출금)	대변(입금)
차변	0135 부가세대급금	주유비	03014 알뜰주유소	10,000	
차변	0822 차량유지비	주유비	03014 알뜰주유소	100,000	
대변	0101 현금	주유비	03014 알뜰주유소		110,000

문항 5 — 10월 2일 [17.카과]

유형	품목	수량	단가	공급가액	부가세	코드	공급처명	사업/주민번호	전자	분개
카과	제품			1,500,000	150,000	03008	약수나라	108-52-62672		카드

신용카드사 99702 비씨카드   봉사료

구분	계정과목	적요	거래처	차변(출금)	대변(입금)
차변	0108 외상매출금	제품	99702 비씨카드	1,650,000	
대변	0255 부가세예수금	제품	03008 약수나라		150,000
대변	0404 제품매출	제품	03008 약수나라		1,500,000

문항 6 — 11월 22일 [52.영세]

유형	품목	수량	단가	공급가액	부가세	코드	공급처명	사업/주민번호	전자	분개
영세	원재료			23,000,000		00101	(주)부산	129-85-44892	여	외상

구분	계정과목	적요	거래처	차변(출금)	대변(입금)
대변	0251 외상매입금	원재료	00101 (주)부산		23,000,000
차변	0153 원재료	원재료	00101 (주)부산	23,000,000	

[문제 4] 전표수정

문항 1 — 10월 24일

수정 전: 해당일자 일반전표 삭제

수정 후: 매입매출전표입력 [61.현과]

유형	품목	수량	단가	공급가액	부가세	코드	공급처명	사업/주민번호	전자	분개
현과	소모품			50,000	5,000	01028	해신컴퓨터	120-06-10244		혼합

구분	계정과목	적요	거래처	차변(출금)	대변(입금)
차변	0135 부가세대급금	소모품	01028 해신컴퓨터	5,000	
차변	0122 소모품	소모품	01028 해신컴퓨터	50,000	
대변	0101 현금	소모품	01028 해신컴퓨터		55,000

문항 2 — 11월 29일

수정 전:

구분	계정 과목	거래처	적요	차변	대변
차변	0103 보통예금		이자수익 계좌 입금	846,000	
대변	0901 이자수익		이자수익 계좌 입금		846,000

수정 후:

구분	계정 과목	거래처	적요	차변	대변
차변	0103 보통예금		이자수익 계좌 입금	846,000	
대변	0901 이자수익		이자수익 계좌 입금		1,000,000
차변	0136 선납세금		이자수익 계좌 입금	154,000	

[문제 5] 결산정리사항

문 항	일 자	결산수행
1	12월 31일 일반전표입력	<table><tr><td>구분</td><td>계정과목</td><td>거래처</td><td>적요</td><td>차변</td><td>대변</td></tr><tr><td>차변</td><td>0263 선수수익</td><td>01106 (주)전주</td><td></td><td>4,800,000</td><td></td></tr><tr><td>대변</td><td>0904 임대료</td><td></td><td></td><td></td><td>4,800,000</td></tr></table> 당기분 임대료(영업외수익) = 7,200,000원 × (8개월 ÷ 12개월) = 4,800,000원
2	12월 31일 일반전표입력	<table><tr><td>구분</td><td>계정과목</td><td>거래처</td><td>적요</td><td>차변</td><td>대변</td></tr><tr><td>차변</td><td>0955 외화환산손실</td><td></td><td></td><td>2,000,000</td><td></td></tr><tr><td>대변</td><td>0108 외상매출금</td><td>03015 영국 브리티시</td><td></td><td></td><td>2,000,000</td></tr></table>
3	①과 ② 중 선택하여 입력	① [결산자료입력] 결산자료입력 메뉴의 판관비−감가상각비−자산별로 입력 후 F3 전표추가하여 일반전표에 자동생성 <table><tr><td>0818</td><td>4). 감가상각비</td><td></td><td>1,500,000</td><td>18,800,000</td><td>20,300,000</td></tr><tr><td>0202</td><td>건물</td><td></td><td></td><td>3,500,000</td><td>3,500,000</td></tr><tr><td>0206</td><td>기계장치</td><td></td><td></td><td></td><td></td></tr><tr><td>0208</td><td>차량운반구</td><td></td><td></td><td>12,000,000</td><td>12,000,000</td></tr><tr><td>0212</td><td>비품</td><td></td><td></td><td>3,300,000</td><td>3,300,000</td></tr></table> ② [일반전표입력] 일반전표에 직접 입력 <table><tr><td>결차</td><td>0818 감가상각비</td><td></td><td></td><td>18,800,000</td><td></td></tr><tr><td>결대</td><td>0203 감가상각누계액</td><td></td><td></td><td></td><td>3,500,000</td></tr><tr><td>결대</td><td>0209 감가상각누계액</td><td></td><td></td><td></td><td>12,000,000</td></tr><tr><td>결대</td><td>0213 감가상각누계액</td><td></td><td></td><td></td><td>3,300,000</td></tr></table>

[문제 6] 장부조회

문 항	장부조회 답안
1	21,000,000원	**[거래처원장]** 기간 : 1월 1일 ~ 6월 30일, 계정과목 : 108.외상매출금, 거래처 : 1010.(주)문정유통 조회하여 회수한 대변 금액 기 간 2023 년 1 월 1 일 - 2023 년 6 월 30 일 계정과목 0108 외상매출금 / 잔액 0 포함 거래처분류 [ ] - [ ] 거 래 처 01010 (주)문정유통 ~ 01010 (주)문정유통 <table><tr><td>코드</td><td>거 래 처</td><td>등록번호</td><td>대표자명</td><td>전기이월</td><td>차 변</td><td>대 변</td><td>잔 액</td></tr><tr><td>01010</td><td>(주)문정유통</td><td>158-87-00538</td><td>황희종</td><td></td><td>27,500,000</td><td>21,000,000</td><td>6,500,000</td></tr></table>
2	3월, 9,700,000원	**[총계정원장]** 조회기간 : 1월 1일 ~ 6월 30일, 계정과목 : 831.수수료비용 조회
3	87,000,000원	**[부가세신고서]** 조회기간 : 4월 1일 ~ 6월 30일, 과세표준및매출세액−영세율−세금계산서발급분 조회 조회기간 : 2023 년 4 월 1 일 ~ 2023 년 6 월 30 일 신고구분 : 1 <table><tr><td colspan="3"></td><td colspan="3">정기신고금액</td></tr><tr><td colspan="3">구분</td><td>금액</td><td>세율</td><td>세액</td></tr><tr><td rowspan="6">과세표준및매</td><td rowspan="4">과세</td><td>세금계산서발급분</td><td>1</td><td>94,546,000</td><td>10/100</td><td>9,454,600</td></tr><tr><td>매입자발행세금계산서</td><td>2</td><td></td><td>10/100</td><td></td></tr><tr><td>신용카드 · 현금영수증발행분</td><td>3</td><td>1,000,000</td><td rowspan="2">10/100</td><td>100,000</td></tr><tr><td>기타(정규영수증외매출분)</td><td>4</td><td></td><td></td></tr><tr><td rowspan="2">영세</td><td>세금계산서발급분</td><td>5</td><td>87,000,000</td><td>0/100</td><td></td></tr><tr><td>기타</td><td>6</td><td>5,000,000</td><td>0/100</td><td></td></tr></table>

제69회 기출문제

이론시험

01	02	03	04	05	06	07	08	09	10	11	12	13	14	15
②	③	③	④	①	④	①	④	④	③	②	②	①	②	③

문항	해설
01	계속기록법과 실사법은 수량파악 방법이고, 선입선출법, 평균법, 후입선출법 등은 단가산정 방식이다.
02	• 1차년도말 감가상각비 = (50,000,000원 − 5,000,000원) × 5/15 = 15,000,000원 • 2차년도말 감가상각비 = (50,000,000원 − 5,000,000원) × 4/15 = 12,000,000원 • 3차년도말 감가상각비 = (50,000,000원 − 5,000,000원) × 3/15 = 9,000,000원 • 3차년도말 감가상각누계액 = 15,000,000원 + 12,000,000원 + 9,000,000원 = 36,000,000원 ∴ 3차년도말 장부가액 = 취득원가 50,000,000원 − 감가상각누계액 36,000,000원 = 14,000,000원
03	단기매매증권의 평가손익(손익의 발생, 자산의 증감), 매도가능증권의 평가손익(자본의 증감, 자산의 증감)
04	위탁매출의 경우에는 수탁자가 위탁품을 판매한 시점에 매출을 인식한다.
05	자산과 부채는 유동성이 큰 항목부터 배열하는 것을 원칙으로 한다.
06	거래식별 → 분개 → 전기 → 수정전시산표 작성 → 기말 수정분개 → 수정후시산표 작성 → 수익·비용계정의 마감 → 집합손익계정의 마감 → 자산·부채·자본계정의 마감 → 재무제표 작성
07	• 기말 매출채권 잔액 = 50,000원 + 500,000원 − 200,000원 = 350,000원 • 기말 대손충당금 잔액 = 350,000원 × 1% = 3,500원 ∴ 기말 매출채권의 순장부가액 = 매출채권 잔액 350,000원 − 대손충당금 잔액 3,500원 = 346,500원
08	(A) 250,000원 + (B) 330,000원 + (C) 120,000원 = 700,000원
09	직접재료원가와 직접노무원가를 합쳐 기초(기본)원가라고 한다.
10	직접배부법은 보조부문의 자가용역을 고려하지 않고 직접 제조부문에만 배부한다.
11	• 재료비 = 200개 × @350원 = 70,000원, 가공비 = (200개 × 70%) × @200원 = 28,000원 • 기말재공품원가 = 재료비 70,000원 + 가공비 28,000원 = 98,000원
12	당기총제조원가 = 기초원가(직접재료비 + 직접노무비) + 제조간접비 • 제조간접비 = 간접노무비 200,000원 + 공장세금과공과 150,000원 + 공장임차료 150,000원 + 기계감가상각비 100,000원 + 공장전력비 100,000원 = 700,000원 ∴ 당기총제조원가 = 기초원가 1,500,000원 + 제조간접비 700,000원 = 2,200,000원
13	면세사업(농산물 도매업)에 관련된 매입세액, 접대비 관련 매입세액 및 세금계산서 등을 수취하지 않은 경우 매입세액이 불공제된다.
14	납부세액 = 매출세액 − 매입세액 • 매출세액 = 28,050,000원 × 10/110 = 2,550,000원 • 매입세액 = 300,000원 + 1,500,000원(거래처 선물구입비는 불공제) = 1,800,000원 ∴ 납부세액 = 매출세액 2,550,000원 − 매입세액 1,800,000원 = 750,000원
15	수집용 우표는 과세대상에 해당한다.

실무시험

[문제 1] 기초정보관리 및 전기분재무제표

문 항	기초정보관리 및 전기분재무제표
1	**[계정과목및적요등록]** **코드/계정과목 / 성격 / 관계** 0217 시　설　장　치　1.상　각 　　무　형　자　산 0218 영　　업　　권　1.일　반 0219 특　　허　　권　1.일　반 0220 상　　표　　권　1.일　반 0221 실　용　신　안　권　1.일　반 0222 의　　장　　권　1.일　반 0223 면　　허　　권　1.일　반 0224 광　　업　　권　1.일　반 0225 창　　업　　비　1.일　반 0226 개　　발　　비　1.일　반 0227 소　프　트　웨　어　1.일　반 계정코드(명) 0217 시설장치 성격 1.상　각 관계코드(명) 영문명 User setup accounts 과목코드 0217 사용자설정계정과목 계정사용여부 1 (1:여/2:부) 계정수정구분 계정과목명, 성격 입력/수정 가능 표준재무제표 149 11.기타유형자산 외화 0.부 업무용차 여부 2 (1:여/2:부) 적요NO 현금적요 1 인테리어대금 현금지급
2	**[전기분원가명세서]** 수정 전과 수정 후의 당기제품제조원가는 변동없음 • 수선비(0520) 2,300,000원에서 3,200,000원으로 수정입력 • 차량유지비(0522) 3,200,000원에서 2,300,000원으로 수정입력
3	**[거래처등록] - 일반거래처** 코드 : 00218, 거래처명 : (주)주미전자, 유형 : 동시, 사업자번호 : 125-81-12518, 대표자명 : 한주미

[문제 2] 일반전표입력

문 항	일 자	일반전표입력
1	8월 27일	구분 / 계정과목 / 거래처 / 적요 / 차변 / 대변 차변 0186 퇴직연금운용자산 / / / 9,400,000 / 차변 0831 수수료비용 / / / 100,000 / 대변 0103 보통예금 / / / / 9,500,000
2	9월 11일	구분 / 계정과목 / 거래처 / 적요 / 차변 / 대변 차변 0146 상품 / / / 430,000 / 대변 0101 현금 / / / / 430,000 **상품매입 시 운임(택배요금)은 취득 시 부대비용으로 자산의 취득원가에 포함**
3	9월 19일	구분 / 계정과목 / 거래처 / 적요 / 차변 / 대변 차변 0153 원재료 / / / 4,000,000 / 대변 0131 선급금 / 00180 유전기업 / / / 400,000 대변 0252 지급어음 / 00180 유전기업 / / / 3,600,000
4	10월 1일	구분 / 계정과목 / 거래처 / 적요 / 차변 / 대변 대변 0108 외상매출금 / 00160 (주)영리한 / / / 15,000,000 차변 0101 현금 / / / 10,000,000 / 차변 0103 보통예금 / / / 5,000,000 /
5	10월 31일	구분 / 계정과목 / 거래처 / 적요 / 차변 / 대변 대변 0108 외상매출금 / 00139 (주)대현전자 / / / 2,000,000 차변 0109 대손충당금 / / / 500,000 / 차변 0835 대손상각비 / / / 1,500,000 /
6	11월 17일	구분 / 계정과목 / 거래처 / 적요 / 차변 / 대변 차변 0842 견본비 / / / 300,000 / 대변 0150 제품 / / 8 타계정으로 대체액 손익 / / 300,000

[문제 3] 매입매출전표입력

문항	일자/유형	매입매출전표입력

1. 9월 23일 [51.과세]

유형	품목	수량	단가	공급가액	부가세	코드	공급처명	사업/주민번호	전자	분개
과세	화물차 부품	1	500,000	500,000	50,000	00157	소망자동차	127-02-66484	여	혼합

구분	계정과목	적요	거래처	차변(출금)	대변(입금)
차변	0135 부가세대급금	화물차 부품 1X5	00157 소망자동차	50,000	
차변	0522 차량유지비	화물차 부품 1X5	00157 소망자동차	500,000	
대변	0253 미지급금	화물차 부품 1X5	00157 소망자동차		550,000

2. 10월 20일 [61.현과]

유형	품목	수량	단가	공급가액	부가세	코드	공급처명	사업/주민번호	전자	분개
현과	복사기 임차			300,000	30,000	00511	창조렌탈	214-81-56422		혼합

구분	계정과목	적요	거래처	차변(출금)	대변(입금)
차변	0135 부가세대급금	복사기 임차	00511 창조렌탈	30,000	
차변	0819 임차료	복사기 임차	00511 창조렌탈	300,000	
대변	0101 현금	복사기 임차	00511 창조렌탈		330,000

3. 10월 30일 [53.면세]

유형	품목	수량	단가	공급가액	부가세	코드	공급처명	사업/주민번호	전자	분개
면세	토지			580,000,000		00141	(주)땅나라	113-81-94502	여	혼합

구분	계정과목	적요	거래처	차변(출금)	대변(입금)
차변	0201 토지	토지	00141 (주)땅나라	580,000,000	
대변	0102 당좌예금	토지	00141 (주)땅나라		300,000,000
대변	0253 미지급금	토지	00141 (주)땅나라		280,000,000

4. 11월 2일 [51.과세]

유형	품목	수량	단가	공급가액	부가세	코드	공급처명	사업/주민번호	전자	분개
과세	기계장치			130,000,000	13,000,000	00162	(주)가야상사	130-81-71601	여	혼합

구분	계정과목	적요	거래처	차변(출금)	대변(입금)
차변	0135 부가세대급금	기계장치	00162 (주)가야상사	13,000,000	
차변	0206 기계장치	기계장치	00162 (주)가야상사	130,000,000	
대변	0253 미지급금	기계장치	00162 (주)가야상사		143,000,000

5. 11월 8일 [12.영세]

유형	품목	수량	단가	공급가액	부가세	코드	공급처명	사업/주민번호	전자	분개
영세	제품	100	500,000	50,000,000		00148	삼미상사	605-81-80002	여	혼합

영세율구분 3 내국신용장 · 구매확인서 서류번호

구분	계정과목	적요	거래처	차변(출금)	대변(입금)
대변	0404 제품매출	제품 100X500000	00148 삼미상사		50,000,000
차변	0101 현금	제품 100X500000	00148 삼미상사	5,000,000	
차변	0108 외상매출금	제품 100X500000	00148 삼미상사	45,000,000	

6. 12월 2일 [52.영세]

유형	품목	수량	단가	공급가액	부가세	코드	공급처명	사업/주민번호	전자	분개
영세	원재료			1,500,000		02007	(주)상신기업	113-81-72304	여	외상

구분	계정과목	적요	거래처	차변(출금)	대변(입금)
대변	0251 외상매입금	원재료	02007 (주)상신기업		1,500,000
차변	0153 원재료	원재료	02007 (주)상신기업	1,500,000	

[문제 4] 전표수정

문항	일자	전표수정

1. 10월 2일

수정 전

구분	계정과목	거래처	적요	차변	대변
차변	0811 복리후생비			330,000	
대변	0101 현금				330,000

수정 후

접대비 지출은 매입세액공제가 불가능하다. 또한 세금계산서 수취가 아니므로 매입매출전표에 입력하지 않고 전액을 일반전표에 비용으로 처리한다.

구분	계정과목	거래처	적요	차변	대변
차변	0813 접대비			330,000	
대변	0101 현금				330,000

| 2 | 9월 5일 | 수정 전 | <table>...</table> |

2 · 9월 5일

수정 전

유형	품목	수량	단가	공급가액	부가세	코드	공급처명	사업/주민번호	전자	분개
카과	컴퓨터			2,500,000	250,000	00610	(주)베타전자	107-85-30990		혼합

구분	계정과목	적요	거래처	차변(출금)	대변(입금)
차변	0135 부가세대급금	컴퓨터	00610 (주)베타전	250,000	
차변	0212 비품	컴퓨터	00610 (주)베타전	2,500,000	
대변	0103 보통예금	컴퓨터	98006 국민은행		2,750,000

수정 후

하단부 회계처리 수정

구분	계정과목	적요	거래처	차변(출금)	대변(입금)
차변	0135 부가세대급금	컴퓨터	00610 (주)베타전	250,000	
차변	0212 비품	컴퓨터	00610 (주)베타전	2,500,000	
대변	0253 미지급금	컴퓨터	99602 국민카드		2,750,000

[문제 5] 결산정리사항

문항	일자	결산수행
1	12월 31일 일반전표입력	<table>차변 0833 광고선전비 / 대변 0133 선급비용</table>

1 · 12월 31일 일반전표입력

구분	계정과목	거래처	적요	차변	대변
차변	0833 광고선전비			3,500,000	
대변	0133 선급비용				3,500,000

2 · 12월 31일 일반전표입력

구분	계정과목	거래처	적요	차변	대변
차변	0955 외화환산손실			500,000	
대변	0293 장기차입금	00800 Anderson			500,000

3 · 12월 31일 일반전표입력

구분	계정과목	거래처	적요	차변	대변
차변	0103 보통예금	98005 신한은행		3,000,000	
대변	0260 단기차입금	98005 신한은행			3,000,000

[문제 6] 장부조회

문항	장부조회 답안

1 · 10,000,000원

[거래처원장]

기간 : 3월 1일 ~ 3월 31일, 계정과목 : 108.외상매출금, 거래처 : 2004.(주)도시바전자 조회하여 대변 금액 확인

기 간 2023년 3월 1일 ~ 2023년 3월 31일 계정과목 0108 외상매출금 잔액 0 포함

거래처분류 ~ 거 래 처 02004 (주)도시바전자 ~ 02004 (주)도시바전자

코드	거 래 처	등록번호	대표자명	전월이월	차 변	대 변	잔 액
02004	(주)도시바전자	113-86-19658	조진호	25,300,000	15,000,000	10,000,000	30,300,000

2 · 226,500,000원

[부가세신고서]

조회기간 : 1월 1일 ~ 3월 31일, 영세율 5번란 금액

조회기간 : 2023년 1월 1일 ~ 2023년 3월 31일 신고구분 : 1.정기신고 신고차수 : 부가율 : 48.76 예정

	구분		금액	세율	세액
과세표준및매출세액	세금계산서발급분	1	302,476,364	10/100	30,247,636
	매입자발행세금계산서	2		10/100	
	신용카드·현금영수증발행분	3	24,330,913		2,433,091
	기타(정규영수증외매출분)	4		10/100	
	세금계산서발급분	5	226,500,000	0/100	
	기타	6		0/100	

7.매출(예정신고누락분)	구분		금액	세율	세액
예정누락분	과 세금계산서	33		10/100	
	기타	34		10/100	
	영세 세금계산서	35		0/100	
	기타	36		0/100	
	합계	37			

3 · 11,100,000원

[월계표]

조회기간 : 6월 ~ 6월, 판매비와관리비 차변 합계란

조회기간 : 2023년 06월 ~ 2023년 06월

	차 변			계정과목	대 변		
계	대체	현금			현금	대체	계
11,100,000		11,100,000		5.판 매 비및일반관리비			
8,400,000		8,400,000		급 여			

제3장 | 고난이도기출편 정답 및 해설

제87회 기출문제

이론시험

01	02	03	04	05	06	07	08	09	10	11	12	13	14	15
③	①	①	④	③	②	③	④	④	①	②	④	③	②	④

문 항	해 설
01	중요한 항목은 재무제표의 본문이나 주석에 그 내용을 가장 잘 나타낼 수 있도록 구분표시하며, 중요하지 않은 항목은 성격이나 기능이 유사한 항목과 통합하여 표시할 수 있다.
02	제조기업의 재무제표 작성 시, 제조원가명세서에서 당기제품제조원가를 산출하여야 손익계산서의 매출원가를 구할 수 있다. 이에 따라 당기순손익이 결정되면 이익잉여금처분계산서 상의 미처분이익잉여금이 결정되고, 최종적으로 재무상태표가 작성된다.
03	후입선출법은 실제물량 흐름과 일치하지 않는 평가방법이다.
04	프로젝트의 연구단계에서는 미래 경제적 효익을 창출할 무형자산이 존재한다는 것을 입증할 수 없기 때문에 연구단계에서 발생한 지출은 무형자산으로 인식할 수 없고 발생한 기간의 비용으로 인식한다. 보기 (다)의 경우에는 자산으로부터의 효익이 여러 회계기간에 걸쳐 기대되는 경우 체계적이고 합리적인 배분절차에 따라 각 회계기간에 배분하는 과정을 거쳐 인식한다.
05	기타포괄손익누계액은 자산을 공정가치로 평가할 때 발생하는 미실현손익의 성격을 가진 항목으로 손익계산서의 당기순이익에 반영되지 않고, 재무상태표(자본)에 반영된다.
06	기타포괄손익누계액은 보고기간종료일 현재의 매도가능증권평가손익, 해외사업환산손익, 현금흐름위험회피 파생상품평가손익 등의 잔액이다.
07	수익과 비용은 총액으로 기재함을 원칙으로 한다.
08	• 순매입액 = 총매입액 1,500,000원 + 매입시 운반비 50,000원 = 1,550,000원 ∴ 상품매출원가 = 기초상품재고액 30,000원 + 순매입액 1,550,000원 − 기말재고액 10,000원 = 1,570,000원
09	당기말 미지급급여가 전기말 미지급급여보다 작을 경우 당기발생액은 당기지급액보다 작아진다.
10	당기총제조원가 = 당기 원재료비(원재료매입액 2,500,000원 − 원재료재고증가액 200,000원) + 당기 직접노무비 1,200,000원 + 제조간접비 1,800,000원 = 5,300,000원
11	①, ③, ④은 개별원가계산에 대한 설명이다.
12	보조부문 상호 간의 용역수수를 완전히 고려하는 방법은 상호배부법이다.
13	월합계세금계산서는 예외적으로 재화 또는 용역의 공급일이 속하는 달의 다음 달 10일까지 세금계산서를 발급할 수 있다.
14	부가가치세 조기환급은 신고일로부터 15일 내에 환급이 되며, 일반환급은 확정신고일로부터 30일 내에 환급이 된다.
15	부도난 어음(수표)은 부도발생일로부터 6개월이 경과한 날이 속하는 과세기간의 확정신고 기간의 매출세액에서 공제한다.

[문제 1] 기초정보관리 및 전기분재무제표

문항	기초정보관리 및 전기분재무제표
1	아래 순서대로 수정한다. (1) **전기분원가명세서** : 수선비 3,300,000원에서 2,850,000원으로 수정입력, 당기제품제조원가 292,409,000원에서 291,959,000원으로 수정됨 확인 (2) **전기분손익계산서** : 수선비 3,200,000원에서 3,650,000원으로 수정입력, 제품매출원가의 당기제품제조원가 292,409,000원에서 291,959,000원으로 수정 입력, 당기순이익 121,091,000원은 변동없음 (3) 전기분잉여금처분계산서와 전기분재무상태표는 변동 없음
2	[거래처등록] - [신용카드] 탭 일반거래처 / 금융기관 / **신용카드** | 코드	거래처명	가맹점(카드)번호	유형
---	---	---	---
99601	하나카드	1248-5476-5410-7986	매입
99602	국민카드	8454-4512-3248-4757	매입
99603	비씨카드	78541236	매출
99606	수협카드	9404-1004-4352-5200	매입	 1. 사업자등록번호 2. 가 맹 점 번 호 3. 카드번호(매입) 9404-1004-4352-5200 4. 카드종류(매입) 3 3.사업용카드 5. 카드 소유 담당 + 키 입력시 신규등록가능 6. 전 화 번 호 ( ) - 7. 결 제 계 좌 은행명 007 수협은행 계좌번호 54-63352-5432-1
3	[계정과목및적요등록] 506번 제수당의 대체적요 '6.자격수당 지급'과 '7.직책수당 지급' 입력

[문제 2] 일반전표입력

문항	일 자	일반전표입력
1	7월 2일		번호	구분	계 정 과 목	거 래 처	적 요	차 변	대 변
---	---	---	---	---	---	---
00001	차변	0251 외상매입금	00108 (주)마진상사		15,000,000	
00001	대변	0252 지급어음	00108 (주)마진상사			7,500,000
00001	대변	0918 채무면제이익				7,500,000	
2	10월 1일		번호	구분	계 정 과 목	거 래 처	적 요	차 변	대 변
---	---	---	---	---	---	---
00001	차변	0375 이월이익잉여금			80,000	
00001	대변	0265 미지급배당금				80,000	
3	11월 12일		번호	구분	계 정 과 목	거 래 처	적 요	차 변	대 변
---	---	---	---	---	---	---
00001	차변	0817 세금과공과			250,000	
00001	차변	0953 기부금			500,000	
00001	대변	0101 현금				750,000	
4	11월 28일		번호	구분	계 정 과 목	거 래 처	적 요	차 변	대 변
---	---	---	---	---	---	---
00001	대변	0108 외상매출금	00720 미국 Ace Co.			22,000,000
00001	차변	0103 보통예금			21,400,000	
00001	차변	0952 외환차손			600,000		 $20,000 × (1,070원/$ - 1,100원/$) = 600,000원 차손
5	12월 2일		번호	구분	계 정 과 목	거 래 처	적 요	차 변	대 변
---	---	---	---	---	---	---
00001	대변	0134 가지급금	00102 김부장			500,000
00001	차변	0812 여비교통비			475,000	
00001	차변	0101 현금			25,000		
6	12월 8일		번호	구분	계 정 과 목	거 래 처	적 요	차 변	대 변
---	---	---	---	---	---	---
00001	대변	0383 자기주식				13,250,000
00001	차변	0103 보통예금			12,000,000	
00001	차변	0343 자기주식처분이익			250,000	
00001	차변	0390 자기주식처분손실			1,000,000		

[문제 3] 매입매출전표입력

문 항	일자/유형	매입매출전표입력
1	8월 17일 [11. 과세]	**유형** 과세 / **품목** 제품 / **수량** 100 / **단가** 90,000 / **공급가액** 9,000,000 / **부가세** 900,000 / **코드** 00165 / **공급처명** (주)천마 / **사업/주민번호** 125-85-62258 / **전자** 여 / **분개** 혼합 **구분** 대변 **계정과목** 0255 부가세예수금 **적요** 제품 100X90000 **거래처** 00165 (주)천마 **대변(입금)** 900,000 **구분** 대변 **계정과목** 0404 제품매출 **적요** 제품 100X90000 **거래처** 00165 (주)천마 **대변(입금)** 9,000,000 **구분** 차변 **계정과목** 0259 선수금 **적요** 제품 100X90000 **거래처** 00165 (주)천마 **차변(출금)** 1,000,000 **구분** 차변 **계정과목** 0101 현금 **적요** 제품 100X90000 **거래처** 00165 (주)천마 **차변(출금)** 4,450,000 **구분** 차변 **계정과목** 0108 외상매출금 **적요** 제품 100X90000 **거래처** 00165 (주)천마 **차변(출금)** 4,450,000
2	8월 20일 [51. 과세]	**유형** 과세 / **품목** 원재료 / **수량** 1,000 / **단가** 2,000 / **공급가액** 2,000,000 / **부가세** 200,000 / **코드** 00151 / **공급처명** (주)한국테크 / **사업/주민번호** 105-81-23608 / **전자** 여 / **분개** 혼합 **구분** 차변 **계정과목** 0135 부가세대급금 **적요** 원재료 1000X200l **거래처** 00151 (주)한국테크 **차변(출금)** 200,000 **구분** 차변 **계정과목** 0153 원재료 **적요** 원재료 1000X200l **거래처** 00151 (주)한국테크 **차변(출금)** 2,000,000 **구분** 대변 **계정과목** 0252 지급어음 **적요** 원재료 1000X200l **거래처** 00151 (주)한국테크 **대변(입금)** 1,500,000 **구분** 대변 **계정과목** 0101 현금 **적요** 원재료 1000X200l **거래처** 00151 (주)한국테크 **대변(입금)** 700,000
3	9월 3일 [11. 과세]	**유형** 과세 / **품목** 제품 / **공급가액** 300,000 / **코드** 00730 / **공급처명** 최지유 / **사업/주민번호** 720105-1254525 / **분개** 현금 **구분** 입금 **계정과목** 0255 부가세예수금 **적요** 제품 **거래처** 00730 최지유 **차변(출금)** (현금) **대변(입금)** 30,000 **구분** 입금 **계정과목** 0404 제품매출 **적요** 제품 **거래처** 00730 최지유 **차변(출금)** (현금) **대변(입금)** 300,000
4	10월 1일 [52. 영세]	**유형** 영세 / **품목** 원재료 / **공급가액** 30,000,000 / **코드** 00164 / **공급처명** (주)봄날 / **사업/주민번호** 122-81-21323 / **전자** 여 / **분개** 혼합 **구분** 차변 **계정과목** 0153 원재료 **적요** 원재료 **거래처** 00164 (주)봄날 **차변(출금)** 30,000,000 **구분** 대변 **계정과목** 0110 받을어음 **적요** 원재료 **거래처** 00113 (주)운천 **대변(입금)** 13,000,000 **구분** 대변 **계정과목** 0252 지급어음 **적요** 원재료 **거래처** 00164 (주)봄날 **대변(입금)** 17,000,000
5	10월 9일 [62. 현면]	**유형** 현면 / **품목** 도서 / **공급가액** 300,000 / **코드** 00740 / **공급처명** (주)교보문고 / **사업/주민번호** 114-81-80641 / **분개** 혼합 **구분** 차변 **계정과목** 0826 도서인쇄비 **적요** 도서 **거래처** 00740 (주)교보문고 **차변(출금)** 300,000 **구분** 대변 **계정과목** 0101 현금 **적요** 도서 **거래처** 00740 (주)교보문고 **대변(입금)** 300,000
6	10월 20일 [11. 과세]	**유형** 과세 / **품목** 제품 / **공급가액** -100,000 / **부가세** -10,000 / **코드** 00162 / **공급처명** (주)경원 / **사업/주민번호** 111-81-25348 / **전자** 여 / **분개** 외상 **구분** 차변 **계정과목** 0108 외상매출금 **적요** 제품 **거래처** 00162 (주)경원 **차변(출금)** -110,000 **구분** 대변 **계정과목** 0255 부가세예수금 **적요** 제품 **거래처** 00162 (주)경원 **대변(입금)** -10,000 **구분** 대변 **계정과목** 0404 제품매출 **적요** 제품 **거래처** 00162 (주)경원 **대변(입금)** -100,000

[문제 4] 전표수정

문 항	일 자	전표수정
1	8월 10일	**수정 전** — 매입매출전표 하단 분개 **구분** 차변 **계정과목** 0135 부가세대급금 **적요** 유리창 교체작업 **거래처** 00158 (주)다본다 **차변(출금)** 40,000 **구분** 차변 **계정과목** 0202 건물 **적요** 유리창 교체작업 **거래처** 00158 (주)다본다 **차변(출금)** 400,000 **구분** 대변 **계정과목** 0101 현금 **적요** 유리창 교체작업 **거래처** 00158 (주)다본다 **대변(입금)** 440,000 **수정 후** **구분** 차변 **계정과목** 0135 부가세대급금 **적요** 유리창 교체작업 **거래처** 00158 (주)다본다 **차변(출금)** 40,000 **구분** 차변 **계정과목** 0520 수선비 **적요** 유리창 교체작업 **거래처** 00158 (주)다본다 **차변(출금)** 400,000 **구분** 대변 **계정과목** 0101 현금 **적요** 유리창 교체작업 **거래처** 00158 (주)다본다 **대변(입금)** 440,000
2	12월 30일	**수정 전** 전표 누락 **수정 후** **차변** 0168 미착품 20,000,000 **대변** 0251 외상매입금 00512 AmaZon 20,000,000 차변에 미착품 또는 원재료도 정답으로 인정함

[문제 5] 결산정리사항

문 항	일 자	결산수행
1	12월 31일 일반전표입력	<table><tr><td>구분</td><td>계 정 과 목</td><td>거 래 처</td><td>적 요</td><td>차 변</td><td>대 변</td></tr><tr><td>차변</td><td>0293 장기차입금</td><td>98002 국일은행</td><td></td><td>25,000,000</td><td></td></tr><tr><td>대변</td><td>0264 유동성장기부채</td><td>98002 국일은행</td><td></td><td></td><td>25,000,000</td></tr></table>
2	12월 31일 일반전표입력	<table><tr><td>구분</td><td>계 정 과 목</td><td>거 래 처</td><td>적 요</td><td>차 변</td><td>대 변</td></tr><tr><td>차변</td><td>0133 선급비용</td><td></td><td></td><td>12,000,000</td><td></td></tr><tr><td>대변</td><td>0819 임차료</td><td></td><td></td><td></td><td>12,000,000</td></tr></table> 18,000,000원 × 4/12 = 6,000,000원 (당기분 임차료) 당기분 임차료만 비용처리하고 나머지는 선급비용으로 자산처리하여야 한다.
3	12월 31일 일반전표입력	<table><tr><td>구분</td><td>계 정 과 목</td><td>거 래 처</td><td>적 요</td><td>차 변</td><td>대 변</td></tr><tr><td>차변</td><td>0141 현금과부족</td><td></td><td></td><td>370,000</td><td></td></tr><tr><td>대변</td><td>0930 잡이익</td><td></td><td></td><td></td><td>370,000</td></tr></table> 시산표 등을 조회하여 현금과부족 잔액이 대변에 370,000원 있는 것을 확인한다.

[문제 6] 장부조회

문 항		장부조회 답안
1	800,000원	**[부가세신고서]** 조회기간 : 1월 ~ 3월, 공제받지못할매입세액 또는 [매입매출장] 매입 불공 유형 조회기간: 2023 년 01 월 01 일 ~ 2023 년 03 월 31 일 구 분: 3 1.전체 2.매출 3.매입 유형: 54.불공 ◎전체 <table><tr><td>유형</td><td>일자</td><td>품목</td><td>공급가액</td><td>부가세</td><td>합계</td><td>예정신고</td><td>코드</td></tr><tr><td>불공</td><td>2023-01-22</td><td>비영업용차량구입</td><td>8,000,000</td><td>800,000</td><td>8,800,000</td><td></td><td>00114</td></tr><tr><td>월</td><td>계 [</td><td>1건-매수 1매]</td><td>8,000,000</td><td>800,000</td><td>8,800,000</td><td></td><td></td></tr></table>
2	70,527,200원	**[총계정원장] 또는 [현금출납장]** 기간 : 1월 1일 ~ 3월 31일, 계정과목 : 101.현금, 대변(출금) 합계액(누계액) 조회 기 간 2023 년 01 월 01 일 ~ 2023 년 03 월 31 일 계정과목 0101 현금 ~ 0101 현금 <table><tr><td>코드</td><td>계 정 과 목</td><td>일자</td><td>차 변</td><td>대 변</td><td>잔 액</td></tr><tr><td>0101</td><td>현금</td><td>[전기이월]</td><td>35,850,000</td><td></td><td>35,850,000</td></tr><tr><td></td><td></td><td>2023/01</td><td>76,230,000</td><td>26,014,500</td><td>86,065,500</td></tr><tr><td></td><td></td><td>2023/02</td><td>25,658,000</td><td>23,589,800</td><td>88,133,700</td></tr><tr><td></td><td></td><td>2023/03</td><td>37,366,000</td><td>20,922,900</td><td>104,576,800</td></tr><tr><td></td><td></td><td>합 계</td><td>175,104,000</td><td>70,527,200</td><td></td></tr></table>
3	340,213,400원	**[재무상태표]** 기간 : 6월 조회 2023년 6월말 당좌자산 786,213,400원 − 2022년 12월말 당좌자산 446,000,000원 = 340,213,400원 기간 2023 년 06 월 관리용 제출용 표준용 <table><tr><td>과 목</td><td>제 10(당)기 2023년1월1일 ~ 2023년6월30일 금액</td><td>제 9(전)기 2022년1월1일 ~ 2022년12월31일 금액</td></tr><tr><td>자산</td><td></td><td></td></tr><tr><td>Ⅰ.유동자산</td><td>1,266,904,763</td><td>504,000,000</td></tr><tr><td>① 당좌자산</td><td>786,213,400</td><td>446,000,000</td></tr></table>

제59회 기출문제

이론시험

01	02	03	04	05	06	07	08	09	10	11	12	13	14	15
③	①	④	①	④	②	③	②	②	③	④	①	②	①	④

문 항	해 설
01	①, ②, ④번은 손익계산서의 영업외비용 계정과목이며, ③번은 재무상태표의 기타포괄손익누계액(자본계정) 계정과목이다.
02	자본금은 우선주자본금과 보통주자본금으로 구분하며, 발행주식수 × 주당 액면가액으로 표시된다.
03	1차년도에 정액법과 비교하여 정률법으로 감가상각할 경우 감가상각비(비용)가 과대계상되므로 당기순이익은 과소계상되고, 또한 감가상각누계액이 과대계상되므로 유형자산은 과소계상된다.
04	기말자산 = 기말부채 + 기초자본 + 이익
05	물가상승시기에 있어 재고자산 원가결정방법의 당기순이익과 법인세비용에 미치는 순서 • 당기순이익 : 선입선출법 > 이동평균법 > 총평균법 > 후입선출법 • 법인세비용 : 선입선출법 > 이동평균법 > 총평균법 > 후입선출법
06	관리 및 기타 일반간접원가는 당해 비용의 성격에 따라 기간비용 또는 제조원가로 처리한다.
07	• 보험료 중 선급비용 5,000원은 자산의 증가와 비용의 감소로 인해 당기순이익에 가산 • 이자수익 중 선수수익 4,000원은 수익의 감소와 부채의 증가로 인해 당기순이익에 차감
08	재무제표의 작성과 표시에 대한 책임은 경영진에게 있다.
09	원가회계는 일반적 기업의 내부적 의사결정목적으로 작성된다.
10	• 재료비 완성품환산량 = 20,000개 − 5,000개 + 10,000개 = 25,000개 • 가공비 완성품환산량 = 20,000개 − (5,000개 × 0.2) + (10,000개 × 0.4) = 23,000개
11	매몰원가는 과거원가로서, 미래 의사결정에 전혀 관련성이 없으므로, 의사결정과정에서 고려해선 안되는 비관련원가에 해당한다.
12	• 당기제품제조원가 = 기초재공품 200,000원 + 당기총제조원가 2,000,000원 − 기말재공품 100,000원 　　　　　　　　　　= 2,100,000원 • 매출원가 = 기초제품 400,000원 + 당기제품제조원가 2,100,000원 − 기말제품 500,000원 = 2,000,000원
13	내국신용장 또는 구매확인서에 의하여 공급하는 재화 등은 영세율 세금계산서를 발급하여야 한다.
14	전자세금계산서 발급일의 다음 날까지 전송해야 한다.
15	음식점을 영위하는 경우에는 계산서 등을 반드시 수취하여야 하므로 계산서를 수취하지 않는 경우에는 의제매입세액공제를 받을 수 없으며, ①, ③는 매입세액불공제사유에 해당된다.

[문제 1] 기초정보관리 및 전기분재무제표

문 항	기초정보관리 및 전기분재무제표
1	**[거래처등록]** 코드 : 4100, 거래처명 : (주)독도전자, 사업자등록번호 : 513-81-53773, 대표자성명: 울릉도, 업태 : 도소매, 종목 : 컴퓨터, 주소 : 대구광역시 달서구 성서4차첨단로 103(대천동), 유형 : 동시
2	**[계정과목및적요등록]** 임차료(819) 현금적요 7번. '법인승용차 리스료 지급' 입력
3	아래 순서대로 수정하거나, (2)을 먼저 수행하고, (1)을 수행해도 결과는 같다. (1) **전기분재무상태표**: 외상매출금 50,000,000원을 90,000,000원으로 수정입력, 외상매입금 34,000,000 원을 74,000,000원으로 수정입력 ((주)서울의 외상매출금과 외상매입금을 상계하고 외상매출금만 16,000,000원을 잔액으로 입력해두었기 때문) (2) **거래처별초기이월**: 외상매출금 (주)서울 16,000,000원을 56,000,000원으로 수정 입력, 외상매입금 (주) 서울 40,000,000원 추가로 입력 〈주의〉 전기분재무상태표의 잔액을 수정하면 거래처별초기이월에 자동으로 잔액이 반영된다.

[문제 2] 일반전표입력

문 항	일 자	일반전표입력
1	7월 1일	<table><tr><td>구분</td><td>계 정 과 목</td><td>거 래 처</td><td>적 요</td><td>차 변</td><td>대 변</td></tr><tr><td>차변</td><td>0133 선급비용</td><td></td><td></td><td>4,800,000</td><td></td></tr><tr><td>대변</td><td>0101 현금</td><td></td><td></td><td></td><td>4,800,000</td></tr></table> 당기~차기분 보험료를 자산으로 처리하는 것은 미경과분에 대한 '선급비용'으로 처리함
2	7월 10일	<table><tr><td>구분</td><td>계 정 과 목</td><td>거 래 처</td><td>적 요</td><td>차 변</td><td>대 변</td></tr><tr><td>차변</td><td>0186 퇴직연금운용자산</td><td></td><td></td><td>5,000,000</td><td></td></tr><tr><td>대변</td><td>0103 보통예금</td><td></td><td></td><td></td><td>5,000,000</td></tr></table>
3	7월 13일	<table><tr><td>구분</td><td>계 정 과 목</td><td>거 래 처</td><td>적 요</td><td>차 변</td><td>대 변</td></tr><tr><td>차변</td><td>0201 토지</td><td></td><td></td><td>56,200,000</td><td></td></tr><tr><td>대변</td><td>0293 장기차입금</td><td>98004 신한은행</td><td></td><td></td><td>50,000,000</td></tr><tr><td>대변</td><td>0102 당좌예금</td><td></td><td></td><td></td><td>6,200,000</td></tr></table> 토지의 취득 관련 (구)건물 즉시철거비용, 토지정지비용은 토지 취득원가에 포함함
4	7월 23일	<table><tr><td>구분</td><td>계 정 과 목</td><td>거 래 처</td><td>적 요</td><td>차 변</td><td>대 변</td></tr><tr><td>차변</td><td>0103 보통예금</td><td></td><td></td><td>10,000,000</td><td></td></tr><tr><td>대변</td><td>0107 단기매매증권</td><td></td><td></td><td></td><td>8,000,000</td></tr><tr><td>대변</td><td>0906 단기매매증권처분이익</td><td></td><td></td><td></td><td>2,000,000</td></tr></table>
5	8월 25일	<table><tr><td>구분</td><td>계 정 과 목</td><td>거 래 처</td><td>적 요</td><td>차 변</td><td>대 변</td></tr><tr><td>차변</td><td>0251 외상매입금</td><td>00112 (주)화성</td><td></td><td>17,000,000</td><td></td></tr><tr><td>대변</td><td>0252 지급어음</td><td>00112 (주)화성</td><td></td><td></td><td>10,000,000</td></tr><tr><td>대변</td><td>0918 채무면제이익</td><td></td><td></td><td></td><td>7,000,000</td></tr></table>
6	9월 18일	<table><tr><td>구분</td><td>계 정 과 목</td><td>거 래 처</td><td>적 요</td><td>차 변</td><td>대 변</td></tr><tr><td>차변</td><td>0107 단기매매증권</td><td></td><td></td><td>260,000</td><td></td></tr><tr><td>차변</td><td>0208 차량운반구</td><td></td><td></td><td>40,000</td><td></td></tr><tr><td>대변</td><td>0103 보통예금</td><td></td><td></td><td></td><td>300,000</td></tr></table>

[문제 3] 매입매출전표입력

문 항	일자/유형	매입매출전표입력

1 — 7월 17일 [11.과세]

유형	품목	수량	단가	공급가액	부가세	코드	공급처명	사업/주민번호	전자	분개
과세	제품			35,000,000	3,500,000	00129	(주)대진	202-25-32154	여	혼합

구분	계정과목	적요	거래처	차변(출금)	대변(입금)
대변	0255 부가세예수금	제품	00129 (주)대진		3,500,000
대변	0404 제품매출	제품	00129 (주)대진		35,000,000
차변	0259 선수금	제품	00129 (주)대진	5,000,000	
차변	0101 현금	제품	00129 (주)대진	33,500,000	

2 — 7월 30일 [12.영세]

유형	품목	수량	단가	공급가액	부가세	코드	공급처명	사업/주민번호	전자	분개
영세	제품			17,250,000		00125	(주)한국무역	101-29-74510	여	혼합

영세율구분 3 내국신용장 · 구매확인서 서류번호

구분	계정과목	적요	거래처	차변(출금)	대변(입금)
대변	0404 제품매출	제품	00125 (주)한국무		17,250,000
차변	0101 현금	제품	00125 (주)한국무	6,000,000	
차변	0110 받을어음	제품	00119 (주)진서	11,250,000	

3 — 10월 18일 [61.현과]

유형	품목	수량	단가	공급가액	부가세	코드	공급처명	사업/주민번호	전자	분개
현과	경유			70,000	7,000	00123	가락주유소	220-36-54128		혼합

구분	계정과목	적요	거래처	차변(출금)	대변(입금)
차변	0135 부가세대급금	경유	00123 가락주유소	7,000	
차변	0522 차량유지비	경유	00123 가락주유소	70,000	
대변	0101 현금	경유	00123 가락주유소		77,000

4 — 11월 25일 [54.불공]

유형	품목	수량	단가	공급가액	부가세	코드	공급처명	사업/주민번호	전자	분개
불공	토지취득 수수			1,600,000	160,000	00169	광양컨설팅	108-81-59726	여	혼합

불공제사유 6 ⑥토지의 자본적 지출 관련

구분	계정과목	적요	거래처	차변(출금)	대변(입금)
차변	0201 토지	토지취득 수수료	00169 광양컨설팅	1,760,000	
대변	0102 당좌예금	토지취득 수수료	00169 광양컨설팅		1,760,000

5 — 11월 30일 [52.영세]

유형	품목	수량	단가	공급가액	부가세	코드	공급처명	사업/주민번호	전자	분개
영세	원재료			25,000,000		00160	(주)춘천	107-81-27084	여	혼합

구분	계정과목	적요	거래처	차변(출금)	대변(입금)
차변	0153 원재료	원재료	00160 (주)춘천	25,000,000	
대변	0110 받을어음	원재료	00142 (주)울산		5,000,000
대변	0252 지급어음	원재료	00160 (주)춘천		20,000,000

[문제 4] 전표수정

문 항	일 자	전표수정

1 — 8월 18일

수정 전

구분	계 정 과 목	거 래 처	적 요	차 변	대 변
출금	0811 복리후생비			1,200,000	(현금)

수정 후

구분	계 정 과 목	거 래 처	적 요	차 변	대 변
출금	0131 선급금	00120 백합상사		1,200,000	(현금)

2 — 9월 10일

수정 전

일반전표 삭제

구분	계 정 과 목	거 래 처	적 요	차 변	대 변
출금	0811 복리후생비			220,000	(현금)

수정 후

매입매출전표 [61.현과] 입력

유형	품목	수량	단가	공급가액	부가세	코드	공급처명	사업/주민번호	전자	분개
현과	회식			200,000	20,000	03500	순천식당	123-09-14986		혼합

구분	계정과목	적요	거래처	차변(출금)	대변(입금)
차변	0135 부가세대급금	회식	03500 순천식당	20,000	
차변	0511 복리후생비	회식	03500 순천식당	200,000	
대변	0101 현금	회식	03500 순천식당		220,000

			유형	품목	수량	단가	공급가액	부가세	코드	공급처명	사업/주민번호	전자	분개
3	9월 15일	수정 전	과세	비품			4,000,000	400,000	03502	(주)여수	654-81-12340	여	혼합

구분	계정과목	적요		거래처	차변(출금)	대변(입금)
대변	0255 부가세예수금	비품		03502 (주)여수		400,000
대변	0212 비품	비품		03502 (주)여수		7,000,000
차변	0101 현금	비품		03502 (주)여수	4,400,000	
차변	0970 유형자산처분	비품		03502 (주)여수	3,000,000	

수정 후 — 감가상각누계액 반영하여 회계처리

구분	계정과목	적요		거래처	차변(출금)	대변(입금)
대변	0255 부가세예수금	비품		03502 (주)여수		400,000
대변	0212 비품	비품		03502 (주)여수		7,000,000
차변	0101 현금	비품		03502 (주)여수	4,400,000	
차변	0970 유형자산처분손실	비품		03502 (주)여수	500,000	
차변	0213 감가상각누계액	비품		03502 (주)여수	2,500,000	

[문제 5] 결산정리사항

문항	일 자	결산수행					

1	12월 31일 일반전표입력	구분	계정과목	거래처	적요	차변	대변
		차변	0813 접대비			2,000,000	
		대변	0150 제품		8 타계정으로 대체액 손익		2,000,000

2	12월 31일 일반전표입력	구분	계정과목	거래처	적요	차변	대변
		차변	0122 소모품			2,800,000	
		대변	0830 소모품비				2,800,000

3 — ①과 ② 중 선택하여 입력

① [결산자료입력]

결산자료입력 메뉴 CF8퇴직충당 – 퇴직급여추계액란에 각각 입력하여 결산반영

퇴직충당부채

코드	계정과목명	퇴직급여추계액	설정전 잔액				추가설정액(결산반영) (퇴직급여추계액-설정전잔액)	유형
			기초금액	당기증가	당기감소	잔액		
0508	퇴직급여	29,000,000	27,000,000			27,000,000	2,000,000	제조
0806	퇴직급여	27,000,000	23,000,000			23,000,000	4,000,000	판관

	3)노무비		4,900,000	2,000,000	6,900,000
	1). 임금 외		4,900,000		4,900,000
0504	임금		4,900,000		4,900,000
0508	2). 퇴직급여(전입액)			2,000,000	2,000,000
	4. 판매비와 일반관리비		35,889,300	4,000,000	39,889,300
	1). 급여 외		17,892,760		17,892,760
0801	급여		17,892,760		17,892,760
0806	2). 퇴직급여(전입액)			4,000,000	4,000,000

입력 후 F3전표추가하여 일반전표에 자동생성

② [일반전표입력]

일반전표에 직접 입력

결차	0508 퇴직급여		1 퇴직충당금 당기분전입액	2,000,000	
결대	0295 퇴직급여충당부채		7 퇴직급여충당부채당기설		2,000,000

결차	0806 퇴직급여		1 퇴직충당금 당기분전입액	4,000,000	
결대	0295 퇴직급여충당부채		7 퇴직급여충당부채당기설		4,000,000

[문제 6] 장부조회

문 항		장부조회 답안
1	공급가액 4,500,000원, 세액 450,000원	**[매입매출장] 또는 [부가세신고서]** 조회기간 : 1월 1일 ~ 3월 31일, 구분 : 3.매입, 유형 : 54.불공
2	1월, 11,791,200원	**[월계표]** 조회기간 : 1월 ~ 1월, 2월 ~ 2월, 3월 ~ 3월 각각 조회하여 판관비 비교 1월 11,791,200원, 2월 7,774,400원, 3월 9,492,500원
3	1,050,000원	**[총계정원장] 또는 [월계표]** 기간 : 4월 1일 ~ 6월 30일, 계정과목 : 511.복리후생비(제조경비의 복리후생비)의 차변 합계

제55회 기출문제

이론시험

01	02	03	04	05	06	07	08	09	10	11	12	13	14	15
②	④	②	②	③	②	③	①	③	④	④	①	①	③	④

문 항	해 설
01	매출원가 = 기초재고액 300,000원 + 당기순매입액(총매입액 1,200,000원 − 매입환출 80,000원 − 매입에누리 100,000원) − 기말재고액 200,000원 = 1,120,000원
02	유동성배열법으로 자산을 분류하면 당좌자산, 재고자산, 투자자산, 유형자산, 무형자산, 기타비유동자산 순으로 배열한다.
03	시산표 <table><tr><td>수정전</td><td>491,200원</td><td>수정전</td><td>588,200원</td></tr><tr><td>미수금</td><td>23,500원</td><td>미수금</td><td>−23,500원</td></tr><tr><td>상 품</td><td>50,000원</td><td></td><td></td></tr><tr><td>수정후</td><td>564,700원</td><td>수정후</td><td>564,700원</td></tr></table>
04	퇴직급여충당부채는 부채성항목으로 비유동부채에 해당한다.
05	주식발행초과금, 감차차익, 자기주식처분이익은 자본잉여금이고, 이익준비금은 이익잉여금 계정이다.

06	(차) 단기매매증권 560,000 (대) 보통예금 565,600 　　　수수료비용 5,600 ※ 단기매매증권의 취득 시 수수료는 영업외비용(수수료비용)으로 처리한다.
07	취득원가는 구입원가 또는 경영진이 의도하는 방식으로 자산을 가동하는데 필요한 장소와 상태에 이르게 하는 데 지출된 직접원가만 포함한다.
08	구두로 약속을 하거나, 주문, 채용은 회계상 거래에 해당하지 않는다.
09	• 과소배부차이 = 예정배부액 < 실제발생액 • 예정배부액 3,870,000원 = 예정배부율 90원 × 직접노동시간 43,000시간 • 실제발생액 4,020,000원 = 예정배부 3,870,000원 + 과소배부액 150,000원
10	① 직접재료비는 기초원가에 해당되며, 가공원가에 해당되지 않는다. ② 매몰원가는 의사결정과정에 영향을 미치지 않는 원가를 말한다. ③ 고정원가는 일정 조업도내에서 일정하게 발생하는 원가로서 조업도에 비례하지 않는다.

11	구 분	물량흐름	완성품환산량	
			재료비	가공비
	완성품	20,000(100%)	20,000	20,000
	기말재공품	20,000(50%)	20,000	10,000
	계	40,000	40,000	30,000

12	제품원가에 고정제조간접비를 포함하는지의 여부에 따라 전부원가계산과 변동원가계산으로 구분된다.
13	택시여객운송은 면세대상에서 제외된다.
14	• 제품을 재해로 인하여 소실한 경우에는 재화의 공급으로 보지 아니하며, 간주공급(개인적용도 사용)에 해당 하는 경우에는 시가를 기준으로 과세한다. • 부가세 = 외상판매액 2,000,000원 + 개인적공급 120,000원 + 비영업용승용차매각대금 100,000원 　　　　　 = 2,220,000원
15	• 수입 시 부과되어 수입세금계산서에 포함되는 세금에 취득세는 포함되지 않는다. • 수입 시 부과되는 제세공과금 = 관세 + 개별소비세 + 교통에너지환경세 + 주세 + 교육세 + 농어촌특별세

실무시험

[문제 1] 기초정보관리 및 전기분재무제표

문 항	기초정보관리 및 전기분재무제표
1	**[거래처등록] – [신용카드] 탭** 코드 : 99700, 거래처명 : 삼진카드, 유형 : 매출, 가맹점번호 : 765004501 입력
2	**[전기분재무상태표]** 외상매출금 56,000,000원을 54,000,000원으로 수정, 현금 130,000,000원을 132,000,000원으로 수정 **[거래처별초기이월]** 외상매출금에서 (주)영서물산 26,000,000원을 24,000,000으로 수정

3	**[회사등록]** • 사업자등록번호 수정 : '105-86-54182'를 '214-81-29167'로 수정 • 사업의 종류 수정 : '도매'를 '제조'로 수정, '휴대폰부품'을 '스포츠용품'으로 수정 • 개업연월일 수정 : '2010년 1월 1일'을 '2010년 7월 1일'로 수정 • 관할세무서 수정 : '강남세무서'를 '서초세무서'로 수정

[문제 2] 일반전표입력

문 항	일 자	일반전표입력

1 / 7월 3일

구분	계정과목	거래처	적요	차변	대변
차변	0830 소모품비			600,000	
대변	0153 원재료		8 타계정으로 대체액 원가		600,000

재고자산(원재료)를 타계정으로 대체한 경우는 '원가'로 회계처리함

2 / 7월 8일

구분	계정과목	거래처	적요	차변	대변
대변	0110 받을어음	00410 (주)영진전자			15,000,000
차변	0103 보통예금			14,850,000	
차변	0831 수수료비용			150,000	

3 / 7월 10일

구분	계정과목	거래처	적요	차변	대변
차변	0246 부도어음과수표	02007 (주)동우		5,000,000	
대변	0110 받을어음	02007 (주)동우			5,000,000

4 / 8월 6일

구분	계정과목	거래처	적요	차변	대변
차변	0201 토지			66,000,000	
대변	0103 보통예금				46,000,000
대변	0253 미지급금	00156 (주)에이텍			20,000,000

5 / 9월 25일

구분	계정과목	거래처	적요	차변	대변
차변	0508 퇴직급여			7,500,000	
차변	0531 수수료비용			500,000	
대변	0103 보통예금				8,000,000

6 / 9월 30일

구분	계정과목	거래처	적요	차변	대변
차변	0951 이자비용			1,000,000	
대변	0254 예수금				275,000
대변	0101 현금				725,000

[문제 3] 매입매출전표입력

문 항	일자/유형	매입매출전표입력

1 / 7월 8일 [54.불공]

유형	품목	수량	단가	공급가액	부가세	코드	공급처명	사업/주민번호	전자	분개
불공	승용차 1998cc			16,000,000	1,600,000	00129	기현자동차	202-25-32154	여	혼합

불공제사유 3 ⑤비영업용 소형승용자동차 구입·유지 및 임차

구분	계정과목	적요	거래처	차변(출금)	대변(입금)
차변	0208 차량운반구	승용차 1998cc	00129 기현자동차	17,600,000	
차변	0208 차량운반구	승용차 1998cc	00129 기현자동차	400,000	
대변	0102 당좌예금	승용차 1998cc	00129 기현자동차		17,600,000
대변	0101 현금	승용차 1998cc	00129 기현자동차		400,000

차량운반구 취득 시 취득세등 부대비용은 차량운반구로 처리함

2 / 7월 14일 [22.현과]

유형	품목	수량	단가	공급가액	부가세	코드	공급처명	사업/주민번호	전자	분개
현과	제품			3,000,000	300,000	00401	김철수	650101-1056226		혼합

구분	계정과목	적요	거래처	차변(출금)	대변(입금)
대변	0255 부가세예수금	제품	00401 김철수		300,000
대변	0404 제품매출	제품	00401 김철수		3,000,000
차변	0101 현금	제품	00401 김철수	3,300,000	

3	7월 17일 [16.수출]	유형	품목	수량	단가	공급가액	부가세	코드	공급처명	사업/주민번호	전자	분개
		수출	제품			24,000,000		00800	후지모리상사			외상

영세율구분 1 [예]직접수출(대행수출 포함) 수출신고번호 [ ]

구분	계정과목		적요		거래처	차변(출금)	대변(입금)
차변	0108 외상매출금	제품			00800 후지모리상사	24,000,000	
대변	0404 제품매출	제품			00800 후지모리상사		24,000,000

4	7월 25일 [55.수입]	유형	품목	수량	단가	공급가액	부가세	코드	공급처명	사업/주민번호	전자	분개
		수입	원재료수입			21,000,000	2,100,000	00700	김포세관	158-81-54629	여	혼합

구분	계정과목		적요		거래처	차변(출금)	대변(입금)
차변	0135 부가세대급금	원재료수입			00700 김포세관	2,100,000	
대변	0101 현금	원재료수입			00700 김포세관		2,100,000

5	7월 30일 [51.과세]	유형	품목	수량	단가	공급가액	부가세	코드	공급처명	사업/주민번호	전자	분개
		과세	임차료			900,000	90,000	00300	진흥빌딩	112-12-58545		혼합

구분	계정과목		적요		거래처	차변(출금)	대변(입금)
차변	0135 부가세대급금	임차료			00300 진흥빌딩	90,000	
차변	0819 임차료	임차료			00300 진흥빌딩	900,000	
대변	0253 미지급금	임차료			00300 진흥빌딩		990,000

6	8월 10일 [11.과세]	유형	품목	수량	단가	공급가액	부가세	코드	공급처명	사업/주민번호	전자	분개
		과세	트럭 매각			10,000,000	1,000,000	00108	(주)세모	120-81-34671	여	혼합

구분	계정과목		적요		거래처	차변(출금)	대변(입금)
대변	0255 부가세예수금	트럭 매각			00108 (주)세모		1,000,000
대변	0208 차량운반구	트럭 매각			00108 (주)세모		28,000,000
차변	0209 감가상각누계액	트럭 매각			00108 (주)세모	16,500,000	
차변	0120 미수금	트럭 매각			00108 (주)세모	11,000,000	
차변	0970 유형자산처분손실	트럭 매각			00108 (주)세모	1,500,000	

[문제 4] 전표수정

문항	일자		전표수정

문항 1, 9월 8일

수정 전 — 일반전표 삭제

구분	계정과목	거래처	적요	차변	대변
차변	0822 차량유지비		차량유지비 법인카드결제	110,000	
대변	0253 미지급금	00900 용인주유소	차량유지비 법인카드결제		110,000

수정 후 — 매입매출전표 [57.카과] 입력

유형	품목	수량	단가	공급가액	부가세	코드	공급처명	사업/주민번호	전자	분개
카과	주유요금			100,000	10,000	00900	용인주유소	123-45-25440		카드

신용카드사 99602 [icon]비씨카드(법인) 봉사료 [ ]

구분	계정과목	적요	거래처	차변(출금)	대변(입금)
대변	0253 미지급금	주유요금	99602 비씨카드(법인)		110,000
차변	0135 부가세대급금	주유요금	00900 용인주유소	10,000	
차변	0522 차량유지비	주유요금	00900 용인주유소	100,000	

문항 2, 12월 10일

수정 전

유형	품목	수량	단가	공급가액	부가세	코드	공급처명	사업/주민번호	전자	분개
현과	커피와 음료			20,000	2,000	00173	(주)하나로푸드	123-52-66527		현금

구분	계정과목	적요	거래처	차변(출금)	대변(입금)
출금	0135 부가세대급금	커피와 음료	00173 (주)하나로푸드	2,000	(현금)
출금	0153 원재료	커피와 음료	00173 (주)하나로푸드	20,000	(현금)

수정 후

유형	품목	수량	단가	공급가액	부가세	코드	공급처명	사업/주민번호	전자	분개
현과	커피와 음료			20,000	2,000	00173	(주)하나로푸드	123-52-66527		현금

구분	계정과목	적요	거래처	차변(출금)	대변(입금)
출금	0135 부가세대급금	커피와 음료	00173 (주)하나로푸드	2,000	(현금)
출금	0811 복리후생비	커피와 음료	00173 (주)하나로푸드	20,000	(현금)

[문제 5] 결산정리사항

문 항	일 자	결산수행
1	12월 31일 일반전표입력	구분 / 계정과목 / 거래처 / 적요 / 차변 / 대변 차변 0821 보험료 ... 360,000 대변 0133 선급비용 ... 360,000 선급비용 720,000원 × 6개월/12개월 = 360,000원(비용으로 처리할 금액)
2	12월 31일 일반전표입력	구분 / 계정과목 / 거래처 / 적요 / 차변 / 대변 차변 0255 부가세예수금 ... 10,706,000 대변 0135 부가세대급금 ... 7,616,000 대변 0261 미지급금 00133 서초세무서 ... 3,090,000
3	결산자료입력	**[결산자료입력]** 결산자료입력 메뉴에 기말원재료재고액 3,500,000원, 기말재공품재고액 4,600,000원, 기말제품재고액 12,000,000원을 기말재고액 칸에 입력 0501 원재료비 ... 688,809,000 / 685,309,000 0153 ① 기초 원재료 재고액 ... 4,700,000 / 4,700,000 0153 ② 당기 원재료 매입액 ... 685,009,000 / 685,009,000 0153 ③ 타계정으로 대체액 ... 900,000 / 900,000 0153 ⑩ 기말 원재료 재고액 ... 3,500,000 / 3,500,000 0455 8)당기 총제조비용 ... 830,450,410 / 826,950,410 0169 ① 기초 재공품 재고액 ... 2,700,000 / 2,700,000 0169 ⑩ 기말 재공품 재고액 ... 4,600,000 / 4,600,000 0150 9)당기완성품제조원가 ... 833,150,410 / 825,050,410 0150 ① 기초 제품 재고액 ... 10,000,000 / 10,000,000 0150 ⑩ 기말 제품 재고액 ... 12,000,000 / 12,000,000 입력 후 전표추가[F3]하여 일반전표 자동생성 확인

[문제 6] 장부조회

문 항	장부조회 답안
1 2,970,000원	**[매입매출장]** 조회기간 : 4월 1일 ~ 6월 30일, 구분 : 2.매출, 유형 : 22.현과의 공급대가 조회기간 : 2023 년 04 월 01 일 ~ 2023 년 06 월 30 일 구분 : 2 1.전체 2.매출 3.매입 유형 : 22.현과 유형 / 일자 / 품목 / 공급가액 / 부가세 / 합계 / 예정신고 / 코드 / 거래처 / 전자 현과 2023-04-20 제품 ... 700,000 / 70,000 / 770,000 / 00134 한국소프트(주) 월 계 [1건-매수 1매] 700,000 / 70,000 / 770,000 누 계 [1건-매수 1매] 700,000 / 70,000 / 770,000 현과 2023-06-10 제품 ... 2,000,000 / 200,000 / 2,200,000 / 00113 (주)용산전자 월 계 [1건-매수 1매] 2,000,000 / 200,000 / 2,200,000 분 기 계 [2건-매수 2매] 2,700,000 / 270,000 / 2,970,000
2 거래처코드 2004	**[세금계산서합계표]** 조회기간 : 1월 ~ 3월, [매출] – [전체데이터] 탭 과세기간 종료일 다음달 11일까지 (전자분) / 과세기간 종료일 다음달 12일이후 (전자분), 그외 / 전체데이터 참고사항 : 2012년 7월 No / 사업자등록번호 / 코드 / 거래처명 / 매수 / 공급가액 / 세 액 / 대표자성명 / 업 태 / 종 목 1 / 105-05-09543 / 02004 / (주)다판다회로 / 6 / 11,000,000 / 1,100,000 / 권산우 / 도,소매 / 전자회로 2 / 128-81-42248 / 00165 / (주)서울상사 / 4 / 29,600,000 / 2,660,000 / 김대종 / 도소매 / 전자기기 3 / 254-81-24457 / 00135 / (주)삼한 / 3 / 1,500,000 / / 박성주 / 제조,도,소매 / 휴대폰부품

3	2,300,800원	**[월계표]** 조회기간 : 1월 ~ 3월, 복리후생비(제조원가, 판매비와관리비) 차변 현금 복리후생비(제조경비) 1,972,900원 + 복리후생비(판관비) 327,900원 = 2,300,800원

조회기간 : 2023 년 01 월 ~ 2023 년 03 월

	차 변		계정과목	대 변		
계	대체	현금		현금	대체	계
6,735,040		6,735,040	<제 조 경 비>			
1,972,900		1,972,900	복 리 후 생 비			

조회기간 : 2023 년 01 월 ~ 2023 년 03 월

	차 변		계정과목	대 변		
계	대체	현금		현금	대체	계
29,058,100	250,000	28,808,100	6.판 매 비밀일반관리비			
18,700,000		18,700,000	급 여			
327,900		327,900	복 리 후 생 비			

제51회 기출문제

이론시험

01	02	03	04	05	06	07	08	09	10	11	12	13	14	15
③	①	②	④	①	④	③	②	④	③	①	③	②	④	①

문 항	해 설
01	손익의 발생 : 미수수익, 미지급비용, 손익의 이연 : 선수수익, 선급비용
02	역사적원가주의는 일반적으로 신뢰성은 제고되나 목적적합성은 저하될 수 있다.
03	유형자산 처분에 따른 미수금의 대손처리는 영업외비용(기타의대손상각비)로 처리하고, 대손충당금 설정액은 (45,000,000원 × 2%) - 80,000원 = 820,000원을 보충하여 설정한다.
04	기부금은 영업외비용에 해당한다.
05	물가상승(인플레이션) • 재고금액과 이익의 크기 : 선입선출법 > 이동평균법 > 총평균법 > 후입선출법 • 매출원가의 크기 : 선입선출법 < 이동평균법 < 총평균법 < 후입선출법
06	당기매입액 2,450,000원 = 매출원가(2,700,000원/120%) + 기말증가액 200,000원
07	주식발행초과금은 자본잉여금에 해당한다.
08	파손된 유리 교체비용은 기존 자산의 유지비용에 해당하므로 수익적지출에 해당한다.
09	부채(선수금)는 과소계상, 제품매출(수익)은 과대계상
10	당기매출원가는 비용계정이므로 손익계산서에서 파악할 수 있다.
11	기본원가는 직접재료비와 직접노무비를 합한 금액으로 한다.

12	월초제품재고액 + 당월완성품제조원가 = 매출원가 + 월말제품재고액

<table>
<tr><td colspan="4" style="text-align:center">제 품</td></tr>
<tr><td>월 초</td><td>50,000원</td><td>매출원가</td><td>132,000원</td></tr>
<tr><td>완성#1</td><td>52,000원</td><td>월 말</td><td>40,000원</td></tr>
<tr><td>완성#2</td><td>70,000원</td><td></td><td></td></tr>
<tr><td>합 계</td><td>172,000원</td><td>합 계</td><td>172,000원</td></tr>
</table>

제조지시서 #3은 미완성품이므로 월말재공품이다.

13	가장 정확성이 적은 것은 직접배분법이다.
14	특수관계가 없는 타인에게 대가를 받지 아니하고 용역을 공급하는 경우 용역의 공급으로 보지 아니한다.
15	내국신용장 또는 구매확인서에 의하여 공급하는 재화의 경우 (영세율)세금계산서를 발급해야 한다.

실무시험

[문제 1] 기초정보관리 및 전기분재무제표

문 항	기초정보관리 및 전기분재무제표
1	아래 순서대로 수정한다. (1) **전기분재무상태표** : 제품 10,000,000원을 7,500,000원으로 수정 입력, 대차 불일치는 마지막 (4)단계에서 조정함 (2) **전기분손익계산서** : 제품매출원가의 기말제품재고액이 7,500,000원으로 자동반영확인, 당기순이익 128,157,000원에서 125,657,000원으로 수정됨 확인 (3) **전기분잉여금처분계산서** : 당기순이익 128,157,000원에서 125,657,000원으로 수정 입력(또는 F6불러오기), 미처분이익잉여금 163,657,000원에서 161,157,000원으로 수정됨 확인 (4) **전기분재무상태표** : 이월이익잉여금 163,657,000원을 161,157,000원으로 수정입력, 대차일치 확인
2	[거래처별초기이월] • 외상매출금 : (주)용산테크 25,400,000원을 청계천테크 24,500,000원으로 수정, (주)미래컴퓨터 35,100,000원을 다음컴퓨터 31,500,000원으로 수정 • 외상매입금 : (주)태평반도체 30,000,000원을 (주)대서반도체 40,000,000원으로 수정
3	[거래처등록] 일반거래처 코드 1002번, (주)제이제이, 동시, 124-87-09458, 박종진, 도,소매, 컴퓨터, 경기도 화성시 향남읍 평리 40

[문제 2] 일반전표입력

문 항	일 자	일반전표입력					

1 / 8월 5일

구분	계정과목	거래처	적요	차변	대변
차변	0183 투자부동산			7,150,000	
대변	0102 당좌예금				6,000,000
대변	0253 미지급금	00401 김해남			1,000,000
대변	0101 현금				150,000

2 / 8월 14일

구분	계정과목	거래처	적요	차변	대변
차변	0251 외상매입금	00411 (주)성일기업		3,800,000	
대변	0108 외상매출금	00411 (주)성일기업			2,700,000
대변	0102 당좌예금				1,100,000

3	8월 26일						

구분	계 정 과 목	거 래 처	적 요	차 변	대 변
차변	0103 보통예금			3,900,000	
대변	0108 외상매출금	00800 구글			3,600,000
대변	0907 외환차익				300,000

4	9월 19일

구분	계 정 과 목	거 래 처	적 요	차 변	대 변
차변	0251 외상매입금	00113 (주)용산전자		55,000,000	
대변	0102 당좌예금				33,000,000
대변	0918 채무면제이익				22,000,000

5	9월 26일

구분	계 정 과 목	거 래 처	적 요	차 변	대 변
차변	0508 퇴직급여			9,000,000	
대변	0254 예수금				230,000
대변	0103 보통예금				8,770,000

6	9월 30일

구분	계 정 과 목	거 래 처	적 요	차 변	대 변
차변	0255 부가세예수금			37,494,500	
대변	0135 부가세대급금				20,048,400
대변	0261 미지급금				17,446,100

[문제 3] 매입매출전표입력

문 항	일자/유형	매입매출전표입력

1 10월 11일 [57.카과]

유형	품목	수량	단가	공급가액	부가세	코드	공급처명	사업/주민번호	전자	분개
카과	회식			550,000	55,000	00300	부활식당	112-12-58545		카드

신용카드사 99602 국민카드　봉사료

구분	계정과목	적요	거래처	차변(출금)	대변(입금)
대변	0253 미지급금	회식	99602 국민카드		605,000
차변	0135 부가세대급금	회식	00300 부활식당	55,000	
차변	0811 복리후생비	회식	00300 부활식당	550,000	

2 10월 15일 [52.영세]

유형	품목	수량	단가	공급가액	부가세	코드	공급처명	사업/주민번호	전자	분개
영세	원재료			22,000,000		00600	성진기업	125-25-66250	여	혼합

구분	계정과목	적요	거래처	차변(출금)	대변(입금)
차변	0153 원재료	원재료	00600 성진기업	22,000,000	
대변	0252 지급어음	원재료	00600 성진기업		11,000,000
대변	0103 보통예금	원재료	00600 성진기업		11,000,000

3 10월 17일 [53.면세]

유형	품목	수량	단가	공급가액	부가세	코드	공급처명	사업/주민번호	전자	분개
면세	중고버스			8,000,000		00512	(주)산천여객	125-85-41118	여	혼합

구분	계정과목	적요	거래처	차변(출금)	대변(입금)
차변	0208 차량운반구	중고버스	00512 (주)산천여	8,000,000	
대변	0102 당좌예금	중고버스	00512 (주)산천여		8,000,000

4 10월 20일 [54.불공]

유형	품목	수량	단가	공급가액	부가세	코드	공급처명	사업/주민번호	전자	분개
불공	경유			500,000	50,000	00123	동성주유소	220-36-54128		혼합

불공제사유 3 ⑥비영업용 소형승용자동차 구입·유지 및 임차

구분	계정과목	적요	거래처	차변(출금)	대변(입금)
차변	0822 차량유지비	경유	00123 동성주유소	550,000	
대변	0103 보통예금	경유	00123 동성주유소		550,000

5 11월 16일 [51.과세]

유형	품목	수량	단가	공급가액	부가세	코드	공급처명	사업/주민번호	전자	분개
과세	광고비			500,000	50,000	00148	(주)권선종합상사	112-84-64587	여	혼합

구분	계정과목	적요	거래처	차변(출금)	대변(입금)
차변	0135 부가세대급금	광고비	00148 (주)권선종	50,000	
차변	0833 광고선전비	광고비	00148 (주)권선종	500,000	
대변	0253 미지급금	광고비	00148 (주)권선종		550,000

6 11월 30일 [51.과세]

유형	품목	수량	단가	공급가액	부가세	코드	공급처명	사업/주민번호	전자	분개
과세	임차료 등			2,400,000	240,000	02008	(주)광원개발	124-84-25549	여	혼합

구분	계정과목	적요	거래처	차변(출금)	대변(입금)
차변	0135 부가세대급금	임차료 등	02008 (주)광원개	240,000	
차변	0519 임차료	임차료 등	02008 (주)광원개	2,100,000	
차변	0516 전력비	임차료 등	02008 (주)광원개	300,000	
대변	0102 당좌예금	임차료 등	02008 (주)광원개		2,640,000

[문제 4] 전표수정

문항	일자		전표수정
1	8월 7일	수정 전	**일반전표 삭제** 	구분	계정과목	거래처	적요	차변	대변
출금	0824 운반비		원재료운반비용	77,000	(현금)	
		수정 후	**매입매출전표 [51.과세] 입력** 	유형	품목	수량	단가	공급가액	부가세	코드	공급처명	사업/주민번호	전자	분개
과세	운반비			70,000	7,000	00900	친절용달	123-45-25440		혼합 | | 구분	계정과목		적요	거래처	차변(출금)	대변(입금)
차변	0135 부가세대급금	운반비		00900 친절용달	7,000	
차변	0153 원재료	운반비		00900 친절용달	70,000	
대변	0101 현금	운반비		00900 친절용달		77,000	
2	10월 29일	수정 전		구분	계정과목	거래처	적요	차변	대변
차변	0103 보통예금		외상매출금보통예입	10,700,000	
대변	0108 외상매출금	00901 (주)가제트상사	외상매출금보통예입		10,700,000	
		수정 후		구분	계정과목	거래처	적요	차변	대변
차변	0103 보통예금		외상매출금보통예입	10,700,000	
대변	0108 외상매출금	00901 (주)가제트상사	외상매출금보통예입		8,700,000
대변	0259 선수금	00901 (주)가제트상사	외상매출금보통예입		2,000,000	

[문제 5] 결산정리사항

문항	일자	결산수행
1	12월 31일 일반전표입력		구분	계정과목	거래처	적요	차변	대변
차변	0980 잡손실			12,670	
대변	0101 현금				12,670	
2	12월 31일 일반전표입력		구분	계정과목	거래처	적요	차변	대변
차변	0293 장기차입금	98004 큰빛은행		5,000,000	
대변	0264 유동성장기부채	98004 큰빛은행			5,000,000	
3	①과 ② 중 선택하여 입력	① [결산자료입력] 결산자료입력 메뉴에 대손충당금 추가 설정액 외상매출금 5,694,200원, 받을어음 415,500원, 미수금 20,000원을 채권별로 각각 입력한다. 	0835	5). 대손상각		6,109,700	6,109,700
0108	외상매출금		5,694,200	5,694,200
0110	받을어음		415,500	415,500
0954	2). 기타의대손상각		20,000	20,000
0114	단기대여금			
0120	미수금		20,000	20,000 | F3 전표추가하여 일반전표에 자동생성한다. ② [일반전표입력] 일반전표에 직접 입력 | 결차	0835 대손상각비		6,109,700	
결대	0109 대손충당금			5,694,200
결대	0111 대손충당금			415,500
결차	0954 기타의대손상각비		20,000	
결대	0121 대손충당금			20,000	

[문제 6] 장부조회

문항	장부조회 답안	
1	2,300,000원	**[세금계산서합계표]** 기간 : 4월 ~ 6월, [매입] – [과세기간 종료일 다음달 11일까지(전자분)] 탭, (주)금강상사 과세기간 종료일 다음달 11일까지 (전자분) / 과세기간 종료일 다음달 12일이후 (전자분), 그외 / 전체데이터 참고사항 : 2012년 7월 No 사업자등록번호 코드 거래처명 매수 공급가액 세액 대표자성명 업태 종목 1 124-89-74628 00112 (주)금강상사 1 2,300,000 230,000 박기인 제조,도매 전자제품
2	38,450,000원	**[부가세신고서]** 또는 **[매입매출장]** 조회기간 : 4월 1일 ~ 6월 30일, [과세표준및매출세액]–[영세율]–[세금계산서발급분] 금액 조회기간 : 2023 년 4 월 1 일 ~ 2023 년 6 월 30 일 신고구분 : 1.정기신고 신고차수 : 부가율 : 28.81 확정 정기신고금액 구분 금액 세율 세액 구분 금액 세율 세액 과 세금계산서발급분 1 295,536,000 10/100 29,553,600 7.매출(예정신고누락분) 세 과 매입자발행세금계산서 2 10/100 예 과 세금계산서 33 10/100 표 세 신용카드·현금영수증발행분 3 10/100 정 세 기타 34 10/100 준 기타(정규영수증외매출분) 4 10/100 누 영 세금계산서 35 0/100 및 영 세금계산서발급분 5 38,450,000 0/100 락 세 기타 36 0/100 매 세 기타 6 3,600,000 0/100 분 합계 37
3	10,240,000원	**[매입매출장]** 조회기간 : 1월 1일 ~ 3월 31일, 구분 : 3.매입, 유형 : 55.수입 조회기간 : 2023 년 01 월 01 일 ~ 2023 년 03 월 31 일 구 분 : 3 1.전체 2.매출 3.매입 유형:55.수입 유형 일자 품목 공급가액 부가세 합계 예정신고 코드 거래처 수입 2023-03-22 원재료 10,240,000 1,024,000 11,264,000 00710 인천세관 월 계 [1건-매수 1매] 10,240,000 1,024,000 11,264,000 분 기 계 [1건-매수 1매] 10,240,000 1,024,000 11,264,000

제50회 기출문제

이론시험

01	02	03	04	05	06	07	08	09	10	11	12	13	14	15
④	③	①	④	①	④	①	①	②	③	③	②	④	②	③

문항	해 설
01	시산표는 대차 어느 한 쪽의 전기를 누락한 경우에는 차변과 대변의 합계금액이 일치하지 않기 때문에 오류를 발견할 수 있다.

02	• 매출원가 = 매출액 1,500,000원 × (1 – 매출총이익률 0.3) = 1,050,000원
	• 기초재고액 500,000원 + 기중매입액 = 매출원가 1,050,000원 + 기말재고액 600,000원
	  ∴ 기중외상매입 = 1,150,000원
	• 기초외상매입액 400,000원 + 기중외상매입 1,150,000원 = 기중외상지급 1,200,000원 + 기말외상매입금 잔액
	  ∴ 기말외상매입금 잔액 = 350,000원

03	재고자산의 판매와 관련된 비용은 판매비와관리비로 인식한다.

04	재화의 판매로 인한 수익은 다음 조건이 모두 충족될 때 인식한다. (1) 재화의 소유에 따른 유의적인 위험과 보상이 구매자에게 이전된다. (2) 판매자는 판매한 재화에 대하여 소유권이 있을 때 통상적으로 행사하는 정도의 관리나 효과적인 통제를 할 수 없다. (3) 수익금액을 신뢰성 있게 측정할 수 있다. (4) 경제적 효익의 유입 가능성이 매우 높다. (5) 거래와 관련하여 발생했거나 발생할 원가를 신뢰성 있게 측정할 수 있다.
05	동종자산의 교환의 경우에는 교환으로 '제공한 자산의 장부가액'으로 한다.
06	금융자산이나 금융부채는 최초인식시 공정가치로 측정한다. 다만, 최초인식 이후 공정가치로 측정하고 공정가치의 변동을 당기손익으로 인식하는 금융자산이나 금융부채(예) 단기매매증권)가 아닌 경우 당해 금융자산(금융부채)의 취득(발행)과 직접 관련되는 거래원가는 최초인식하는 공정가치에 가산(차감)한다.
07	분개를 해보면 [(차) 대손상각비 ××× (대) 대손충당금 ×××] 이다. 비용이 계상(인식)되지 않았으므로, 당기순이익이 많아지고(자본 과대표시), 대손충당금이 과소설정되었으므로, 자산이 과대표시된다.
08	주식배당은 이익잉여금을 자본전입하는 것이므로 자본금은 증가하고 이익잉여금은 감소한다.
09	• 영업부에서 보유하고 있는 차량의 자동차세는 세금과공과(판)로 처리된다. • 공장건물 재산세는 세금과공과(제조원가), 원천징수세액은 예수금, 법인세납부는 법인세비용
10	제조원가명세서에 매출원가(비용이므로 손익계산서에 기재)는 포함되지 않는다.
11	• 당월지급액 + 당월미지급액 + 전월선급액 − 당월선급액 − 전월미지급액 = 당월소비액 • 당월 소비액 = 4월 지급액 1,300,000원 − 4월 선급액 230,000원 + 4월 미지급액 360,000원 = 1,430,000원
12	• 제조간접비 = 5,204,000원 × 24% = 1,248,960원 • 직접노무비 = 1,248,960원 ÷ 75% = 1,665,280원 • 직접재료비 = 5,204,000원 − 1,248,960원 − 1,665,280원 = 2,289,760원
13	선입선출법은 당기작업량과 당기투입원가에 중점을 맞추고 있으므로 계획과 통제 및 제조부문의 성과평가에도 유용한 정보를 제공할 수 있다.
14	판매목적 사업장 반출은 세금계산서 발급대상이다.
15	가공식료품은 과세에 해당한다.

실무시험

[문제 1] 기초정보관리 및 전기분재무제표

문 항	기초정보관리 입력 및 수정
1	**[전기분잉여금처분계산서] 작성** • Ⅱ.임의적립금 등의 이입액 – '356.사업확장적립금 3,000,000원' 추가하여 입력 • Ⅲ.이익잉여금처분액란의 이익준비금란에 2,000,000원 입력 • Ⅲ.이익잉여금처분액란의 미지급배당금란에 20,000,000원 입력 • Ⅲ.이익잉여금처분액란의 미교부주식배당금란에 10,000,000원 입력 <table><tr><td>Ⅱ.임의적립금 등의 이입액</td><td></td><td></td><td></td><td>3,000,000</td></tr><tr><td>1.사업확장적립금</td><td>0356</td><td>사업확장적립금</td><td>3,000,000</td><td></td></tr><tr><td>2.</td><td></td><td></td><td></td><td></td></tr><tr><td>합계(Ⅰ + Ⅱ)</td><td></td><td></td><td></td><td>155,223,000</td></tr><tr><td>Ⅲ.이익잉여금처분액</td><td></td><td></td><td></td><td>32,000,000</td></tr><tr><td>1.이익준비금</td><td>0351</td><td>이익준비금</td><td>2,000,000</td><td></td></tr><tr><td>2.재무구조개선적립금</td><td>0354</td><td>재무구조개선적립금</td><td></td><td></td></tr><tr><td>3.주식할인발행차금상각액</td><td>0381</td><td>주식할인발행차금</td><td></td><td></td></tr><tr><td>4.배당금</td><td></td><td></td><td>30,000,000</td><td></td></tr><tr><td>가.현금배당</td><td>0265</td><td>미지급배당금</td><td>20,000,000</td><td></td></tr><tr><td>주당배당금(률)</td><td></td><td>보통주(원/%)</td><td></td><td></td></tr><tr><td></td><td></td><td>우선주(원/%)</td><td></td><td></td></tr><tr><td>나.주식배당</td><td>0387</td><td>미교부주식배당금</td><td>10,000,000</td><td></td></tr><tr><td>주당배당금(률)</td><td></td><td>보통주(원/%)</td><td></td><td></td></tr></table>
2	**[계정과목및적요등록]** 매도가능증권(코드 178번)의 대체적요 7번 '비상장주식 매입으로 인한 보통예금 인출' 입력
3	아래 순서대로 수행한다. **[거래처등록] – [금융기관]** <table><tr><td>일반거래처</td><td>금융기관</td><td>신용카드</td><td></td><td></td></tr><tr><td>No</td><td>코드</td><td>거래처명</td><td>계좌번호</td><td>유형</td></tr><tr><td>1</td><td>98001</td><td>희망은행</td><td></td><td>보통예금</td></tr><tr><td>2</td><td>98002</td><td>동등한은행</td><td></td><td>보통예금</td></tr><tr><td>3</td><td>98600</td><td>소망은행</td><td></td><td>보통예금</td></tr><tr><td>4</td><td>98500</td><td>복지은행</td><td></td><td>기 타</td></tr></table>1. 계 좌 번 호 2. 계좌개설은행/지점 3. 계 좌 개 설 일 **[전기분재무상태표]** 장기차입금 100,000,000원 추가 입력, 대차일치 확인 **[거래처별초기이월]** 장기차입금 계정과목을 조회하여 잔액(100,000,000원)을 불러온 뒤, 거래처 복지은행 100,000,000원을 입력한다.

[문제 2] 일반전표입력

문 항	일 자	일반전표입력
1	7월 4일	<table><tr><td>구분</td><td colspan="2">계 정 과 목</td><td>거 래 처</td><td>적 요</td><td>차 변</td><td>대 변</td></tr><tr><td>차변</td><td>0103</td><td>보통예금</td><td></td><td></td><td>194,000,000</td><td></td></tr><tr><td>차변</td><td>0262</td><td>미지급비용</td><td>00800 대성빌딩</td><td></td><td>6,000,000</td><td></td></tr><tr><td>대변</td><td>0232</td><td>임차보증금</td><td>00800 대성빌딩</td><td></td><td></td><td>200,000,000</td></tr></table>임차보증금 계정에 거래처(대성빌딩)가 누락되어도 정답을 인정함
2	7월 8일	<table><tr><td>구분</td><td colspan="2">계 정 과 목</td><td>거 래 처</td><td>적 요</td><td>차 변</td><td>대 변</td></tr><tr><td>차변</td><td>0103</td><td>보통예금</td><td></td><td></td><td>3,200,000</td><td></td></tr><tr><td>대변</td><td>0107</td><td>단기매매증권</td><td></td><td></td><td></td><td>2,800,000</td></tr><tr><td>대변</td><td>0906</td><td>단기매매증권처분이익</td><td></td><td></td><td></td><td>400,000</td></tr></table>

3	7월 23일	구분	계 정 과 목	거 래 처	적 요	차 변	대 변
		차변	0131 선급금	01400 충남상사		1,000,000	
		대변	0101 현금				1,000,000

4	8월 4일	구분	계 정 과 목	거 래 처	적 요	차 변	대 변
		차변	0206 기계장치			30,000,000	
		대변	0131 선급금	01410 (주)광속테크			5,000,000
		대변	0103 보통예금				22,000,000
		대변	0253 미지급금	01410 (주)광속테크			3,000,000

5	8월 16일	구분	계 정 과 목	거 래 처	적 요	차 변	대 변
		차변	0103 보통예금			7,000,000	
		대변	0919 보험수익				7,000,000

6	8월 31일	구분	계 정 과 목	거 래 처	적 요	차 변	대 변
		차변	0136 선납세금			24,000,000	
		대변	0101 현금				24,000,000

[문제 3] 매입매출전표입력

문 항	일자/유형	매입매출전표입력
1	10월 11일 [11. 과세]	**유형** 과세 **품목** 제품 **수량** 300 **단가** 38,000 **공급가액** 11,400,000 **부가세** 1,140,000 **코드** 01601 **공급처명** (주)일진상사 **사업/주민번호** 125-85-62258 **전자** 여 **분개** 혼합 **구분** 대변 **계정과목** 0255 부가세예수금 **적요** 제품 300X38000 **거래처** 01601 (주)일진상ㅅ **차변(출금)** **대변(입금)** 1,140,000 **구분** 대변 **계정과목** 0404 제품매출 **적요** 제품 300X38000 **거래처** 01601 (주)일진상ㅅ **대변(입금)** 11,400,000 **구분** 차변 **계정과목** 0108 외상매출금 **적요** 제품 300X38000 **거래처** 01601 (주)일진상ㅅ **차변(출금)** 12,540,000 공급가액 12,000,000원(300개 @40,000)의 5%(60,000원 부가세별도)를 즉시 에누리하였 으므로 해당 금액을 차감하여 전자세금계산서를 발행함
2	10월 15일 [54. 불공]	**유형** 불공 **품목** 거래처선물 **수량** **단가** **공급가액** 2,000,000 **부가세** 200,000 **코드** 01701 **공급처명** (주)오산 **사업/주민번호** 135-81-25631 **전자** 여 **분개** 혼합 불공제사유 4 ⑨접대비 및 이와 유사한 비용 관련 **구분** 차변 **계정과목** 0813 접대비 **적요** 거래처선물 **거래처** 01701 (주)오산 **차변(출금)** 2,200,000 **구분** 대변 **계정과목** 0253 미지급금 **적요** 거래처선물 **거래처** 01701 (주)오산 **대변(입금)** 2,200,000
3	10월 17일 [54. 불공]	**유형** 불공 **품목** 토지관련수수 **수량** **단가** **공급가액** 2,000,000 **부가세** 200,000 **코드** 02601 **공급처명** 제이컨설팅 **사업/주민번호** 841-25-52125 **전자** 여 **분개** 혼합 불공제사유 6 ⑥토지의 자본적 지출 관련 **구분** 차변 **계정과목** 0201 토지 **적요** 토지관련수수료 **거래처** 02601 제이컨설팅 **차변(출금)** 2,200,000 **구분** 대변 **계정과목** 0101 현금 **적요** 토지관련수수료 **거래처** 02601 제이컨설팅 **대변(입금)** 2,200,000
4	11월 2일 [51. 과세]	**유형** 과세 **품목** 수리 **수량** **단가** **공급가액** 200,000 **부가세** 20,000 **코드** 02602 **공급처명** (주)해피카센타 **사업/주민번호** 103-82-35124 **전자** 여 **분개** 혼합 **구분** 차변 **계정과목** 0135 부가세대급금 **적요** 수리 **거래처** 02602 (주)해피카ㅅ **차변(출금)** 20,000 **구분** 차변 **계정과목** 0822 차량유지비 **적요** 수리 **거래처** 02602 (주)해피카ㅅ **차변(출금)** 200,000 **구분** 대변 **계정과목** 0101 현금 **적요** 수리 **거래처** 02602 (주)해피카ㅅ **대변(입금)** 220,000
5	11월 7일 [11. 과세]	**유형** 과세 **품목** 제품 **수량** **단가** **공급가액** 20,000,000 **부가세** 2,000,000 **코드** 02100 **공급처명** (주)동우전자 **사업/주민번호** 123-85-25602 **전자** 여 **분개** 혼합 **구분** 대변 **계정과목** 0255 부가세예수금 **적요** 제품 **거래처** 02100 (주)동우전ㅈ **대변(입금)** 2,000,000 **구분** 대변 **계정과목** 0404 제품매출 **적요** 제품 **거래처** 02100 (주)동우전ㅈ **대변(입금)** 20,000,000 **구분** 차변 **계정과목** 0101 현금 **적요** 제품 **거래처** 02100 (주)동우전ㅈ **차변(출금)** 2,000,000 **구분** 차변 **계정과목** 0110 받을어음 **적요** 제품 **거래처** 02100 (주)동우전ㅈ **차변(출금)** 20,000,000
6	11월 16일 [11. 과세]	거래처 (주)미연상사(거래처코드 2200번) 등록 **유형** 과세 **품목** 제품 **수량** **단가** **공급가액** 27,500,000 **부가세** 2,750,000 **코드** 02200 **공급처명** (주)미연상사 **사업/주민번호** 245-82-11479 **전자** 여 **분개** 혼합 **구분** 대변 **계정과목** 0255 부가세예수금 **적요** 제품 **거래처** 02200 (주)미연상ㅅ **대변(입금)** 2,750,000 **구분** 대변 **계정과목** 0404 제품매출 **적요** 제품 **거래처** 02200 (주)미연상ㅅ **대변(입금)** 27,500,000 **구분** 차변 **계정과목** 0110 받을어음 **적요** 제품 **거래처** 02200 (주)미연상ㅅ **차변(출금)** 30,250,000

[문제 4] 전표수정

문항	일자		전표수정
1	9월 27일	수정 전	<table><tr><td>구분</td><td>계 정 과 목</td><td>거 래 처</td><td>적 요</td><td>차 변</td><td>대 변</td></tr><tr><td>차변</td><td>0186 퇴직연금운용자산</td><td></td><td>퇴직급여보통예금납부</td><td>8,000,000</td><td></td></tr><tr><td>대변</td><td>0103 보통예금</td><td>98001 희망은행</td><td>퇴직급여보통예금납부</td><td></td><td>8,000,000</td></tr></table>
		수정 후	<table><tr><td>구분</td><td>계 정 과 목</td><td>거 래 처</td><td>적 요</td><td>차 변</td><td>대 변</td></tr><tr><td>차변</td><td>0806 퇴직급여</td><td></td><td>퇴직급여보통예금납부</td><td>8,000,000</td><td></td></tr><tr><td>대변</td><td>0103 보통예금</td><td>98001 희망은행</td><td>퇴직급여보통예금납부</td><td></td><td>8,000,000</td></tr></table>
2	10월 20일	수정 전	<table><tr><td>유형</td><td>품목</td><td>수량</td><td>단가</td><td>공급가액</td><td>부가세</td><td>코드</td><td>공급처명</td><td>사업/주민번호</td><td>전자</td><td>분개</td></tr><tr><td>과세</td><td>냉난방장치</td><td></td><td></td><td>50,000,000</td><td>5,000,000</td><td>02300</td><td>(주)테크노시스템</td><td>512-81-25444</td><td>여</td><td>혼합</td></tr></table> <table><tr><td>구분</td><td>계정과목</td><td>적요</td><td>거래처</td><td>차변(출금)</td><td>대변(입금)</td></tr><tr><td>차변</td><td>0135 부가세대급금</td><td>냉난방장치</td><td>02300 (주)테크노시</td><td>5,000,000</td><td></td></tr><tr><td>차변</td><td>0820 수선비</td><td>냉난방장치</td><td>02300 (주)테크노시</td><td>50,000,000</td><td></td></tr><tr><td>대변</td><td>0253 미지급금</td><td>냉난방장치</td><td>02300 (주)테크노시</td><td></td><td>55,000,000</td></tr></table>
		수정 후	<table><tr><td>유형</td><td>품목</td><td>수량</td><td>단가</td><td>공급가액</td><td>부가세</td><td>코드</td><td>공급처명</td><td>사업/주민번호</td><td>전자</td><td>분개</td></tr><tr><td>과세</td><td>냉난방장치</td><td></td><td></td><td>50,000,000</td><td>5,000,000</td><td>02300</td><td>(주)테크노시스템</td><td>512-81-25444</td><td>여</td><td>혼합</td></tr></table> <table><tr><td>구분</td><td>계정과목</td><td>적요</td><td>거래처</td><td>차변(출금)</td><td>대변(입금)</td></tr><tr><td>차변</td><td>0135 부가세대급금</td><td>냉난방장치</td><td>02300 (주)테크노시</td><td>5,000,000</td><td></td></tr><tr><td>차변</td><td>0202 건물</td><td>냉난방장치</td><td>02300 (주)테크노시</td><td>50,000,000</td><td></td></tr><tr><td>대변</td><td>0253 미지급금</td><td>냉난방장치</td><td>02300 (주)테크노시</td><td></td><td>55,000,000</td></tr></table>
3	10월 29일	수정 전	<table><tr><td>구분</td><td>계 정 과 목</td><td>거 래 처</td><td>적 요</td><td>차 변</td><td>대 변</td></tr><tr><td>차변</td><td>0103 보통예금</td><td>98001 희망은행</td><td>1 외상물품대금 예금입금</td><td>3,200,000</td><td></td></tr><tr><td>대변</td><td>0108 외상매출금</td><td>01800 (주)한우리상사</td><td>외상물품대금 예금입금</td><td></td><td>3,200,000</td></tr></table>
		수정 후	<table><tr><td>구분</td><td>계 정 과 목</td><td>거 래 처</td><td>적 요</td><td>차 변</td><td>대 변</td></tr><tr><td>차변</td><td>0103 보통예금</td><td>98001 희망은행</td><td></td><td>3,200,000</td><td></td></tr><tr><td>대변</td><td>0259 선수금</td><td>01801 (주)다우리상사</td><td></td><td></td><td>3,200,000</td></tr></table>

[문제 5] 결산정리사항

문항	일자	결산수행
1	12월 31일 일반전표입력	<table><tr><td>구분</td><td>계 정 과 목</td><td>거 래 처</td><td>적 요</td><td>차 변</td><td>대 변</td></tr><tr><td>차변</td><td>0122 소모품</td><td></td><td></td><td>1,000,000</td><td></td></tr><tr><td>대변</td><td>0830 소모품비</td><td></td><td></td><td></td><td>1,000,000</td></tr></table>
2	①과 ② 중 선택하여 입력	① [결산자료입력] 결산자료입력 메뉴의 6)무형자산상각비 − 개발비란에 12,000,000원을 입력한다. <table><tr><td>0840</td><td>6). 무형자산상각비</td><td></td><td></td><td>12,000,000</td><td>12,000,000</td></tr><tr><td>0219</td><td>특허권</td><td></td><td></td><td></td><td></td></tr><tr><td>0226</td><td>개발비</td><td></td><td></td><td>12,000,000</td><td>12,000,000</td></tr></table> 입력 후 F3 전표추가하여 일반전표에 자동생성 ② [일반전표입력] 일반전표에 직접 입력 <table><tr><td>결차</td><td>0840 무형자산상각비</td><td></td><td></td><td>12,000,000</td><td></td></tr><tr><td>결대</td><td>0226 개발비</td><td></td><td></td><td></td><td>12,000,000</td></tr></table>

[문제 6] 장부조회

문 항	장부조회 답안

1 — 20,171,110원

[총계정원장], [월계표] 또는 [현금출납장]

기간 : 5월 1일 ~ 5월 31일, 계정과목 : 101.현금

현금유입액 109,456,000원 − 현금유출액 89,284,890원 = 차이 20,171,110원

기 간 2023 년 05 월 01 일 ~ 2023 년 05 월 31 일
계정과목 0101 현금 ~ 0101 현금

코드	계 정 과 목	일자	차 변	대 변	잔 액
0101	현금	[전월이월]	460,072,600	184,803,710	275,268,890
		2023/05	109,456,000	89,284,890	295,440,000

2 — 42,300,000원

[부가세신고서]

조회기간 : 1월 1일 ~ 3월 31일

11번란 세금계산서수취분 고정자산매입 40,000,000원 + 42번란 신용매출전표수령금액합계표의 고정매입 2,300,000원 = 42,300,000원

매입세액					
세금계산서 일반매입	10	125,695,000		12,337,000	
수취분 수출기업수입분납부유예	10-1				
고정자산매입	11	40,000,000		4,000,000	
예정신고누락분	12				
매입자발행세금계산서	13				
그 밖의 공제매입세액	14	27,390,000		2,739,000	
합계(10)-(10-1)+(11)+(12)+(13)+(14)	15	193,085,000		19,076,000	
공제받지못할매입세액	16				
차감계 (15-16)	17	193,085,000	⑪	19,076,000	
납부(환급)세액(매출세액⑨-매입세액⑭)			⑭	46,468,364	
경감 그 밖의 경감·공제세액	18				
공제 신용카드매출전표등 발행공제등	19	23,544,000			
세액 합계	20		⑳		
소규모 개인사업자 부가가치세 감면세액	20		⑳		
예정신고미환급세액	21		⑳		

합계	40		
신용카드매출 일반매입			
수령금액합계 고정매입			
의제매입세액			
재활용폐자원등매입세액			
과세사업전환매입세액			
재고매입세액			
변제대손세액			
외국인관광객에대한환급			
합계			
14.그 밖의 공제매입세액			
신용카드매출 일반매입	41	25,090,000	2,509,000
수령금액합계표 고정매입	42	2,300,000	230,000

3 — 16,450,000원

[월계표]

조회기간 : 4월 ~ 6월, 5.제조원가의 〈노무비〉 차변 합계

조회기간 2023 년 04 월 ~ 2023 년 06 월

차 변			계정과목	대 변		
계	대체	현금		현금	대체	계
72,286,800	443,000	71,843,800	5.제 조 원 가			
16,450,000	378,000	16,072,000	〈노 무 비〉			
16,450,000	378,000	16,072,000	임 금			

MEMO

I wish you the best of luck!

좋은 책을 만드는 길
독자님과 함께하겠습니다.

도서나 동영상에 궁금한 점, 아쉬운 점, 만족스러운 점이
있으시다면 어떤 의견이라도 말씀해 주세요.
SD에듀는 독자님의 의견을 모아 더 좋은 책으로 보답하겠습니다.

www.sdedu.co.kr

[기출이답이다] 전산회계 1급 엄선기출 20회 기출문제해설집

초판1쇄 발행	2023년 2월 6일(인쇄 2023년 1월 12일)
발 행 인	박영일
책 임 편 집	이해욱
편 저	박명희
편 집 진 행	김준일 · 백한강 · 최석진
표 지 디 자 인	박수영
편 집 디 자 인	장하늬 · 장성복
발 행 처	(주)시대고시기획
출 판 등 록	제10-1521호
주 소	서울시 마포구 큰우물로 75 [도화동 538 성지 B/D] 9F
전 화	1600-3600
팩 스	02-701-8823
홈 페 이 지	www.sdedu.co.kr
I S B N	979-11-383-4098-4(13320)
정 가	20,000원